IP之道 2

中国互联网企业知识产权实践集结

林炮勤／主编　　柯晓鹏　覃　波／副主编

连续畅销 4 年
第 2 版隆重上市

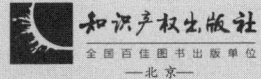

知识产权出版社
全国百佳图书出版单位
—北京—

图书在版编目（CIP）数据

IP之道.2，中国互联网企业知识产权实践集结/林炮勤主编；柯晓鹏，覃波副主编.—北京：知识产权出版社，2022.1
ISBN 978-7-5130-7790-3

Ⅰ.①I… Ⅱ.①林… ②柯… ③覃… Ⅲ.①网络公司－知识产权－研究－中国 Ⅳ.①D923.404

中国版本图书馆CIP数据核字（2021）第210503号

内容提要

本书着眼于互联网前沿技术，聚焦大文娱、新零售、电子商务、智慧出行、智慧金融、智能家居、智慧安全等各领域，为创业者、企业内部知识产权团队提供从知识产权挖掘到保护的一系列指引与启示。本书的作者来自国内各大一线互联网公司，分别从各自熟悉的领域为企业科学管控知识产权资产、降低风险提供了丰富的案例与参考，既有实战经验的分享，也有前沿领域与热门板块的专业法律分析，如智能网联汽车、自动驾驶、电商直播领域与企业投资并购、IPO领域的知识产权问题等。内容涉及互联网产业知识产权管理的基本逻辑和具体保护的应对之策，涵盖商标、版权、专利、商业秘密等不同领域，以期为互联网从业人员带来尽可能全面而详尽的参考，开拓互联网从业人员的视野，共飨时代发展的福利。

责任编辑：彭喜英　　　　　　　　　　　责任印制：刘译文

IP之道2——中国互联网企业知识产权实践集结
IP ZHI DAO 2——ZHONGGUO HULIANWANG QIYE ZHISHI CHANQUAN SHIJIAN JIJIE

林炮勤 主编　　柯晓鹏 覃 波 副主编

出版发行：知识产权出版社有限责任公司		网　　址：http://www.ipph.cn	
电　　话：010－82004826		http://www.laichushu.com	
社　　址：北京市海淀区气象路50号院		邮　　编：100081	
责编电话：010－82000860转8539		责编邮箱：laichushu@cnipr.com	
发行电话：010－82000860转8101		发行传真：010－82000893	
印　　刷：天津嘉恒印务有限公司		经　　销：各大网上书店、新华书店及相关专业书店	
开　　本：720mm×1000mm 1/16		印　　张：19.5	
版　　次：2022年1月第1版		印　　次：2022年1月第1次印刷	
字　　数：348千字		定　　价：69.80元	

ISBN 978-7-5130-7790-3

出版权专有　侵权必究
如有印装质量问题，本社负责调换。

推荐序

由一群活跃在市场一线的知识产权法务精英写就的《IP之道》是一定能讲清楚IP之道的。当我看到书稿目录时,就已经被吸引。

知识产权制度本来就诞生于市场经济、服务于市场经济、成功于市场经济。脱离了市场竞争,知识产权就没有了存在的价值。在市场竞争中,知识产权制度是企业巩固其垄断地位、拓展市场的有力武器。所谓的IP之道就是企业的市场竞争之道,垄断之道,利益最大化的追求之道。

企业无论是进军国际市场,还是守住国内市场,如果不拥有知识产权,则毫无竞争优势,或退出市场,或沦为代工者。曾反抗知识产权的开源社区如今也开始重视知识产权的全面应用。只有紧密围绕市场竞争展开知识产权的布局、管理、保护及应用,经营者才能出奇制胜,名利双收。

知识产权制度是实现创新成果利益最大化的制度保障,知识产权制度通过授予垄断权鼓励市场主体的创新投入。如果没有排他性,就不会产生有竞争力的知识产权,市场主体也就没有寻求知识产权创新的动力。知识产权制度通过市场机制鼓励创新,在远离市场竞争的领域及市场竞争不完全的领域,知识产权制度对创新发挥的作用有限。在市场完全开放、半开放和封闭的经济领域,知识产权制度对创新的激励作用也明显不同。所以,在当前各类经济体中,在缺乏统一企业知识产权策略的前提下,不同领域、不同类型、不同规模、不同竞争环境下的企业有不同的知识产权保护需求。

本书作者来自市场主体,他们用亲身体会道出了企业在经营道路上利用知识产权的智慧寻利之道。

时代在进步,诞生于工业时代的知识产权制度在互联网时代遇到了挑战,但是,只要市场竞争存在一天,知识产权制度就是最好的维护利益的"护身符"。互联网、物联网、人工智能、大数据等最终都躲不开知识产权的利益追求。创新、市场、垄断是知识产权制度的三个基本点,追求经济效益和社会效益是核

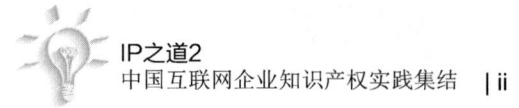

心目标。本书作者们驰骋商场，纵横春秋，给读者描绘了知识产权在新技术时代的应用之道。

本书没有那些高深的理论论述，也不循规所谓的知识体系，每一部分内容都来自作者们的实战体验，道出了知识产权的真谛。

我处在远离市场的校园，纸上谈兵自觉浅，无资格为本书写序，当躬身敬阅。

张 平

北京大学法学院教授，博士生导师

2021 年 7 月 9 日于北京

编者自序
——我们的书

我是在 2006 年进入知识产权行业并从事知识产权工作的,那是一个知识产权的概念和职能比现在要模糊得多的年代,所以在从业的前几年,我对于"知识产权怎么做才有用""什么是专利运营"之类的问题总是感到很困惑。

这样的困惑并没有随着时间慢慢消退,反而在我 2011 年进入腾讯后进一步增强,一方面,从硬件领域切换到互联网领域让我面临技术领域的再学习;另一方面,互联网专利的一系列方法论都处于变化与摸索的过程中,并没有一针见血的现成模式可以直接学习。

真正的转折出现在 2016 年,我开始创立智圈知识产权,并得以接触不同的创业者、商业模式、产品创新方法。我忽然发现,如果产品不一样,商业模式不一样,那知识产权作用于"产品"和对公司所起的作用,肯定也是完全不一样的。

尤其是,包括刘光华、付饶、王宗鹏、罗伟欢、胡海斌在内的很多同行好友,随着各自工作能力的精进,也开始在行业内崭露头角,并以不同的方式输出自己对于知识产权的经验与见解,阅读他们的文章或与他们交流沟通,总是能帮助我理清自己的工作思路,并增强对行业的理解。

2016 年 10 月国庆节假期的一天,我忽然有一个想法,就是出版一本知识产权行业的实务书,但书的内容应不局限于自己的经验,而是把身边从业已经十年左右(甚至更长)的兄弟姐妹们的经验汇合起来,集结成书。因为每个人所处公司不同、产品不同、经历也不尽相同,角度的多样化却能给读者带来不一样的启发与思考,一千个人眼中就有一千个哈姆雷特。

我把这个想法跟当时尚未谋面的柯晓鹏师兄在微信上简单交流了一下,没想到柯总迅速回应表示支持,于是就有了《IP 之道:30 家国内一线创新公司的知识产权是如何运营的》（以下称《IP之道1》）在2017年10月的出版。

出于组织上的便利，《IP之道1》的作者群和我与柯总一样，都曾经服务过富士康，这个在行业发展历程中曾经走出上千位知识产权从业者的地方，也是行业内口口相传的知识产权"黄埔军校"。

得幸于作者群在业界的口碑和熟人间的相互推荐，《IP之道1》成为2018年知识产权的热门书籍，印刷三次，累计售出上万册，截至目前，《IP之道1》在豆瓣的评分为7.7分，这对于一个相对"冷门"的行业而言，已经算是一个不错的成绩了。

《IP之道1》出版后，很多朋友私下会问我，你们的《IP之道》会不会出下一版呀？

每逢这时，我都会说："这要看我们有没有'新东西'呀！"

是的，在我看来，任何一个行业，都会经历一个从混沌到清晰的过程，最开始大家看不清它，接着有很多人加入一起商讨、争吵、辩论，慢慢形成了一套被大部分人接受的方法论，也就开始清晰起来。而这个过程，又会随着"新东西"的加入，循环往复。知识产权行业的发展规律也一样，如果我们出版第二本《IP之道》，也要选择在思想碰撞最强烈的时候。

2020年9月，在一次与刘光华的电话交流中，我问了他一个问题：咱们这个行业，这几年发生了什么变化吗？

静默了几秒钟，刘光华在电话那头深沉地说了一句："还真有，比如我所在的互联网知识产权……"

光华兄侃侃而谈，而我则不断在心里盘算着：看来是时候出版我们的《IP之道2》了……

如果说，在硬件领域，对于知识产权的保护、维权与运用都有比较统一和完善的认识，那么在互联网知识产权领域，旧的问题，比如商业模式专利保护尚无非常清晰的定论；而新的问题，比如人工智能技术保护、数据合规与隐私保护应对等又成为行业关注的焦点，大家开始热烈地讨论这些问题。

庆幸的是，随着企业竞争压力的增大，创新在经营活动中发挥的作用越来越大已经是个不争的事实，这也促使企业有更大的动力重视知识产权，而同时越来越多行业的有识之士也勇于站出来分享自己的实际经验与见解，比如我的朋友赵大武、杨淼、王长春等人。在我看来，这种"多元表达"将非常有利于行业的良性发展，也将推动知识产权这个行业向着更好的方向发展。

有了"新东西"，也就有了组织撰写的起心动念，除此之外，以下几个原因，也是推动我重新策划组织《IP之道2：中国互联网企业知识产权实践集结》（以下简称《IP之道2》）撰写的原动力。

第一，行业内经验的涓滴效应（trickle-down effect，又译作渗漏效应、滴漏效应）。

富士康作为知识产权"黄埔军校"在华南乃至全国范围，在知识产权管理及运营经验上曾经所起到的示范作用，对于行业的影响是非常深远的。

现如今，无论是华为经验还是腾讯经验，都成了行业内竞相学习的对象。

这种经验，在不涉及公司商业秘密的前提下，随着IPR和专利代理师的职业变迁会不断"滴漏"下去，如果能借着《IP之道2》这个载体，加速这个过程，也算是为行业的发展做出了贡献。

试想想，如果大量的知识产权从业者都能多少讲出一点富士康经验、华为经验、腾讯经验，那么知识产权强国战略也就有了广泛而深厚的行业基础。

第二，我职业生涯的很多年都在追求向别人学习与取经，并且走过很多弯路，而现在这帮专家或者行业大咖就在身边，能满足我向他们请教的愿望。而回望年轻一代知识产权从业者，他们也许也正像我当年一样，处于野蛮成长或者摸爬滚打中，如果通过《IP之道2》所组的这个"局"以及最终所输出的内容，能够帮助到他们，那真是莫大的欣慰！

在某种程度上，无论是策划这本书，还是我个人在公众号上，或者在知乎平台上所作的回答，都是同一逻辑的产物。

第三，我喜欢交朋友，通过《IP之道2》能够交到许多行业朋友，而通过与这些朋友的文字往来，也能实现一定程度的精神交流。

《IP之道1》可能是知识产权行业第一本大规模的集体之作了，这样的写作方式很不传统，也远不是一些朋友所说的收集一下稿子就可以了那么简单。事实上，单就定基调、做选题、约稿催稿就会耗费大量的时间与精力，更遑论要在内容上做到协调统一、在篇幅上尽量形成体系这样具体的操作了，这也是我们在策划和编撰的时候要想办法克服的困难点。因此在本书即将付印之际，要特别感谢柯晓

鹏师兄一以贯之的大力支持，也要特别感谢覃波同学，他加入编者团队后分担了我们很多的工作，为本书的顺利出版做出了巨大的贡献。

从内容上看，我个人认为，《IP之道1》和《IP之道2》的一大特色可以概括为两个方面，一是不学究，二是信息密度高。

不学究：它遵循了我们在早期策划的时候对本书定下的基调——重点不在于提供理论框架，而是注重实务。

信息密度高：它要求作者尽量做到"有料"。记得在最初发给作者的策划邮件中，我们就曾建议作者：一是用数据说话；二是至少举出一个实例来支持自己的观点；三是敢于发表个人的观点（即便不是主流的观点）。虽然在实际成书过程中未必能完全做到这一点，但基本上遵循了这条原则。信息密度更为重要的一点，则是对作者实际经验的严苛要求，即要求作者在知识产权某一细分领域有实操的经验，并且能形成自己独特的见解或观点。

也许，可以这么说，如果《IP之道1》是知识产权"黄埔军校"第一次集体经验输出，那么《IP之道2》就力图打造成互联网知识产权领域第一次实践集结。

即便如此，由于互联网领域的技术更新换代太快，本书的很多观点和见解主要并不依赖于理论——而更多来源于实践，因此，相信在内容上一定还存在一些有失偏颇和亟须改正之处，也期望本书的读者能够不吝赐教（关于本书的任何建议，都可通过我个人的公众号"炮老板"留言指出）。

《IP之道1》从策划到最终出版经历了曲折的一年，没想到的是，《IP之道2》从起心动念到出版同样经历了整整一年。

时光匆匆，岁月荏苒，一代又一代的知识产权人在成长。最后，作为本书的策划和主编，我由衷地期待读者能从阅读中获得启发，并在实际工作中学以致用，为行业发光发热！

林炮勤

2021年10月

读者评价

本书在正式出版之前，曾通过公众号"炮老板"发布试读信息并免费赠送部分试读样稿给读者，且收到大部分身处一线知识产权工作的 IPR 或专利代理师的热情反馈。这些反馈可能更能反映本书对于知识产权从业者的真实价值。

以下读后反馈，来自试读样稿的读者，包括：广州利能知识产权代理事务所王增鑫、蔡勇、张天娇、张锋、侯小宝、知侬~罗佳龙，北京市盈科（常州）律师事务所股权高级合伙人律师邱影，深圳追一科技常向月、程丽，福耀集团 IPR 郑建森，北京智乾知识产权代理事务所华冰，国浩律师（南京）事务所倪佳奇等人。

改革开放的几十年，也是中国知识产权事业从萌芽到茁壮成长并结出硕果的几十年。一群乐于分享的好友同行，躬行万里路，不辞劳苦探索 IP 之道，梅开二度奉献累累硕果，继往又开来、务实求真、字字珠玑，敬佩！

在无外界压力的生活状态下，在审查员、专利代理师的职业期间，我均是在自我封闭的专利申请及授权阶段的世界中平平淡淡地过着。随着年龄的增长，外界压力开始慢慢增大，催促我开始思考职业路线和发展路径。知识面的扩展范围和深度会决定个人在这个行业的高度，因此我开始通过网络零散地收集各类信息。然而，信息化的时代充斥着各类或对或错的网络信息。一方面，如果不加选择，错误信息的录入很可能导致个人在后期各类决策中做出错误选择，给机构（律所/代理机构/企业）带来难以挽回的损失；另一方面，通过网络搜索的形式难以及时获取最近且权威的行业信息。《IP 之道》系列书，结合各个行业大咖的自身体会给出了全面且富有深度的见解，对我来说有较好的启发作用。这本书对于还处于"代理"思维的专利代理师、初入 IP 行业的 IPR 而言，不失为汲取营养的可靠之选。

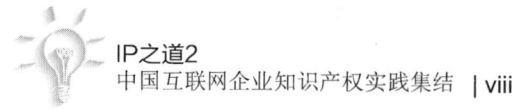

很多行业大牛的经验分享，涉及知产布局和维权的方方面面。也看到很多熟悉的大佬名字，感恩前辈们的分享，希望未来技术开源、科技向善、行业兴荣！

三年前，读过《IP之道1》这本"小黄书"，一直期待第二版。等了好久终于拿到试读样书，时间紧促，囫囵吞枣地浏览了一番。从知识产权运营、竞争策略、保护攻略、权利管理、争议解决到风险合规的一系列内容，都是实战派的经验之谈。

作为一名企业 IPR，在能力上不断向知识产权界"黄埔军校"的各位大佬靠近是我一直追逐的目标，《IP之道1》让理想的光照进了现实，在阅读的过程中仿佛在跟各位老师对话，听他们讲在不同岗位上处理不同类型 IP 相关工作的种种精彩故事，着实很大程度上拓展了自己的视野，对自己在企业的工作有很大帮助。《IP之道2》结合新技术的发展从各个维度提供了优秀的案例和实践方法。诚意满满的一本书，值得认真阅读！

本书的每个章节基本都举了实例，无论对我们代理机构的服务，还是对企业的知识产权实务工作，都有很大的启发和指导意义。

可以让律师换一种角度了解及理解互联网企业的知识产权保护，全书满满的干货！一本书，汇集众多名家思想，终成一场智慧盛宴。

《IP之道2》是企业知识产权管理精英们的实践之作，适用于企业不同发展阶段，从0到1搭建及完善知识产权管理体系，对于中小企业有切实可行的指导意义，是难得的 IP 管理实务佳作。

非常荣幸成为《IP之道2》的试读者，在知识产权行业十几年，最为感慨的是知识产权工作难以被认识、被认可。因为它不同于销售、财务、技术、法务等易于被大众理解的岗位，可真正的 IP 人才恰恰需要集技术、经济、法律等多方面知识于一体，知识产权人才的培养任重而道远。本书汇集了互联网头部企业的实

战经验，我觉得广大中小企业知识产权从业者人手一本必定获益匪浅。特别感谢组织者和撰写者，传道授业解惑，赞也！

老子说，有道无术，术尚可求；有术无道，道止于术。这也许就是《IP之道2》的起源吧，本书从大道着眼，IP群英结合自身工作经历，以不同身份、从不同维度赋予本书很强的可读性及实用性。

诸多大厂视角的知识产权实务，有理论、有案例，集众家之长，值得知识产权从业者深入学习。

《IP之道2》不仅总结了许多互联网公司的知识产权实践经验，而且表达了丰富的知识产权管理思想和策略，不仅为初入行的"小白"提供开阔的视野，也让入行多年的从业者对知识产权价值有了更深和更全面的理解。

《IP之道2》这本新书称得上一次互联网大厂IP大咖的思想盛宴。

作为发展最为迅猛的行业之一，互联网在全行业内率先在国际化、规模化上迈出一大步。知识产权工作也随着行业规模的倍增以及互联网业态百花齐放式的创新多元化发展摆脱了小打小闹的传统低端作业方式，转而向高端和国际化水准看齐。

因此，这本集结多位互联网大厂知识产权专家们的著作也代表了国内知识产权实务界最高水平，是一群心怀高远又脚踏实地的知识产权人的智慧结晶。

读此书就像大牛在旁助阵一样，很多知识产权问题都可以从中找到启发，这是经历多少战斗积累的IP之道的结晶！高瞻远瞩，非常有诚意，太实用了！

看完《IP之道2》，通过各位企业IP精英们讲述他们所处行业的知识产权现状以及企业所处不同阶段对应的知识产权工作的实战经验，能够让专利代理师转换视角看企业的知识产权工作，从而更好地理解知识产权如何为企业的商业利益服务。

《IP之道2》集结企业知识产权管理最前沿的经验，尤其是数字时代专利、商标、版权、商业秘密切入企业管理的经营之道，值得每个IP人认真阅读。

我把这本《IP之道2》看了两遍，可能受专业的影响，我看得比较慢，很高兴能有机会提前阅读到这本书。

这本书的内容相当值得跟同行业人员推荐，尤其是里面涉及一些很新的观点，以及新的实践案例的解读，开阔了我们的视野，让我们对行业发展有更深入的了解。

作为知产行业新人，通过阅读《IP之道2》中汇集的国内多家互联网企业的知识产权实践经验，我对行业有了更深更全面的理解。《IP之道2》对个人职业规划也有很大帮助，是一本能够激发灵感、引人深思的知识产权佳作！

昨日西风凋碧树——作为企业的成本部门，如何提升知识产权岗位价值？

衣带渐宽终不悔——知识产权岂止只有专利？企业商标、商业秘密、版权等等问题，兵来将挡水来土掩。

众里寻他千百度——《IP之道2》披荆斩棘，凝聚了IP前辈们多年来的实战经验，为我等后来者带来了很好的启发和指导！

总之，本书凝聚时代特点以及企业知识产权实务经验于一体，从专利、商标、商业秘密、版权等多个维度阐述了企业知识产权常见问题的一些解决思路。他山之石，可以攻玉，《IP之道2》是知识产权领域内少有的、具有很好指导意义的书籍。

知识产权发端于经营规划，扎根于研发实力，表征于专利资产，价值实现于商务竞争，最终带来市场竞争和财务优势！了解知识产权保护策略，通过专利布局和知识产权运营，提高企业核心竞争力。

《IP之道2》是凝聚优秀企业IP精英分享的管理实务之道，也是当下企业在智能制造、创新转型升级过程中IP管理的探索之道、解惑之道。

有幸作为第一批读者拜读本书，荣幸之至，受益匪浅。特别是看到前领导们深入浅出的真知灼见，很多问题茅塞顿开，醍醐灌顶。精进，分享，共建。

企业是律所最主要的客户，对于律师来说，只有真正了解企业的 IP 需求、熟悉企业 IP 工作的模式，才能更好地服务于企业。读《IP 之道》，能让你切身"体会"各类型企业的各种知识产权业务，从而提升 IP 法律服务的针对性、有效性。

目　　录

第 I 部分　知识产权运营与竞争策略

> 企业竞争的本质是什么？是价值链的整体竞争！
> 没有诉讼，没有冲突，就没有挑战，没有机遇！
> 专利，初看是个技术问题，再看是个法律问题，最终却是一个商业问题。

知识产权：从工业时代到数智时代 …………………………（柯晓鹏）3
新兴科技企业 IP 如何从 0 到 1，从 1 到 N？………………（陈　阳）7
从专利价值视角看互联网企业如何设计最优专利策略………（王　飞）16
从竞争优势角度看互联网企业如何构建最佳
　商标策略 ……………………………………………（卢　苑，娄　丽）33
智能网联汽车专利竞争格局与布局策略…………………（刘肖琛）44

第 II 部分　知识产权保护攻略

> 当 AI 与 5G 相遇时，
> 当 5G 与汽车融合时，
> 当专利法都修正到第 4 版时，
> 我们该怎么办？
> 与此俱进！

借助产品经理思维，在软件专利挖掘领域另辟蹊径………（王长春，胡海斌）57
商业模式专利挖掘、布局、审查"避坑"指南………………（覃　波）73

5G时代来临，IP人如何应对人工智能专利保护

新挑战？……………………………………………（何永春）86

跨越"客体"与"创造性"障碍，布局AI技术保护…………（朱中华）95

图形用户界面的知识产权布局和保护策略………………（路　斌）102

管控开源社区生态，IP能做什么？如何做？………（张莉，安颖，尹一凡）115

互联网公司开展标准专利工作的思路、流程与技巧………（李丽君）129

第Ⅲ部分　知识产权权利管理

> 数量保证，质量制胜。
> 只有做到"人无我有，人有我优"，才能在竞争中真正胜出！
> 知识产权人不能死磕法律思维，需要更广阔的认知能力！

海量商标管理中的宏观思维…………………………………（周立国）143

版权管理的道与术……………………………………………（王　冀）148

商业秘密保护和管理痛点剖析及思考………………………（李丹意）156

利用大数据提升企业商标全链条管理能力…………………（许立举）167

第Ⅳ部分　维权、争议解决与诉讼

> 每一个冲突的洞察都意味着一个战略机会！
> 诉讼不是目的，目的是用性价比最高的方式解决问题。

国内外电商知识产权保护现状及平台规则分析………………（张　琳）177

中国互联网软件专利诉讼实战案例与焦点问题剖析……（林炮勤，刘光华）189

如何应对 NPE——技术产品型企业国际化过程中绕不开的

　　专利坎 ···（郭振鹏）200

跨界创新——智能网联时代汽车行业如何应对通信

　　标准专利？ ···（赵大武）213

从品牌价值角度看商标、商号、域名的争议与解决 ········（杨　淼）222

互联网商标维权如何从"步步惊心"到"步步为营"？ ······（吴贵玲）231

第Ⅴ部分　知识产权风控合规

> IPO、投资、并购，IP 风控掌握成功密码！
> 数据为王，拥抱开源。

IPO 不能忽视 IP——知识产权尽职调查的要点、思路与逻辑 ···（王晓丹）241

并购高科技企业过程中的 IP 工作指南 ··················（高　为）251

高颜值产品外观设计专利攻防之道 ······················（曹雪娇）257

从供应链 IP 与合规角度看企业如何拥抱开源生态 ········（孙振华）267

IP 贸易壁垒下一站——数据合规与隐私保护应对之道 ····（胡海斌）272

互联网新业态下如何适用一般性条款进行反不正当

　　竞争规制？ ·····································（王宗鹏，苏凌青）283

第1部分

知识产权运营与竞争策略

企业竞争的本质是什么？是价值链的整体竞争！

没有诉讼，没有冲突，就没有挑战，没有机遇！

专利，初看是个技术问题，再看是个法律问题，最终却是一个商业问题。

知识产权：从工业时代到数智时代

柯晓鹏 现任阿里巴巴集团技术和专利法务总监。曾任职富士康、中兴通讯、恩智浦、维信诺，具备21年企业法务和知识产权工作经验。

> 数智时代知识产权的核心价值很可能从合法垄断的竞争性使用，演化为开源、开放、共享、共治的赋能型使用。

一、工业时代知识产权的价值标杆

自1623年英国颁布实施《垄断法规》以来，近400年过去了。以专利法为代表的知识产权法律体系伴随着三次工业革命，随着时代发展不断迭代，逐渐成为技术创新和市场经济中不可或缺的关键营商要素。瓦特的蒸汽机、爱迪生的电灯、高通的芯片，这些机械时代、电气时代、信息时代里程碑式的创新产品，不仅深刻改变了人类文明的技术路线和历史进程，也见证了专利制度对技术创新如烈火烹油般相得益彰的影响。机械时代的代表人物瓦特与电气时代的代表人物爱迪生被誉为人类历史上最知名的发明家，他们通过天才且勤勉的技术革新，以及对专利制度的充分运用，在市场竞争中取得了巨大优势，在技术创新的商业化方面获取了惊人的成功。马克思曾评论道："瓦特的伟大天才表现在他所取得的专利的说明书中，没有把自己的蒸汽机说成是一种用于特殊目的的发明，而是把它说成是大工业普遍应用的发动机。"爱迪生更是发明家中杰出的专利布局和运营高手，他一生有超过2000项发明，并累计拥有1500多项各国专利，在多个行业通过专利加持技术创新赢得市场竞争、获得丰厚回报。在信息时代，把技术创新与知识产权布局和运营结合的商业化推向巅峰的是美国高通公司，在通信产业技术标准的更迭里，高通用集团军作战的方式进行标准技术方案的前瞻性研究，布局大量标准必要专利，结合其对关键芯片供应链的控制力，占据了通信行业核心生态位和大量市场份额，并通过专利技术许可和芯片供货结合的方式，穿越通信技术代际更迭周期，持续收获丰厚回报，成就了众多技术公司向往的"高通模式"。

据世界知识产权组织（WIPO）在其 2017 年年度报告《全球价值链中的无形资本》中所述，全球价值链的增长与无形资产在经济活动中重要性的日益增长密切相关，知识产权及其他无形资本为产品带来的增加值是有形资本的两倍。通信产业被公认为全球专利最密集的产业，据 WIPO 调研，自 1990 年以来全球所有专利申请中约有 35% 与智能手机相关。高通凭借其在通信产业上游的生态卡位及高超的产业专利运营能力，站在了全球通信产业价值链的顶端，其芯片+技术+专利三位一体的"高通模式"，在工业 4.0 之前的时代里，可谓知识产权对产业价值链影响力的集大成者。然而，"高通模式"近年来遭遇了至少来自三股力量的重大挑战，包括全球各法域监管机构、重要客户和被许可对象、标准必要专利主要竞争者。前两者的挑战主要针对反垄断和不正当竞争，在与各法域监管机构的博弈里，高通主要通过缴纳巨额罚款和经营整改解决，在与重要客户和被许可对象如苹果公司的博弈里，谈判—诉讼—和解是主要解决路径。而来自标准必要专利主要竞争者如华为的挑战，使高通面对专利池份额稀释进而导致市场份额萎缩的风险，目前看来其主要解法是加大前瞻研发和标准主导权投入，强化标准必要专利数量和质量，并利用芯片供应链优势巩固竞争优势。这个优势能否长期维持，不仅是对高通化解监管挑战和市场竞争的操盘能力的考验，也是对工业时代知识产权竞争优势边际的考验。

二、"护城河"模型与价值链理论视角下的知识产权

根据沃伦·巴菲特的经典投资理论，企业"护城河"有五种模型，包括无形资产、转换成本、网络效应、成本优势和规模优势。"护城河"的作用是构筑竞争壁垒、化解竞争对抗威胁、增强生态控制、保护市场份额。根据企业所处产业特性不同及核心竞争力的差异，渴望基业长青的企业通常需要深耕至少一种"护城河"模型，以持续增强其在市场中的竞争力，并构筑可靠的企业价值链。工业时代的企业"护城河"通常聚焦在无形资产、成本优势和规模优势，而以创新见长的科技型企业往往在无形资产的积累中占据优势。典型的无形资产"护城河"包括专利、商标品牌、软件版权、特许授权等。对于专利"护城河"而言，若想真正有效，通常需要规模化的专利权利积累，以及持续创新补充专利资产的能力。通信行业的巨头们在无形资产"护城河"的投入上可谓不惜血本，美国的高通公

司、中国的华为公司,都拥有远超 10 万件的专利规模,这意味着在通信技术从 2G 到 5G 的迭代周期里,这两家通信行业代表企业,都投入了至少数十亿元资金用于专利资产的布局和维护,这还不包括支撑这些专利产生的更庞大规模的技术创新和研发资源投入。当然,从投资回报来看,这两家企业既广且深的专利"护城河"确实有效,它们分别从各自的商业模式中获得了足够的市场份额和商业利益。

迈克尔·波特的价值链理论指出,企业价值链由基本活动叠加支持活动连接而成,不同企业之间价值链的差异形成企业竞争优势的源泉,企业竞争的本质不是某个环节的竞争,而是价值链的整体竞争。在企业价值链视角下,企业的业务流程形成价值增值和价值创造的链状结构,以客户价值最大化为原则,以企业价值最大化为目标。价值链管理是基于协作的策略,把企业各业务运作连接起来,通过整合价值获得整体竞争优势,实现市场机会和战略目标。如 WIPO 在其调研报告中所述,知识产权通常只有在与组织方面的知识专长、人力资本、管理技能及有效的公司战略等互补性资产相结合时,才能成为竞争优势的源泉。仍以高通公司和华为公司为例,宽阔的专利"护城河"并非它们商业成功的单一原因,反观众多专利投入巨大的同行企业也有些黯然消逝在市场洪流中,比如曾经是加拿大最强大通信科技企业的北电网络公司就在 4G 元年前夕破产,并把其曾持有的 6000 多项专利拍卖了 45 亿美元,作为清算受益者最后的晚餐。高通公司和华为公司能穿越通信产业几次周期迭代,在竞争激烈的全球通信市场里持续增长,大规模、高强度的知识产权资产固然是其价值增值的关键环节,更重要的是它们在各自的企业价值链模式下,能有效协同各关键环节优势,整合发挥价值链综合优势的战略执行力。无论是芯片+技术+专利的"高通模式",还是人才+技术+专利的"华为模式",都是知识产权有机融入企业经营总体战略、成功形成企业价值链整体势能的典型代表。

三、数智时代知识产权的价值演化

从工业经济时代进入数字经济时代,互联网是核心推动要素,互联网企业是数字经济的排头兵,平台型互联网企业成为数字经济时代商业基础设施的关键枢纽。从"护城河"角度来看,平台型互联网企业竞争优势往往聚焦在转换成本、网络效应、规模优势方面;从价值链角度来看,平台型互联网企业整体竞争力体现在数据、算力、算法的价值整合。中美两国代表性平台型互联网企业的"护城河"和价值链都具备以上特征。根据中国信息通信研究院在 2021 年 4 月发布的

《中国数字经济发展白皮书》，2020 年我国数字经济规模达到 39.2 万亿元，占国内生产总值的比重为 38.6%，同比名义增长 9.7%。数字经济在国民经济中的地位愈发突出，2002—2020 年我国数字经济占国内生产总值的比重由 10.0% 提升至 38.6%，是国民经济的核心增长极之一。2020 年我国产业数字化占数字经济比重达 80.9%，产业数字化作为数字经济的主导地位进一步巩固。制造业是产业数字化的主战场，互联网、大数据、人工智能和实体经济的深度融合是产业数字化的主要特征。在产业数字化的大潮里，数字化是过程，智能化是目标，数字化叠加智能化，就是产业数字化所构建的数智化企业，未来几乎所有企业都将成为数智化企业，进入网络协同和数据智能无所不在的数智时代。

不同时代的成功要素在不断演化，从工业时代到数智时代，知识产权也必将经历重大演化。在工业时代，以专利为代表的知识产权价值主要表现在：通过专利军备建立竞争壁垒，通过专利威慑护航产品经营，通过专利许可优化财务绩效，通过专利加持提升品牌认知，总体上专利价值的萃取发挥展现出更多的竞争性。而在数智时代，赋能产业生态、促进生态发展很可能成为知识产权的核心价值，这将知识产权的基本价值属性可能从竞争性演化为合作性。这个价值演化的推测基于以下两个原因：一是构成数智时代核心驱动力的数据、算力、算法受到开源、共享、共治的影响越来越深，从监管立法到社会实践，都在推动这一趋势。我国"十四五"规划提出：支持数字技术开源社区等创新联合体发展，完善开源知识产权和法律体系，鼓励企业开放软件源代码、硬件设计和应用服务。建立健全国家公共数据资源体系，确保公共数据安全，推进数据跨部门、跨层级、跨地区汇聚融合和深度利用。扩大基础公共信息数据安全有序开放，探索将公共数据服务纳入公共服务体系，构建统一的国家公共数据开放平台和开发利用端口，优先推动企业登记监管、卫生、交通、气象等高价值数据集向社会开放。二是即使在知识产权保护力度最严格的专利领域，也有越来越多的企业在选择和推动开放许可、公益许可、免费许可等方式。例如，电动车行业龙头特斯拉，曾宣布对新能源汽车行业善意使用其专利者，给予免费许可。2021 年 4 月，脸书、微软、惠普联合宣布开放一批节能减排相关的专利，免费许可给善意使用者。可见，无论是从政府立法和政策引导角度，还是从企业知识产权管理和运营角度，数智时代知识产权的核心价值很可能从合法垄断的竞争性使用，演化为开源、开放、共享、共治的赋能型使用。我们需要考虑，在这个趋势下，如何优化知识产权的布局和运营策略，实现社会福祉和企业利益的平衡，保障客户价值和生态价值的实现。

新兴科技企业 IP 如何从 0 到 1,从 1 到 N?

陈　阳　律师与专利代理师双资格,法律硕士,工商管理在读博士生。自 2009 年起先后任职于中兴通讯、腾讯等大型上市公司法务部,目前任行业领先的无人驾驶科技公司文远知行科技公司总法律顾问,负责公司知识产权、法律、合规与投融资法律业务。

> 知识产权诉讼是每一个科技企业难以避免的问题。诉讼是竞争的延续,是竞争的手段之一。只有建立这样的认知,我们遇到或发起诉讼才能更从容、更具目标性。

信息与云计算、大数据等技术正促进人类科学技术加速发展,越来越多的新兴科技行业"黑科技",如无人飞机、自动驾驶汽车等逐步走进我们的生活。新兴科技企业一般是由相关领域的技术人员创立的,其高度依赖外部融资,虽规模小,但发展迅速,具有高成长性。

那么,企业在发展过程中会面临怎样的知识产权问题?如何做好知识产权业务?知识产权怎样为公司发展提供支撑?这是包括新兴科技企业在内的企业知识产权法务的"灵魂三问"。本文以自动驾驶行业为例与大家就新兴科技企业知识产权竞争与保护问题进行共同探讨。

一、自动驾驶行业管窥

自动驾驶技术始于 2004 年美国军方组织的国防高等研究计划署(DARPA)挑战赛,从彼时的以摄像头为主的技术解决方案,发展到现在以激光雷达为主,以摄像头、雷达等设备为辅的技术解决方案,其走过了十几年的历程。美国汽车工程师学会(SAE)将自动驾驶等级划分为六级,从 L0 到 L5 依次是无自动化、辅助驾驶、部分自动驾驶、有条件自动驾驶、高度自动驾驶和完全自动驾驶。工业和信息化部划分的等级也基本与 SAE 标准一致，分为六个等级。

目前自动驾驶行业的竞争格局，一是以主要从事 L4 级以下技术的传统汽车厂商阵营对阵从事 L4 级及以上技术的科技企业阵营；二是以美、中两国竞争为主。我们以 L4 级及以上的科技企业为对象进行分析，代表公司有美国谷歌旗下 Waymo 公司、Cruise 公司、中国百度阿波罗、文远知行 WeRide.ai 及小马智行 Pony.ai。虽然有巨头公司参与，但其自动驾驶业务皆拆分自母体公司，独立融资、独立发展、自行创业，因此同其他初创公司一样，都属于初创新兴科技企业。

二、科技企业知识产权如何从 0 到 1，从 1 到 N？

对初创科技公司而言，一般起步阶段主要以研发人员为主，对知识产权意识比较淡薄，很少做到刚成立就配备完整的知识产权法务团队或者委托外部代理机构开展专利布局等知识产权规划业务，管理层往往也只关注产品和技术研发，其主要诉求是迅速向市场推出产品并快速进行产品迭代，知识产权问题还未进入他们的视野范围，研发人员也相对缺乏知识产权保护意识。那么知识产权业务怎样实现从 0 到 1 并进一步从 1 到 N 呢？

（一）让投资人成为最强推力

新兴科技公司的发展离不开融资。融资是保障公司发展的重要前提，公司在上市前一般会经历多轮融资，而知识产权保护水平不仅会影响投资人决策，也会影响公司估值。投资人会非常关心公司是否对其技术采取了相应的知识产权保护及保护水平如何。如果公司还未进行知识产权申请，投资人往往会建议或要求公司招聘知识产权专业人员进行申请和保护。文远知行公司在 A 轮融资时，投资人尽职调查报告就明确指出，公司存在知识产权保护缺乏的问题，建议"组建知识产权专门团队"。

如果公司已经有了知识产权法务，那么一定需要将知识产权保护成果写入融资 BP Slides（商业计划 PPT）中，借助投资人反馈，寻求公司加大知识产权业务的资源投入，增加知识产权团队人员，从量与质上提升公司知识产权保护水平。

(二)巧借知识产权规避法律风险

要让公司管理层认识到知识产权的重要性，外部知识产权法律风险的刺激能起到关键助推作用。因为公司缺少专职知识产权人员，因此这个时候公司比较容易发生知识产权风险，甚至面临诉讼或者行政查处的风险。一旦发生知识产权法律风险，公司会更加深刻地意识到知识产权专职人员的重要性，从而舍得投入相应资源到知识产权规划和申请中来。

曾经有这样的案例，某研发人员设计一款UI界面，在设计时模仿了Waymo的设计，结果两者在整体界面外观、色彩搭配、物体模拟方面非常相似，借鉴疑似变成了可能的抄袭。而研发人员对此毫无知觉，直到收到Waymo的警告函后才意识到问题的严重性，最终通知法务部门参与处理才得以解决。经此案例，研发部门引以为戒，在后来的设计中遇到拿不准的方案就会第一时间通知法务部门参与，法务部门也顺势参与到研发的立项中去，在项目最初阶段即开始与研发工程师进行沟通，风险规避与知识产权产出同步进行。

(三)让CEO或CTO成为你的CIO（首席知识产权官）

公司招聘了知识产权人员或组建了知识产权团队，但你发现你或你的团队在公司似乎并不被重视。遇到这样的情形，该怎么办？不可否认，虽然社会大环境高度强调知识产权的重要性，但在很多小公司中，知识产权却难以成为公司的核心业务，主要的原因在于一般的知识产权部门都是成本部门，为公司带来的价值难以可视化和量化。

知识产权平常看似不重要，但真正遭遇风险时，对公司影响重大。我们可以引导管理层看到知识产权的重要性，让CEO或CTO成为公司CIO。

怎样做？这就需要知识产权负责人利用好正、反两种素材，循循诱导。笔者从入职第一天起，一方面不断向CEO和CTO强调知识产权对科技公司的重要性；另一方面，也从积极对比行业内其他竞争对手的知识产权保护数据，收集行业内发生的知识产权诉讼和法律纠纷案例，以及阐明知识产权对公司申请各类政策扶持时所起的帮助等角度，推动CEO和CTO认识到知识产权不仅是成本业务，也可为公司带来真实收益，从而说服他们成为知识产权业务发展的有力后盾。

三、知识产权真的只是躺在财务报表上的无形资产？

知识产权是无形资产。现实是其往往成为躺在账目上的资产，而不能或难以实现收益，为企业带来真金白银。那么知识产权应该如何从财务报表中的形式上的资产转化为能为企业带来实际收益的资产呢？

企业的早期阶段（一般是企业成立后 3~5 年）是一个以知识产权资产积累为主的阶段。任何生意都需要前期投入，计入成本，然后通过经营才能实现投资回报，知识产权也如此。在这个阶段，企业从零起步，需要知识产权人员与研发、产品部门积极策划引导知识产权产出，尤其是在专利、商标、商业秘密上快速、尽可能多地进行知识产权申请与布局，通过 3~5 年时间形成一批授权专利、商标等知识产权。因此，这段时间主要以成本投入为主，但收益也是需要设计与安排的。最稳定的收益体现，当然是利用知识产权为企业获得高新企业资质，节约税收成本。另外，在各地对知识产权申请提供补助的情况下，补助款也是收益化体现之一。还有地方政府对科技企业的很多扶持与补助都是以知识产权授权量为前提的，因此项目扶持与补助也是知识产权收益化的方式之一。

在这个阶段，也要关注竞争对手知识产权侵权情况，特别是对人员流动引发的商业秘密泄露或者专利侵权问题，要通过诉讼方式进行打击，这样不仅能获得侵权赔偿，也能借助诉讼案件让管理层"尝到甜头"或者让竞争对手"吃到苦头"，从而提升知识产权部门在公司的重要性。

在企业经过 3~5 年的初期发展后，知识产权在量上的累积也应该有了初步的基础，企业进入发展上升期，也就是成立后的 5~10 年。这个时期的知识产权要兼顾资产累积与收益，即一方面持续投入知识产权的申请，加大资产包的积累，对公司研发技术及市场需求技术进行布局与申请；另一方面要尝试开展知识产权资产收益化工作。当然后者的前提是对知识产权资产做好资产表的梳理，这通常包含两种模式：一是在专利授权后进行专利资产的分析，从技术、商业、侵权可视度等维度进行梳理，对每一件专利进行评价，从而得到专利价值表；二是在进行专利申请的同时，就开始对专利的以上维度（技术、商业、侵权可视度等）进行分析评价，得到专利价值表。此两种模式各有优劣，但专利价值分析应该是一个动态过程。同时，对于不同价值的专利可以对应采取不同的收益策略。例如，对中低价值专利，可以采取转让或加入专利池联盟，由联盟进行运营的方式。对高价值专利，如果是对自身产品形成强保护或排他垄断，可以采取以保护为主、打击为辅的方式，通过对侵权者采取行政或司法诉讼方式进行侵权打击，从而获得收益；如果专利与自身产品或业务虽相关性不高，但竞争对手有可能使用，或者侵权可视度非常高，则可以以进攻为主，积极采取行政或司法诉讼方式，以实现知识产权收益为目标。

在企业成立 10 年后，企业通常进入成熟稳定期。此时，公司知识产权业务也进入稳定发展期。企业的业务已经相当成熟，与之对应的公司架构与人员也相对稳定。对应地，企业知识产权重心应该是三分积累、七分收益，即将重心放在知识产权收益化上。已经积累的知识产权可以进行两种方式的收益化操作。一种方式是，积极牵头成立或加入各种知识产权联盟组织，将某些专利纳入联盟进行许可运营。另一种方式是，由企业自己成立专门进行知识产权运营的控股公司，通过投入自持专利、同时收购其他相关专利的手段，进行专业的专利许可、维权。事实上，成熟企业积累的大部分专利都可以通过这两种方式进行收益化实践，如西门子、飞利浦等国外巨头就采取了这样的策略。另外，成熟企业也可以将自己的标准专利在遵循"FRNAD"（自由、合理、无歧视）原则下，积极寻求许可收益。对重要专利，可以通过半开放式合作（如联盟或专利池）或全开放式合作（如开源开放的 CopyLeft）等方式寻求与产业上下游、行业参与者的收益共享。

四、商业秘密价值如何实现？

商业秘密是知识产权的重要组成部分，但我们在知识产权管理工作中往往容易忽视其存在，低估其所发挥的作用。一方面，因为一般企业的知识产权管理重心都会放在法定申请形式上，也就是能获得权利证书的专利、商标、版权形式上；另一方面，由于技术存在一定不确定性，也就是研发等技术能否转换为产品及能否带来效益存在一定的不确定性，企业内部面对不确定的技术是否有必要花费成本去申请专利可能存在不同的看法。另外，如果企业处于起步阶段，在知识产权预算受限的情况下，其往往偏向于不申请专利，而自然形成商业秘密，久而久之将其遗忘在角落里。商业秘密怎样发挥其价值是值得探讨的问题。

（一）商业秘密在知识产权保护中的作用

商业秘密是指不为公众所知、由权利人采取了保密措施、能为权利人带来商业价值的信息。商业秘密保护范围非常广泛，在司法实践中，只要权利人能证明秘密性、保密性、价值性，就能被认定属于商业秘密，技术秘密只是商业秘密中的一项。

通常，一项技术是采取专利申请保护还是商业秘密保护，主要有两个考量因素：一是技术可视度，如果一项技术方案更多的是涉及算法设计，就更适合采用商业秘密进行保护，因为算法可视化低，在产品或整体技术中难以认定采取的是何种算法，除非进行反向工程或其他破解手段方能知晓；二是侵权可视度，如果一项技术很难被发现或者证明侵权（侵权可视度低），则即使其申请了专利，由于难以证明他人侵权，就更适合选择不予公开的商业秘密保护形式（图1）。

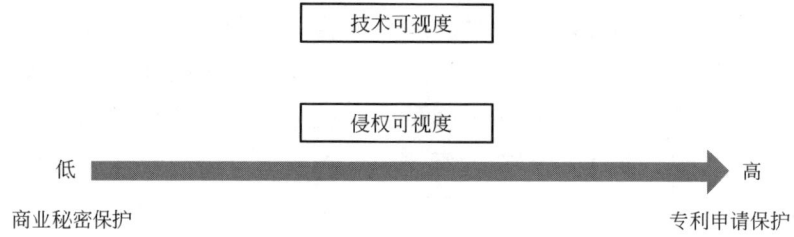

图1 技术保护形态选择

当然，企业是否采取商业秘密保护还同企业的知识产权政策、行业发展成熟度、公司经营状况、技术成熟度等因素相关。采用商业秘密保护，可以有效防止技术信息被竞争对手获取，防止竞争优势丧失，获取"垄断租"。

（二）商业秘密在诉讼中的作用

利用好商业秘密诉讼，可以达到有效打击竞争对手、为公司带来收益的双重功效，尤其是对于初创公司，在其知识产权储备还不足以建立起竞争优势的时候，商业秘密诉讼可能起到另辟蹊径的作用。

典型的案例是，2017年2月，Waymo（韦莫）在美国联邦北加州地区法院旧金山分院向Uber（优步）及Otto（奥托）提起商业秘密诉讼。Waymo在此案中指控Uber和Otto盗用商业秘密、侵犯专利权及不正当竞争，要求其共同承担19亿美元赔偿。而这起诉讼全因一个人——Waymo无人驾驶汽车前核心负责人安东尼·莱万多夫斯基，其被指控在离职时盗窃 Waymo 商业秘密，并创办自动驾驶卡车公司 Otto。Waymo 指控称，安东尼·莱万多夫斯基在负责谷歌无人车项目（Waymo 前身）时，即与 Uber 前 CEO 卡兰尼克接触，卡兰尼克劝说前者加入 Uber 负责无人驾驶技术，但为躲避 Waymo 的阻击，先由安东尼·莱万多夫斯基从谷歌离职，并创办无人驾驶卡车公司 Otto，在半年后，Uber 以 6.8 亿美元现金收购 Otto，安东尼·莱万多夫斯基也顺理成章成为 Uber 无人驾驶负责人。

安东尼·莱万多夫斯基在离职前，从谷歌秘密下载了超过 10GB 的数据，超过 1.4 万份无人驾驶相关技术文件。在 2017 年 5 月开庭后，法官认为"有充足的证据表明，Uber 在聘用安东尼·莱万多夫斯基时，知道或应当知道他拥有超过 1.4 万份可能涉及 Waymo 知识产权的机密文件，Waymo 已经充分证明，该公司的前明星技术人员在离职前夕，从公司电脑里下载了大量的机密文档"，并要求 Uber 使用最大能力迫使安东尼·莱万多夫斯基在当年 5 月 31 日之前向 Waymo 返还被盗窃的机密文件。

有意思的是，安东尼·莱万多夫斯基引用美国宪法第五修正案"不能自证其罪"的权利，拒绝服从法庭令其返还被盗窃的文件的命令。而 Uber 前 CEO 卡兰尼克也因为此事被投资人逼宫，被迫辞职，并在后来被投资人告上法庭，更加增加了该案的故事性和魔幻性。

在案件起诉一年后，并在引入软银成为第一大股东及新任 CEO 到位后，Uber 终于与 Waymo 达成和解，Uber 向 Waymo 母公司 Alphbet 支付价值达 2.45 亿美元的 0.34% Uber 股份作为和解赔偿，并承诺不再使用 Waymo 技术方案。而谷歌对另一当事人安东尼·莱万多夫斯基的诉讼却仍在进行之中，并在 2020 年 3 月被法院一审判决赔偿 1.79 亿美元。安东尼·莱万多夫斯基还因拒绝服从法庭命令而被移交地方检察官调查起诉，在 2020 年 8 月被地方法官判决 18 个月监禁，落到人财两空的结局，而这一起由 Waymo 主导的商业秘密诉讼战方才落下帷幕。

该案充分证明了商业秘密诉讼的威力，不仅令窃密者身陷囹圄，也让 Uber 付出 CEO 下台、赔偿股份的双重代价，更将 Uber 无人驾驶项目扼杀在摇篮中。

而在中国也上演过类似的剧情。2017 年 12 月，百度将成立不久的自动驾驶明星公司景驰科技及其明星创始人 CEO 王劲诉至北京知识产权法院，指控王劲

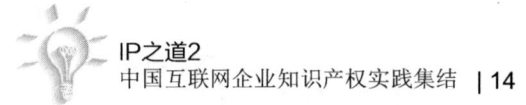

在离职百度时未归还含有商业秘密的电脑及打印机，侵犯了百度公司的商业秘密。该案被称为中国无人驾驶第一案。因为面临百度发起的知识产权诉讼，投资人表达出对景驰科技面临不确定性的强烈忧虑，公司在融资中面临巨大的压力，最后结局是王劲离开，景驰科技与百度和解，并加入百度阿波罗阵营。景驰科技度过危机，成功完成种子轮融资。

五、知识产权诉讼是挑战还是机遇？

知识产权诉讼（主要是侵权类诉讼）是每一个科技企业难以避免的问题。诉讼是竞争的延续，是竞争的手段之一。只有建立这样的认知，我们遇到或发起诉讼才能更从容、更具目标性。

知识产权侵权属于财产侵权类型，但又有区别于财产侵权的独特之处。一般而言，侵权救济实现的是停止侵权与损害赔偿，获得的经济赔偿是弥补因财产侵权而导致的损失，这个损失是可以计算的、固定的。但如果知识产权被侵权，他人使用或模仿了权利人的技术方案，权利人面对的不仅是经济上的损失，同时也是市场份额的减少，而这是难以通过权利人损失或者侵权人获利计算出来的。因此知识产权诉讼的目标不仅在于赔偿的实现，更在于以诉讼为手段保护竞争优势，扩大或巩固市场份额。

新兴科技企业往往因为新颖的技术、酷炫的产品获得用户的喜欢而高速成长。一旦动了市场原有竞争对手的奶酪，也容易成为知识产权侵权诉讼的对象。在面对知识产权诉讼时，我们要判断对方的目的，是单纯的经济赔偿，还是打压公司、巩固竞争优势？如果是前者，那只是一场战斗，我们可以单纯就案件本身进行法律上的抗辩，以避免公司承担赔偿责任；如果是后者，那诉讼就是一场战役，应诉是其中一场战斗，还要考虑反诉、行政解决等因素，以及商业上的通盘解决方案。

在自动驾驶领域的 W 公司与 A 公司的知识产权诉讼纠纷中，就充分体现了上述特点。W 公司创始人在离开 W 公司后，创办了 A 公司，与 W 公司形成直接竞争关系，并招揽了 W 公司前硬件负责人加盟 A 公司。在该 W 前硬件负责人离职过程中，下载了 W 公司相关代码及文档，并在 A 公司使用。W 公司分别在美国与中国对 A 公司及相关员工发起商业秘密诉讼，并寻求巨额赔偿。在面临直接竞争对手的知识产权诉讼下，A 公司明白 W 公司的真正目的并不在于金钱的赔偿，而在影响 A 公司融资，使其发展受阻。因此 A 公司除了竭尽全力应诉外，也积极寻找反击方案。最后利用该创始人仍为 W 公司股东身份，在开曼群岛以 W 公司及创始人违反开曼公司法、侵犯股东权利，提起公司清算之诉。

在这个案例中，W 公司通过发起商业秘密诉讼，赢得美国法院临时禁令，确实对 A 公司施加了巨大的压力，也起到了影响 A 公司融资的效果。而 A 公司反击诉讼，也开辟了新的战场，形成对 W 公司的有效牵制，最后在双方投资人的共同推动下，达成和解。

通过知识产权诉讼，给公司管理层上一堂生动的知识产权课程，对知识产权的重要性也提升到了一个全新的认识水平，因此更加重视知识产权，这对提升法务部门或知识产权部门在公司的地位、扩大影响力绝对是一个有力的助推剂。公司知识产权人员应该积极提高自己的专业性和全面性，抓住机会，化危机为机遇，用知识产权为公司创造真正的价值。

从专利价值视角看互联网企业如何设计最优专利策略

王 飞　上海连尚网络科技有限公司知识产权总监，曾任职于百度公司和国家知识产权局。

> 初创期创新价值高，一定要在产品发布前及时申请专利；找到合适的合作伙伴；专利质量优于数量。

一、互联网行业的创新特点

（一）互联网创新的根基是共享和开源的代码

如果把互联网产品比作高楼大厦，组建高楼大厦的砖块、钢筋就是海量的开源代码。目前，从手机操作系统到云计算、人工智能，再到区块链，无一不是开源代码的天下。一段段开源代码如同乐高拼装的基本单元，虽然基本单元的种类和形式比较有限，但经过拼装和连接会产生无穷多的变化可能。

（二）产品创意是互联网创新的关键

在互联网行业中，产品至关重要。优秀的产品通过用户体验俘获大量用户，再通过商业模式将用户流量变现成高额收益，进而反哺产品研发投入，再形成更优秀的产品，形成了正反馈循环（图1）。

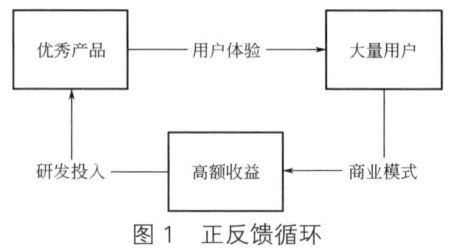

图1　正反馈循环

如果产品不能把用户留存下来，由于正反馈效应的存在，下降趋势会被进一步放大（图2）。

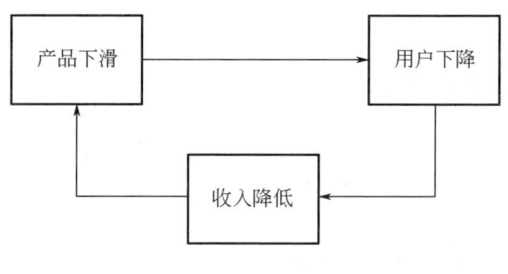

图2 正反馈的下降期

所以，互联网创新多从用户体验角度出发，只要用户还有需求未被满足，互联网创新就不会停止。互联网企业的核心目标，就是通过打磨产品，提升用户体验，进而提高用户新增和留存。

（三）互联网行业相互借鉴的难度低、频次高

正因为互联网产品大部分是"拼乐高"，难度并不在于每个乐高模块有多么难实现，而是在于能否充分理解市场，并根据市场需求设计产品，一旦产品实现的业务流程确定，技术实现难度通常不太高。

从行业实践来说，许多产品迭代的内容其实并不是创新，而是对成功产品的借鉴和学习。例如，随着抖音、快手这类短视频产品的爆火，微信也加入视频号功能；随着Clubhouse的爆火，许多国内厂商也推出与Clubhouse一模一样的产品。这不禁让人产生困惑，创新不是很重要吗，为什么实际上大家又在学习、借鉴甚至抄袭呢？我们看到了创新的成功，但常常忽略了创新的成本。十次创新，九次失败，如果不给创新者额外的奖赏，那么又有谁会为了10%的成功概率去创新呢？反过来，如果不创新，直接抄袭会受到惩罚，而且受到的惩罚远远大于能得到的好处，就会倒逼原本不创新的人去做创新。

目前还有大量抄袭的存在，要从两个方面来分析：一是专利获权，二是专利保护。如果专利获权难度低，保护力度大，会倒逼公众创新；反之，如果专利获权难度高，保护力度小，就会打压创新，并间接鼓励抄袭。

二、互联网行业的专利价值

（一）专利价值维度分析

专利与三个维度密切相关：技术、市场与法律。下面讨论这三个维度与专利价值的关系。

专利法规定了专利方案必须有技术性，且技术需要满足新颖性和创造性要求。因此，技术和法律这两个维度相关性是很高的。其中，法律要求的范围更广，它不仅涵盖了对技术的要求，还对充分公开、记载形式及修改范围和时机等做了很详尽的规定。只要能满足法律的要求，那么专利在技术上就可以成立；如果不能满足法律方面的要求，那么专利即便在技术上成立，也没有价值，即只要法律允许，技术就成立，专利就成立。

只要专利成立，那么专利价值的大小，则与其市场成正比。这里的市场价值计算，可以大概估算为

$$V_1 = V_2 \cdot R$$

其中，V_1 代表专利价值；V_2 代表专利产品的市场总价值；R 代表这个专利创新在这个市场总价值中的比例。

这里要特别说一下 V_2，即专利产品的市场总价值，与专利产品的价值是有区别的。例如，A 公司申请了一件专利，A 公司和 B 公司分别开发了产品 P_1 和 P_2，如果产品 P_1 和 P_2 中都包含了 A 公司的那件专利，那么 V_2 应当是 $V(P_1)+V(P_2)$，其中 $V(P_1)$、$V(P_2)$ 分别指专利产品 P_1 的价值、专利产品 P_2 的价值。专利技术越通用，越不容易被别人避开，那么被他人使用的可能性就越高。相应地，市场总价值越高，专利价值就越高。

综上所述，法律包含技术，是专利价值的前提。如果不满足法律要求，则专利价值为零。**在专利满足法律要求的前提下，市场越大，专利价值越高。**

（二）互联网专利的价值

前文提到，在满足法律要求的前提下，市场越大，专利价值越高。互联网产

品的用户数以亿计，市场巨大，专利价值理应很高。

互联网大量的创新大多是数字技术、智能技术和网络技术的应用，具体形式往往表现为为了解决某个实际问题而设计的创意。而创新难度往往在于问题的发现、流程的设计及产品元素的灵活组合；至于是否用代码去实现，则是工程层面的事情。反映在专利层面，对应产品和技术两种不同类别的专利。

1. 产品类专利

产品类专利是基于产品创新产生的，相对于技术创新，产品创新的技术实现往往是业界现有的。产品创新的出发点一般源自用户需求，一旦发现了新的用户需求，就需要新的解决方案。用户需求和使用场景紧密结合，同样一个思路应用于不同场景，就会产生不同方案。产品创新的效果通常是提升用户体验、解决某应用场景的需求等。以听歌识曲为例，最初的需求是：这首歌真好听，歌名是什么？于是就有了听歌识曲。至于技术方面，需要使用到语音识别和数据库匹配，实现都不复杂。

产品创新迎合的是用户需求，商业价值比较明确。产品创新只要获得专利授权，并且授权专利对应产品创新，专利价值很高。但是获权和对应创新两个要求却并不容易达到，原因如下。

一是专利授权难度比较高。产品业务流程中每个步骤都是现有的，创造性体现在业务流程各要素的排列组合，而这种排列组合在专利意义上的创造性比技术改进低，因此产品类专利授权难度会更高。

二是专利保护需要较高的专业技巧。要实现专利保护，就需要完全覆盖某一个产品功能，而产品功能相对宽泛，如果直接转化成专利，授权难度极高，一般需要将产品功能包装成业务流程。但如果要包装成具体的产品业务流程，又很可能无法覆盖较宽的范围，所以这里对专业技巧有一个很高的要求。本文主讲专利策略，在此不详述。解决方案是找人，只要找到合适的专业人员，这些专业问题可以迎刃而解。

2. 技术类专利

和产品创新相对，技术类的创新方案一般不直接接触用户，其改进效果通常是运算效率更高、速度更快、精度更高、开销更低等。方案的使用者也不是用户，而是其他同类厂商。由于这类专利的技术实现难度更高，创造性更高，专利授权的可能性也越高。但是技术类专利的问题在于，互联网的技术方案往往是软件实现的，而软件又是被"封装"起来的，导致方案不可见。如果是客户端，那么各App厂商绝不容许他人随便阅读代码；如果在服务器，任何被存储于服务器的代码也不会允许他人轻易访问。也就是说，如果他人使用了专利方案，由于方案位于系统底层，权利人常常无从获知，更无从知道他人是不是采用了和自己相同的技术方案。

这么说，技术类方案都没有专利价值吗？当然不是。技术方案越底层，则越通用，价值也可能越高。如果能确认他人实施与否，那么这类专利的价值是很高的。

首先，为了保证技术的互联互通，计算机和通信行业会组织编写技术标准和规范，只要被纳入标准，就可以确保技术的实施，这也保证了标准必要专利的高价值。例如，5G 的标准必要专利已经成为华为公司的"护城河"。其次，开源代码也能极大促进技术方案的推广实施，与开源代码相对应的专利则可以有力保证开源生态的推进。最后，即便未标准化、未开源，技术类专利的积累也能够作为一种技术公开的渠道，让公众和投资人了解企业的技术实力。某些技术的研发期很长，通过相关专利信息的公开，会增加投资人和公众持股的信心。例如，百度和阿里巴巴分别积累了大量人工智能和区块链专利，再通过宣传 AI 和区块链技术专利，彰显公司在 AI 和区块链方面的技术实力。讲好企业故事，也能支撑市值提升。

表 1 可以体现出产品类和技术类专利的差异。

表 1　产品类与技术类专利的差异

比较项目	产品类专利	技术类专利
授权可能性	低	高
侵权证据获得性	高	低
通用性	低	高
市场价值	取决于产品价值以及与产品的对应度	取决于与标准和开源的关系

以产品还是以技术专利为主，取决于公司业务。如果公司长于底层技术创新，

如人工智能或者云计算，就需要以技术类专利为主；如果公司的主营业务是互联网应用，那么就应该多布局产品类专利。

三、企业专利策略设计

说起企业专利策略，行业也常常将其提升为战略，但在笔者眼中，知识产权只是实现企业发展战略若干要素中的一个，将其定位为策略会更加合适。也有大量专业书籍介绍其中的"术"，但在企业管理者的眼中，既然是专业，找到专业的人去做就好。下文的专利策略，主要是从"道"的角度来讲，阐述资源（如人、钱）配置的考量因素，以及根据企业发展阶段梳理一些要点。笔者相信，只要形成正确认知，那么企业自然会找到适合自己的专利策略。

（一）专利策略中最基础的三个问题

1. 企业最基本的专利认知是什么？

对企业来说，专利不是必需品，但应当形成专利的基本认知，即专利可以保护创新，特别是产品创新、功能创新和技术创新。如果该产品或者服务当中需要差异化，需要防止别人抄袭，那么就应当考虑布局专利。

2. 在什么情况下考虑申请专利呢？

大体上有两个：一个是从自身出发，如果自己做的事情就是有创新的，那么就应当申请专利；另一个是从环境出发，如果自己做的事情是有专利风险的，那么也有专利申请的必要。

3. 在专利数量和质量之间如何取舍？

这取决于专利的使用方法。如果你只想申报高新节约税收，或是争取政府专利资助，那么你只需要专利授权证书。为保证效果，数量最好多一点。

可是，如果你想保护自身产品不被抄袭、用专利对抗竞争对手、拿专利做商业化、用专利提升产业控制力，那么请选择专利质量。但只有专利质量没有数量也不行，专利会面临一系列不确定性，即便写得很好，也可能因为各种原因无法授权、范围缩小，只有保证一定的数量投入，才能在一定良品率基础上，提升优质专利的产量。

所以，数量布局，质量取胜。

（二）企业不同发展阶段的专利策略

1. 初创阶段

不同企业的初创阶段，专利需求是不一样的，有的需要，有的不需要。但初创企业都需要活下来，现金流一般也比较紧张。所以，真的值得花费本来就有限的成本去申请专利吗？

如果你是研发型、生产型或者是集成加工型企业，只要你的产品有创新，那么就应当考虑专利。如果没有创新，你可以不申请专利，但是你不能不了解专利，因为同行手中可能有专利。

如果你的企业是做商贸，靠差价获利；或者是做服务，如餐饮、母婴、电影院，只要买卖的这个商品或者服务本身没有专利侵权风险，那么这家企业对专利实际上是没有太多需求的。但如果你希望把餐饮店数字化、网络化、智能化，那么就需要做一系列的产品和技术创新，专利就会变成刚需。

申请专利是需要消耗成本的，在有限的资源当中，应当划出多少来申请专利呢？

每个企业情况不同。如果自己的创新具有颠覆性，或者市场空间很大，一定会有许多人学习和借鉴。可以判断一下，自己产品到底有多少创新，申请的专利做到全面覆盖就可以了，需要几件就申请几件。

还要充分重视企业初创阶段的创新强度。企业在创立之初，通常会推出差异化的产品。没有差异化，新产品通常很难打入市场，给客户留下印象。新产品创设的前提，往往是现有产品无法满足市场需求，需要进行差异化设计。创设新产品，就是因为这种差异足够大，所以常常出现颠覆性创新。后续的发展改进则往往是渐进式的，或者是运营和营销方式的改变，相对于新产品创设，创新强度就会弱很多。直到研发下一代产品，创新强度才会再次爆发，但这个强度也会弱于初创期。Gartner技术成熟曲线印证了这一点（图3）。

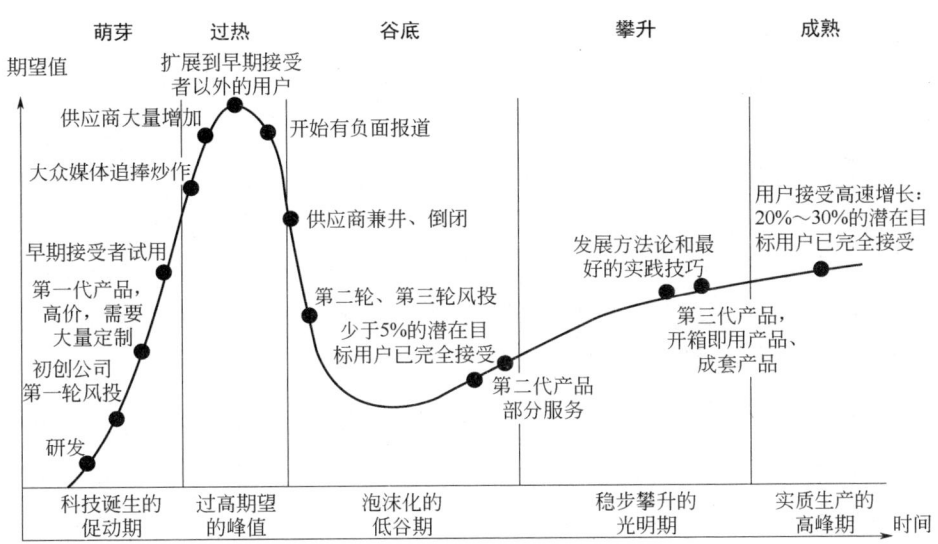

图 3 技术成熟度曲线（来自 Gartner 的研究）

虽然初创企业的创新强度高，但是专利的意识和能力比较弱，我国专利制度的容错性不太高，如果在这个阶段没有成功申请专利，那么损失是不可挽回的。

举一个案例，2016 年，路虎和江铃两家汽车公司之间的专利权纷争引发了业界广泛关注。最终，国家知识产权局专利复审委员会经审理，宣告路虎专利权无效，无效理由是其涉案外观设计已在 2010 年 12 月 21 日至 12 月 27 日举行的广州国际车展上公开展览，构成了事实上的公开。

互联网产品的发布是公开给公众的。如果在产品发布前没有申请专利，那么产品的发布就会造成专利的无效。**所以一定要做到及时申请专利，特别是不能晚于产品发布前。**

要解决这个问题，方法也简单，只要公司创始团队有专利认知，并且找到比较合适的外部服务人员就可以。不过，专利布局虽然说起来简单，还是有很多创业公司忘记，因为公司初期经营面临的琐事实在太多，而人手又不够。如果你的初创企业核心竞争力在于创新，那么专利就至关重要，往往涉及创新在市场的生存环境，对于专利这种公司初期最关键的业务之一，最好由创始人亲自来抓。

至于什么外部服务团队才是合适的，则涉及外部代理所的选择。

现在各种代理排行榜层出不穷，有以授权率排名的，有以申请量和授权量排名的。但是数量大和质量高完全无法挂钩，授权率高也不意味着能保护创新。优质的代理服务如同优质的滤波器，不仅能将技术到法律转化中的损耗降到最低，让创新和专利的对应性更好，还可以对专利价值有增益，让专利的保护能高于原始创新。推荐的筛选方式是专家介绍，加上专利数据库查询。查询同行业公司咨询什么代理所，然后再看这些代理所的客户，再结合代理所的技术方向和文章篇幅来综合判断。技术方向越吻合，文章篇幅越长，能提供优质服务的概率越大。代理所选择对专利质量的影响很大，要充分重视，不要吝啬选择代理所的时间。如果选择实在困难，请找专业顾问咨询，他们通常不会让你失望。

对初始团队来说，还有最后一个问题，也是投资人经常会问的问题，那就是如果大公司抄了你的产品怎么办。大公司资本雄厚，流量巨大，如果直接砸100倍投入来做同样的产品，小公司大概率撑不下去。对小公司来说，高质量的专利布局才是抗衡大公司最有力的武器。如果达不到这种质量，那么布局就可能失败。

初创企业知识产权要点有以下三点。
① 初创期创新价值高，一定要在产品发布前及时申请专利；
② 找到合适的合作伙伴；
③ 专利质量优于数量。

2. 发展阶段

在企业发展阶段，收入和人数都会向上走，甚至会进入急剧扩张阶段，知识产权的扩张常常与人力和财务的扩张同步。

第一个问题是，什么时候需要招聘专职知识产权人员或者发展知识产权团队呢？这要看企业内部人员可以带来什么好处。

首先，企业内部人员可以提升专利布局的全面性和及时性。他们可以实时跟进各产品研发团队的进度，信息收集的渠道更广泛，所以对于技术信息的全面性和及时性掌握程度明显高于外部人员。在专利申请前，企业内部人员需要全面考察创新，做出申请决定，而专利代理人员擅长的是执行申请动作，如对方案进行法律处理。在做专利的专业转化之前，增加一个信息的收集器与筛选器，把明显不可申请专利的部分剔除掉，这样可以显著提高专利申请的效率。

其次，企业内部人员可以引导专利质量改善。国内专利代理所通常是按件计价，单位时间内处理专利申请数量越多效益越高。而专利质量越高，耗费的代理师时间越多，处理的申请数量越少。在这个商业模式下，专利代理所天然存在降低质量、提升数量的导向。考虑到专利的容错率比较低，设置一个完全站在企业利益的审核角度也有利于提升专利质量。

最后，企业内部人员可以降低信息传播和方案修改变形的损耗。专利申请要求的专业度很高，不仅需要对产品和技术准确理解，还需要将技术方案转化为准确的法律语言。在转化过程中，很容易发生信息损耗或者变形。在后续专利授权的过程中，需要经过若干次修改，因为专利时间跨度大，方案遗忘或者案件处理人员变更是常有的事情，如果没有企业内部人员的介入，很容易让方案变形。在企业内部充当这一角色的往往是专利工程师，专利工程师的介入会为创新和专利的一致性增加一层保障。

因此，在下列条件中，只要有一个条件被触发，建议考虑招聘专职知识产权人员或者发展知识产权团队。

① 公司产品比较创新，但专利申请的密度远远落后于产品创新的密度；
② 已经发现有关键的产品创新没有申请专利；
③ 发现竞争对手正在申请与自己相关的专利；
④ 自己的产品推出以后，被同行踊跃跟进抄袭；
⑤ 专利申请量已达到某一数量，例如 100 件；
⑥ 专利产出的持续性和稳定性不佳，但公司对此有更高需求。

第二个问题是，需要投入多少钱来做专利？

每个企业的专利投入有高有低，但大体上都与收入、利润、研发成本、研发人员数量这几个数据相关。

专利布局的基础目的是竞争，所以在确定预算之前，建议看一看同行公司的布局情况，在此基础上确定自己的专利预算。可以参考以下两个值：一是专利投入与研发投入的比例，二是产品研发人员人均专利数量。

怎么获取这些数据呢？一是专利数据库，专利投入可以依据专利申请公开数量试算。例如，A 公司一年申请 1000 件中国发明专利，假设单价为 1 万元，那么一年的专利申请投入是 1000 万元。二是上市公司的财务报表，有些公司会主动公布研发投入，有的不会，但即使不公布具体数值，研发投入和主营收入的占比也大体上符合某个比例，如 3%~5%，据此很容易就可以算出研发投入。三是同行打听。例如，找 HR 了解研发人数等。

第三个问题是，如何平衡长期价值和短期价值？

在企业发展阶段，还特别要注意，专利申请是长线投资，一旦投入成本，回报周期可能会相当长。在发展期间，专利无疑是成本中心。所以，除了把公司最核心的创新用专利的方式保护下来以外，要特别考虑在当下，专利能为公司带来什么价值。①专利申请的积累是申报高新技术企业、研发加计扣除的关键因素，这些都可以为公司节税，节税金额可比专利申请费用多得多。②科创版上市。专利数量以及专利与主营收入的相关性是上市的必需条件。③专利质押融资。政府为了鼓励，常常有贴息政策，日益成为中小企业稳定的融资渠道。④专利信息，包括竞争信息和技术信息，也可以作为第一手信息，为研发或者竞争路线提供参考。短期价值的实现，能为企业持续提供信心，为长期价值的实现做好充分准备。

需要注意的是，无论是高新申报、科创版上市还是专利质押融资，常常要求授权专利。然而，专利授权周期常常达到两三年，专利筹划需要尽早，才能有备无患。专利也有加快渠道，不过越着急，成本会越高。

发展型企业知识产权要点有以下三点。
- 适时启动企业专利管理人员招聘；
- 专利预算可以大体计算；
- 适当提供短期价值，提供正反馈，加强信心。

3. 成熟阶段

在企业成熟阶段，专利的应用往往是最为丰富的。一般来说，科技型企业都会建立起知识产权团队，密切配合业务团队，围绕公司的战略方向开展知识产权活动。相关的人、钱和事也要紧密围绕公司战略来进行。相关应用及场景个性化比较强，没有一定之规。

总之，制定策略的时候仍然是看自己、看市场，在其中选择自己的发展路线。在产品研发、招投标、商务合作、上下游产业链整合、投融资并购、竞争解决、公关、财务管理等方面，专利都可以提供有力的支持。对内，如何将专利嵌入公司流程，植入公司相关员工的脑海，在相关部门、员工遇到相关需求的时候能第一时间想到联系专利部门，是专利团队的重要工作。对外，如何发掘、整合与管理利用好外部资源，如代理所、律师、政府、咨询服务机构、信息管理机构、金融机构、媒体，来帮助实现公司战略，都是知识产权团队的重要考量内容（图4）。

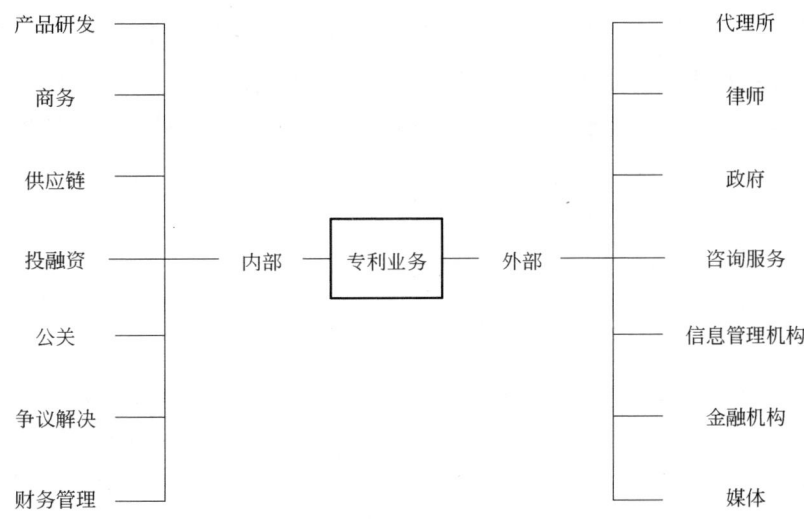

图 4 专利发展策略制定依据

在企业成熟阶段，专利的使用场景及各方面的事务是很烦琐的，有两个要点需要特别关注：一是工作目标的设定，二是如何化繁为简。

之所以提到目标设定，是因为无论事务多复杂，都需要通过目标牵引。一旦目标确定，那么各项事务需要围绕这个目标的达成来安排。但需要特别注意的是，专利业务非常特殊，从筹划到价值实现，期间可能长达好几年。所以，专利业务的目标设定并不完全等同于每年的 KPI，而需要设定一个长期目标，这条目标应该相对稳定，每年的目标则随着公司战略方向的调整来适配。

对于任何一个专利团队来说，**长期的目标都应该是实现专利价值，帮助公司战略目标达成**。那么这些目标可能包括哪些，对专利的需求又是什么样子的呢？

我们把需求分成三个层次，分别对应对专利的三个不同要求（图5）。

最底层是政府支持层：如申报高新技术企业减免税收、获得政府专利补贴、找银行质押融资等。在这个层次，专利记载的内容并不重要，重要的是获得专利授权，因为这是政府认可的资质。

中间层是市场竞争层。可以用专利来打击竞争对手，或是防范他人的进攻风险。这层主要利用的是专利的法律性，如排他性一般需要依托产品发挥作用。从这层开始，对专利记载和保护的方案就有了要求，需要专利有一定强度。否则诉讼打不赢，排他目的不可能实现。

最上层是商业和资本层。可以通过许可等方式运营专利，产生收入；可以作为交换筹码，与他人达成商业合作；做到极致，则可以达成对市场的高度控制力，甚至提高准入门槛。这些目标的达成，不仅与专利强度相关，还和专利密度相关。如果只有几件高强度的专利，是很难达成上述目的的，除非这几件专利是行业的基础专利。

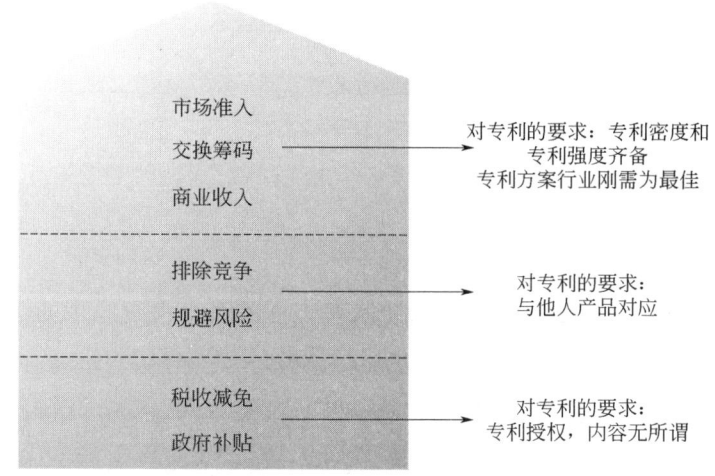

图5　三个需求层次对应对专利的三个不同要求

可以看到，这三个层次，越向上价值度越高。除了最底层对专利内容无要求，上两层对创新和专利的质量都有更高的要求。不管是专利防御、进攻还是商业化，前提都是布局有价值的专利，特别是他人会使用的专利。这看上去和目前大多数企业针对自身产品的专利布局方式有一些差异，但实际上是统一的。

用专利保护产品，乍一听，专利好像是保护自身产品的盾牌，但即便布局了专利，仍然有可能侵犯他人的专利权。而专利防御的手段又体现为专利攻击：一是防止他人抄袭产品，如果对方抄袭，那么使用专利攻击抄袭者；二是防止他人用专利攻击自己，如果他人攻击，那么用专利反击回去。也就是说，专利不是盾，而是矛。对抗他人长矛的方式，是用矛刺回去。下面通过一系列示例来说明。

假设自身产品创新为 A，为自身产品布局的专利为 B，他人抄袭的产品创新为 A'，他人布局的专利为 B'。专利攻防大体包括以下 5 种情况。

（1）为产品创新 A 布局的专利 B，能覆盖 A。如果 A'=A，那么 B 也能覆盖 A'，发起攻击，进而实现专利保护（图 6）。

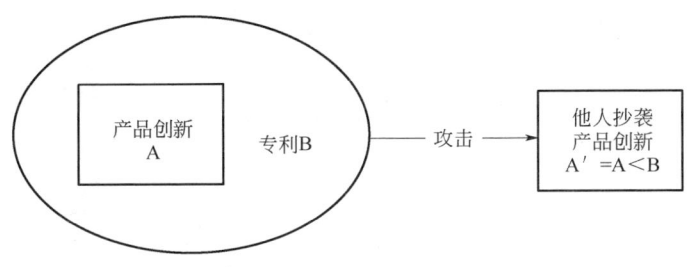

图 6　专利能覆盖产品创新

（2）为产品创新 A 布局的专利 B，不能覆盖 A。如果 A'=A，那么 B 也大概率不能覆盖 A'，攻击大概率会失败，难以实现专利保护（图 7）。

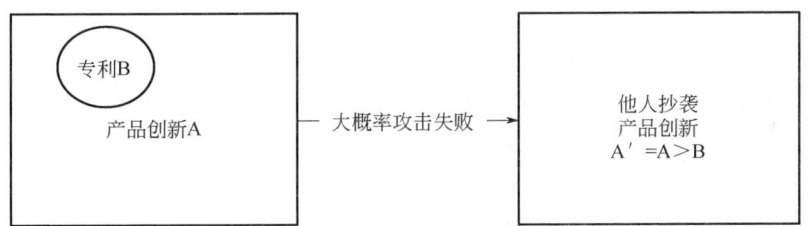

图 7　专利不能覆盖产品创新

（3）为产品创新 A 布局了组合专利 B1～B7，能大部分覆盖 A。如果 A'=A，那么 B 也能大部分覆盖 A'，攻击后有机会实现专利保护（图 8）。

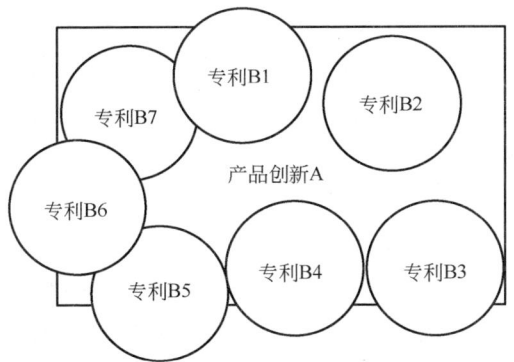

图 8　组合专利能大部分覆盖产品创新

（4）为产品创新 A 布局了组合专利 B1～B7，但都偏离了 A。如果 A'=A，那么 B 不可能覆盖 A'，无法实现专利保护（图 9）。

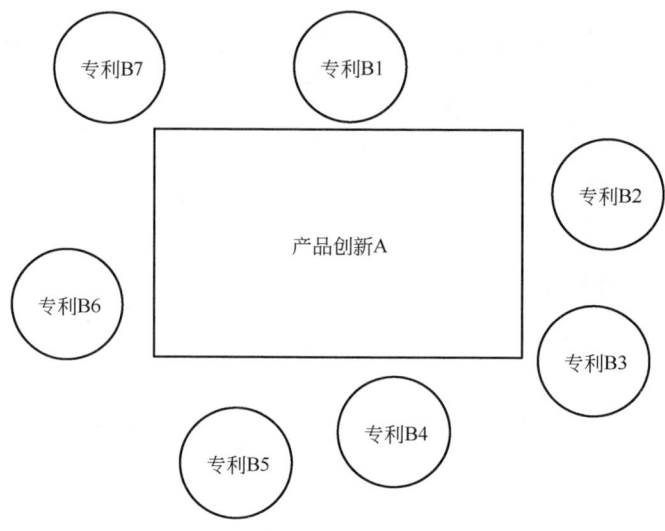

图 9　组合专利都偏离了产品创新

（5）遭受他人的专利攻击，虽然 A<B'，大概率会侵权，然而我们的使用覆盖对方产品 A'的专利 B，通过围魏救赵的方式实现防御（图 10）。

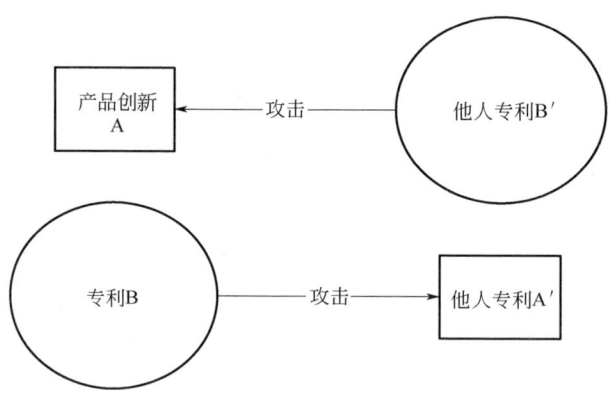

图 10　专利攻击与防御

由此可以看出，不管是哪种防御方式，都需要让专利成为矛，对应他人的方案，而不仅仅是自己。即便在专利生产时对应的是自己的方案，专利价值实现的前提仍然是他人的实现。

以上论述和专利策略密切相关，应该申请什么，不申请什么；重点申请什么，不重点申请什么；申请结构如何布局，都需要从这里出发思考。

我们举两个常见的例子。

示例一 如果企业拥有某行业的特许经营权，竞争对手无法复制和销售同类产品，也就意味着专利和他人的方案不可能对应。如果特许经营能长期维持，那么专利的必要性就很低。可是这类企业还在大量申请专利，造成了许多无谓的消耗。

示例二 某技术在计算机后台实现，存在无限种实现可能性，实现方式外部不可见，并且无限种实现方式的性能差异不大，不存在最优解。这意味着自己的方案别人很难复制，即便复制了也很难发现，即使发现了也有极大概率是不同方案。对于这类技术，不太适合用专利保护。也还有企业在大量申请专利，造成了许多无谓的消耗。

所以，对大部分希望实现专利实效的企业来说，生产他人会使用的专利，并围绕这个产品来做价值，就有更大概率成功。

另外需要补充的是，专利生产容错率很低：如果专利申请了，最后没人实施，那么价值无法实现；如果专利申请晚了，那么保护价值无法实现；如果专利权利的范围太小，那么价值无法实现；如果专利方案写错，那么价值无法实现；如果专利无法授权，那么价值无法实现；如果授权过程中偏离了创新，那么价值无法实现；如果专利授权后被无效，那么价值无法实现……正是因为容错率低，没有高质量的专业工作，那么实现专利价值的概率是很低的。所以，如果你希望实现后面两种价值，请选用高质量专业人员。

至于第二个化繁为简，则浓缩为一句话：使用 IT 系统。专利周期很长，并行的专利项目很多，天然适合使用 IT 系统管理，专利事务、期限、流程、费用的处理、提醒、管理、缴纳等，都可以通过系统执行。可专利系统需要付费，什么情况下需要采购呢？从经验上看，如果专利数量达到 500～1000 件，那么建议启用管理系统。

企业成熟阶段的要点备忘有以下几点。

- 根据企业需求分析专利目标，用目标来牵引复杂事务；

- 长线目标的基础是高价值专利，而高价值的前提是别人的实现；
- 专利容错率低，如果要做高价值，那么请选用高质量专业人员；
- 使用IT系统，化繁为简。

4. 下降阶段和消亡

和人一样，企业也会经历出生、少年、青年、壮年和老年，如果企业进入下降阶段，那么专利工作又应该如何进行呢？

在这个阶段，企业对于收入增加和成本控制的需求更加迫切。专利预算会缩减，专利申请量也会下降，但盘活专利就成为第一要务。能收钱收钱，能融资融资。如果通过专利带来的资金能降低企业负担，甚至带来额外的收入，则是专利价值的直接体现。

之所以要特别提一下消亡阶段，是因为专利的维护是需要付费的，即便企业消亡了，专利却仍然有效，那么专利资产也需要做出妥善的处理。公司消亡会伴随着动荡、裁员和部门缩减，知识产权人员往往先被裁掉。如果专利没人管理，也就没有办法申请预算，即便代理所很负责任，也不可能替申请人出钱。如果是这样，大量已经授权的专利会因未付费而过期；申请中的专利，申请程序也会中断，所有的价值都会清零。而且一旦这些流程生效，专利再也没有追回的可能性。万一以后还想用，则只能追悔莫及。

所以，即便一定要裁员，企业负责人一定要明确善后和交接方案。

下降和消亡阶段的要点具备以下两点：
- 下降期要关注专利变现；
- 企业消亡不等于专利消亡，一定要明确专利资产的善后方案。

上文从互联网的特点，讲到互联网的专利价值，再讲到根据价值需求设计专利策略，简言之，高质量的专利积累是实现价值的基石。无论在哪个阶段，企业管理者只要对产品创新、功能创新、技术创新有需求，那么就应当重视专利。种瓜得瓜，种豆得豆，扎实的专利积累正是企业创新发展的根基。只要对专利充满信心，它一定会给你带来超出预期的回报。

从竞争优势角度看互联网企业如何构建最佳商标策略

卢　苑　快手知识产权负责人，曾就职于猎豹移动和安天科技。
娄　丽　快手商标负责人，曾就职于360公司和爱国者法务部。

> 防御、进攻、影响力三个方向相辅相成、不可分割：防御、进攻工作能够在短时间内迅速展现商标工作的"硬实力"和发挥其对业务发展保驾护航的作用，为影响力建设奠定基础；影响力建设则是通过长期浸入式的"软实力"的打造，逐步树立企业商标工作"品牌"，并反哺于防御、进攻等基础性工作。

商标作为商品的"脸"，是公众识别商品或服务来源最便捷的媒介，是企业参与市场竞争的重要利器和筹码，承载着企业的形象和商誉，其重要性不言而喻。

近十年来，互联网企业在商标问题上屡屡折戟，发生了一系列有较大社会影响力的商标争议案件。这一方面源于互联网本身的开放性、跨地域性、产品复合性、更迭速度快等客观因素导致互联网业务相关的商标争议在法律适用上存在相当的不确定性或盲区；另一方面也源于企业商标风险和危机意识不足及内部商标系统管理机制缺失。作为高速成长中的互联网企业的商标法务，如何在商标创意、保护、管理和运用全流程实现对公司和业务部门的深度支持、赋能和管控，建构规范、高效的企业商标工作体系？本文拟与各位进行初步探讨。

一、商标工作架构

一般企业商标的工作架构如图1所示。

企业商标工作本质上是对优质商标创意"圈地"并予以法律保护，利用商标赋能公司业务发展、不断提升产品竞争力的过程。在实际工作中，商标法务可以考虑从**防御、进攻、影响力**三个方向设计商标工作架构，为企业构筑全方位的商标"护城河"。

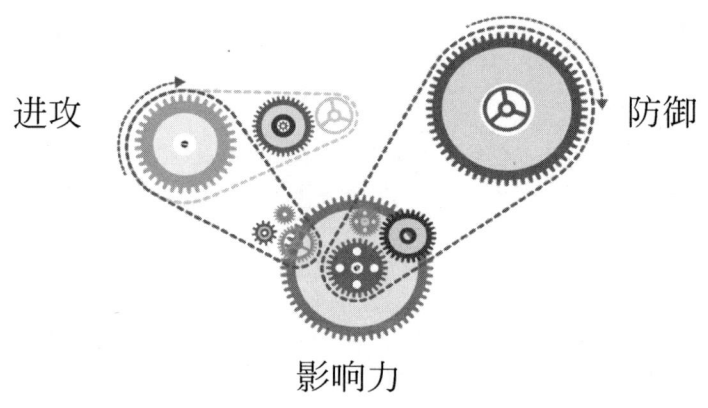

图 1　企业商标工作架构

（一）防御

防御包括三个方面的含义：**第一，及时风险评估，规避侵权风险**。商标法务通过企业内部制度化的设计或流程，确保能够第一时间捕捉企业在商标方面的需求或计划，并对其存在的法律风险尤其是侵权风险进行全面检索和风险评估，出具规避方案或建议。**第二，全面及时保护，累积商标资产**。商标法务确保最迟在产品上线前完成商标注册申请提交，避免被他人抢注，在布局策略上实现全面覆盖、"武装到牙齿"的同时，对公司核心商标和重点商标予以重点关注，确保注册成功。同时，通过有效的监控措施，对他人发起的挑战公司核心商标、重点商标权利稳定性的行为（如无效、撤销等）进行有效应对，为公司实施品牌战略奠定坚实的权利基础，从而实现保护目的和费-效的平衡。**第三，战略前瞻储备，助力竞争优势**。在以业务驱动为主导的同时，商标法务可以基于对行业内通常商标布局规则的研究、借鉴及企业特定业务发展需求或趋势，提前进行有针对性的前瞻性商标布局和储备，为企业未来业务拓展预留法律空间。

（二）进攻

进攻包括两个层面的含义：**一是主动出击**，通过有效的风险跟踪和应对体系，适时采取多种措施全面扫除企业商标注册的"拦路虎",降低侵权风险;**二是有效监测**,及时发现与企业商标尤其是核心、重点商标近似或"搭便车"意图明显的商标申请行为和使用侵权行为,并进行积极打击,拓展商标运营思路,丰富商标价值实现方式。

（三）影响力

作为企业内部商标工作管理,影响力建设是必不可少且非常重要的一环。对外,商标法务通过积极申请中国驰名商标认定及申报相关荣誉、资质、奖项,推动知识产权专业媒体发声等动作,提升公司商标工作在主管部门和业界的影响力;对内,商标法务保持与业务部门及其他部门的高度横向协同和互动,通过持续地对业务进行基础赋能和深度赋能,逐步提升商标工作在公司内部的影响力,塑造互信互赖的长期伙伴关系。内、外影响力双管齐下,促进公司商标工作整体形象的提升。

总体来说,**防御、进攻、影响力**三个方向相辅相成、不可分割：防御、进攻工作能够在短时间内迅速展现商标工作的"硬实力",发挥其对业务发展保驾护航的作用,为影响力建设奠定基础;影响力建设则通过长期浸入式的"软实力"的打造,逐步树立企业商标工作品牌,并反哺于防御、进攻等基础性工作,从而实现良性循环。

二、商标风险应对策略

对企业来说,商标风险主要包括三个层面：第一,商标本身缺乏显著性或存在违反《中华人民共和国商标法》第十条禁注禁用条款等先天缺陷,或存在相同、近似的在先权利等原因所导致的**注册风险**,即商标难以注册成功,从而对他人各种形式的"搭便车"行为难以有效打击;第二,商标因存在相同/高度近似的在先注册商标,或存在与他人在先知名作品、姓名、肖像、字号等相同/高度近似所导致的**侵权风险**,并由此导致可能的停止使用、赔偿他人损失甚至承担刑事责任等不利后果;第三,商标注册成功后,没有对他人发起的无效、撤销等挑战行为进行有效应对,导致丧失商标权利的**维护风险**。虽然风险名称不尽相同,但对商标法务来说工作难度和挑战并无二致,需要通过一系列行之有效的工作体系进行应对。

（一）商标风险联动体系

进行商标风险应对的前提，是能够及时发现风险、识别风险、知晓风险。有些互联网企业在公司层面设置了**新品准入**流程，所有新产品在上线前均需要提交法务或知识产权部门进行包括商标在内的风险评估，并在 OA 上进行相应的节点审批和出具风险评估意见，从而确保商标法务能够在源头上第一时间了解业务拟使用的商标情况并进行相应的风险评估，杜绝商标已经偷偷"面世"而商标法务却完全被蒙在鼓里的情况；还有些互联网企业虽然没有设置类似的新品准入流程，但商标法务通过自身紧贴业务部门，以及与专利、法务 BP 等达成的内部**横向深度协同及信息同步机制**，也基本能够确保产品上线前知晓相关商标的信息并进行相应的风险控制。

（二）商标风险评估体系

从保障业务安全的角度，商标注册成功后再投入使用是最稳妥的方法，但鉴于商标注册周期仍相对较长，互联网产品更新迭代又极快，这就导致同时进行商标注册风险和使用风险的评估成为商标法务工作的常态，评估的结论和准确性对业务推进的进度及商标的确权前景和保护范围能够产生一定程度的影响。

在优质商标资源高度稀缺的今天，商标法务人员一方面要精准地把握商标相同/高度近似的法律判断依据和适用标准，尤其是商标注册申请审查和商标使用侵权判定在不同主管部门差异化的认定尺度；另一方面也要充分考虑在先权利的实际使用情况及在先权利人的相关背景情况，更要充分顾及互联网行业尤其是应用市场对于商标侵权投诉的处理规则和操作惯例，在此基础上出具的风险评估意见才是可落地且禁得起业务部门挑战的。

1. 商标风险评估的维度：法律规定与业务实践

通常而言，为了准确锁定评估范围，商标风险评估通常会考虑如下几个维度：商标本身（商标本身的显著性、是否违反禁止性条款问题，与在先权利是否相同及近似度高低问题等）；产品形式（产品面向用户的形式和场景，是独立 App、网站还是线下，是否为企业自身相对可控）；核心类组（产品的主要功能和用途在《类似商品和服务区分表》中属于哪个类别和群组）；冲突程度（在先商标是否实际使用、是否有较高知名度，在先商标权人的资质、规模、经营状况、维权偏好等）。

在前述维度中，核心类组的判断往往是互联网企业商标法务工作的难点之一。互联网产品尤其是新模式产品往往呈现复合形态，其功能或用途大多涉及多个商标类别，呈现跨类、混同的特征。例如，对快手、抖音这样的大型短视频社交产品来说，从表现形式上，涉及第 9 类 0901 群组"可下载的手机应用软件"、第 36 类 3602 群组"支付服务"、第 38 类 3802 群组"信息传送"、第 41 类 4105 群组"在线音乐、在线录像、娱乐"等；从本质功能上，涉及第 45 类 4505 群组"在线社交网络"；从盈利模式上，涉及第 35 类 3501 群组"广告"、3502 群组"商业信息"、3503 群组"替他人推销、为买卖双方提供在线市场"等。商标法务如对核心类别和群组锁定范围过宽，则很可能导致业务部门所有意向商标全军覆没，陷入一直无商标可用的局面，严重时甚至会导致法务与业务部门的关系紧张；如果锁定范围过窄，则可能导致产品带着商标风险上路，商标"炸弹"随时会被引爆，从而产品前期投入前功尽弃的情况发生。

为了有效地解决前述问题，商标法务人员可以从三个层面着手：首先，加强对自身产品的了解、分析和研究，从产品说明文档、产品专利申请文件、产品运作和盈利模式、竞品情况等方面获得线索；其次，加强与外部供应商的协同，可采用背靠背形式对企业产品所对应的核心类组分析反馈意见，综合各方意见进行反复分析论证后锁定；最后，加强同业交流，并密切关注行政部门、司法部门对同类型产品的商标判例分析意见，根据意见进行有针对性的补足和调整。

2. 商标风险评估的尺度：使用风险优先于注册风险

从业务安全的角度出发，商标法务应秉持"商标使用风险"优先于"商标注册风险"的原则，即优先对商标侵权进行风险评估并据此确定风险等级、出具相关风险布局及规避建议，尤其是储备对应的替换性商标以应对可能发生的下架风险，并提醒业务部门做好前期使用证据的搜集和固定。

在评估尺度上，建议将风险分为"高、中、低"三个等级并经企业不同级别的决策者知晓或审批；当产品或服务为 App 或小程序形式时，鉴于企业对产品物理不可控，且不同应用市场对商标近似的判定认知存在差别，存在产品被他人投诉后直接下架的可能进而影响业务正常运营，此种情况下商标法务要对核心类组上尤其是 0901 上的在先权利情况和侵权风险秉持相对严格的评估标准；当在先商标本身与他人特别知名的商标、字号、姓名、著作权等高度近似或涉嫌抢注、抄袭可能引发较大争议时，评估标准也要相对严格，以有效帮助业务规避运营风险。

（三）商标风险应对体系

如果说前述商标风险评估体系体现的是"丑话说在前面"，即让业务部门充分、明确了解自身商标所可能存在的法律风险，那么"商标风险应对体系"则体现的是"工作做在后面"，即商标法务要主动制定周密的商标风险跟踪机制，积极通过法律措施排除在先权利障碍，消除风险，同时在程序上做好衔接，争取自有商标确权。需要特别提示的是，风险消除往往需要较长时间，此周期内商标法务要保持持续的敏感性：对外要密切关注在先权利的异常变动情况，权利人对其他主体发起维权动作等，并同步对业务侧进行决策，谨防商标实际控制人发生更迭，进而后续可能对公司产品发起侵权投诉、诉讼等不利措施的可能；对内要密切跟踪公司产品负责人员的变动情况，确保商标风险能够及时、全面同步到新的负责人，避免信息同步和共享出现盲区。

（四）商标风险监控体系

所谓"攻守平衡"方可兼得，商标法务除了通过"攻"排除在先权利障碍、消除商标风险，还应该充分地做好"守"，即守护好自身商标，尤其是核心、重点商标的权利稳定性，避免被他人无效或者撤销。在制度层面，商标法务需要做好两个方面的风险监控工作：第一，确保公司办公地址或商标注册证上载明的地址能够实际收到商标局所下发的相关信件，办理必要的注册商标地址变更手续，或自行、通过外部供应商对每期商标公告进行送达情况监测，确保商标争议信息无遗漏；第二，借助商标智能工具，在公司商标被他人提出异议、无效或撤销后，实现自商标局收文之日起很短时间内即可自动监测到并通知公司，从而至少多出1~2个月的宝贵时间提前进行应对材料的搜集和准备。

三、商标注册布局策略

在商标注册布局方面，商标法务应当秉持"抓大不放小"的原则，综合运用"望远镜"和"显微镜"，追求法律保护效果和费效比的最大化。所谓"抓大"，是指商标法务对商标布局从宏观方面所进行的考量，这些因素包括但不限于企业所处行业的特点、企业现有业务布局及未来重点发力方向、企业的品牌构建形式（单一品牌战略还是多品牌战略）等；"不放小"，则是具体到商标布局的微观层面，如商标名称的选择，不同层级商标或不同类型业务商标的注册类别和商品的选择等,总体目标是确保商标布局方向紧密契合公司发展战略的同时,提升具体保护范围的精准度和防御/打击力度。

在实践中,商标法务可以从如下几个维度进行商标注册布局。

(一)"业务驱动+战略防御",进行动态保护

"产品未动,商标先行。"从企业正常经营目的出发,商标注册保护需求因应业务驱动产生,商标布局首先要确保满足企业业务在不同法域正常开展的需求。在布局节奏上,在产品起步阶段应确保商标涵盖产品所对应的核心类别。在产品成型进入稳定发展期后,根据其在公司内的重要层级、未来业务发展前景和趋势、对标竞品的优势壁垒、现有侵权样态等因素,循序渐进再进行更多类别的注册甚至全类别注册;在商标标识上则应覆盖至产品名称、LOGO、特定功能名称、标语、有显著性的广告语等,实现"武装到牙齿的保护",并有针对性地进行防御商标、联合商标等的注册,为业务拓展奠定法律保障基础。

(二)"业务归类+差异注册",进行精准保护

"不要试图用同一种方法去解决所有问题",在商标布局工作上也是如此。当企业形成一定的发展规模,产品较多、商标较多时,商标法务出于提高商标申请效率的需要,往往习惯于用同一套商标注册模板覆盖企业所有商标的注册申请,而没有进行差异化区分,即商标注册指定的商品服务项目名称与业务的实际内容客观上存在差异。此种布局方式带来的风险在于:第一,商标存在被撤销风险。即公司在应对商标被他人提起连续三年不使用撤销申请时,所提供的业务实际使用证据有可能被主管部门认为系"类似商品/服务"上的使用,而非被请求撤销的"核定使用的商品/服务"上的使用,从而遭遇商标被撤销、丧失商标权利的风险。第二,在商标侵权案件中增加商品类似比对壁垒。《中华人民共和国商标法》第五十七条规定的第(一)(二)款商标侵权情形,无不是在商品是否相同/类似的基础上进行商标本身是否相同/近似的比对。商标法务如在商标注册布局阶段做到商标指定使用的商品/服务项目名称与业务实际名称完全相同,即可以在未来的商标维权案件中,有效降低侵权比对成本,大大提高侵权认定成功概率。

基于前述情况,有效的解决方案为以下两种。

第一,业务归类,即将公司现有的产品或服务划归为不同的类型,如游戏类

产品、商业化类产品、电商类产品、短视频类产品、社交类产品等。商标法务可以基于不同的产品类型准确锁定其商标注册的核心类别、高度关联类别和防御类别，进而设计不同的注册布局方案，实现布局精准化。

第二，差异注册，即对不同类型的业务，根据其业务功能和特点，首先，指定最符合、最接近其业务名称的表述。例如，游戏类产品可以在第9类0901群组指定"计算机游戏软件、移动电话用计算机游戏软件"，商业化产品可以在第35类3501群组可以指定"通过互联网为他人发布广告、广告传播策略咨询"等；现有分类表名称均不能与业务内容高度契合时，则可以尝试通过线下提交非规范商品说明的形式，帮助公司争取在最适合的名称上获得注册。其次，可以指定一些名称相对比较宽泛、兜底性比较强的名称作为该群组"占位防御"，如第9类0901群组的"计算机程序（可下载软件）"，第35类3501群组的"广告"等。

（三）"商标分级+动态调整"，进行重点保护

当公司商标积累到一定数量时，商标法务即需要对不同层级的商标执行不同的等级评价方案，以实现在有限的精力和预算范围内，保障公司核心商标成果最大程度发挥效用，同时促进商标资源的内部流转和合理配置，充分发挥商标价值。

在分级依据上，可以综合考虑商标的战略价值、法律价值、市场价值等因素，包括但不限于：①商标对公司的影响力、贡献度；②商标与公司的紧密程度；③商标所对应的业务目前的运营状况（规模、投入、市场潜力）及在公司的战略地位等级；④商标实际使用的时间、范围；⑤商标的注册目的等。

当然，从实际操作的角度，为降低管理成本、提高管理效率，商标分级可仅按照商标本身进行，不从商标申请注册的类别和最终核准注册的商品/服务项目角度进行评定。但是在每一级别的商标相关的管理、维护工作中，需结合商标申请注册的类别确定相应工作重点、进行差异化处理。

在商标级别的数量和具体名称上，商标法务人员可基于公司的实际情况进行有针对性的设置，如可以设置为核心商标（主要是公司品牌和形象）、重点商标（重点业务品牌、对公司未来业务发展有战略意义的品牌）、普通商标（普通产品功能名称等）、防御商标（如商号、领导人姓名、联合商标等）、储备商标（可用于内部流转二次使用的商标等）。

需要特别注意的是，公司的产品状况、商标状况处于不断的变化过程当中，商标分级也是一个动态调整的过程。商标法务人员可以根据商标的数量等级及管理工作需要，定期（如每三个月、每半年或一年等）对公司商标分级进行调整和复盘，以准确锁定每个时间周期内公司的核心商标尤其是重点商标，并进行有针对性的重点布局保护，赋能公司发展。

四、商标维权治理策略

互联网最显著的特征就是"快"，侵权行为发生快、传播快、给企业造成的恶劣影响也快，这就要求商标法务必须打"监测常态化"和"快速处理化"的组合拳：构建多维的、严密的商标侵权监测体系，主动出击、高效处理，实现在互联网商标品牌保卫战中百战百胜。

（一）商标侵权"早发现"：多维商标侵权监测体系

所谓多维商标侵权监测体系，是指互联网企业应当转变传统的消耗大量人力、物力、财力和声誉成本的"事后救济"的思路和做法，化"消极被动"为"积极防御"，建立多维商标侵权监测体系，即通过商标公告监测、市场走访监测、网络监测等常态化监控手段，并借助智能化工具，及时获知自身商标在互联网的使用现状，及时发现并了解商标抢注、商标侵权信息，做到知己知彼；对互联网企业尤其是智能硬件类企业而言，还要充分利用好"海关备案"这把利器，借助海关的力量获得侵权甚至违法犯罪线索，往往会收获意料之外的"惊喜"。

（二）商标侵权"早处理"：差异化的应对体系

发现侵权线索并固定侵权证据后，商标法务须综合评估侵权事实的明确程度、情节严重程度及维权时间成本、费用成本、业务部门需求等要素，采取最为合适的维权措施。这就需要商标法务熟谙世界主要国家和地区的商标争议和纠纷解决机制，同时也要注重日常对优质商标代理机构、律师事务所等服务资源的积累，从而能够做到在案件发生后第一时间充分应对。

除了法律层面的应对，商标法务与业务部门对维权目标达成一致理解也是非常重要的。商标法务通常认为通过商标投诉和打击侵权、进而"全面清理和净化市场"是对业务部门百利而无一害的事,但业务部门有时却认为"水至清则无鱼",特定的市场环境下偶尔也需要存在一两个来搅动池水的"潜在侵权者"。因此在维权动作发起前和进程中,商标法务与业务部门需进行充分的沟通和同步,确保对侵权行为的打击对象、打击节奏、打击频率在"品牌保护"和"市场运作"方面实现双赢。

(三)商标侵权"强打击":以点带面,形成有效震慑

当侵权行为频发时,商标法务往往要进行"打地鼠"式的维权,在人手较少时难免顾此失彼,有漏网之鱼,同时维权工作也很难形成较大"亮点"。此时可适当考虑将精力侧重于"抓典型",即通过对某些个案的重点打击,让其付出惨重的代价,向外界表明企业对侵权行为"零容忍"、绝不姑息的坚定态度,从而以点带面,实现对侵权行为的有效震慑,助力企业维护品牌信誉、净化市场环境。近几年来,各大主流互联网公司均主导了一些赔偿金额高、社会影响力大的维权案件,如小米公司诉"小米生活"商标侵权及不正当竞争获赔 5000 万元、腾讯公司诉"微信食品"获赔 1000 万元等,均是对恶劣商标侵权行为进行"抓典型"处理的成功案例。

(四)商标侵权"巧打击":有效整合双方资源,和平解决争议

在通常的商标维权策略中,似乎只有通过诉讼手段,让侵权方付出"真金白银"才是实现商标维权价值的有效办法,但不可避免地会面临争议解决时间周期长、执行难等一系列问题。在具体案件处理过程中,商标法务可以通过对侵权方的前期背景调查,努力寻求其与公司现有业务的资源结合点,并充分发挥主观能动性,促成争议以资源整合的形式解决。例如,将有一定规模的侵权方通过商标许可等形式"收编"为正规军,将侵权方的资源为我所用。在这种处理方式下,商标法务起到的是"牵线搭桥"和"资源整合"的作用,不仅侵权方更易于接受,维权成果也更容易获得业务部门的认可。笔者之前曾代表公司对各大应用市场的某 App 发起侵权投诉,后该 App 被应用市场下架。双方法务在对接后,笔者发现侵权方公司提供的数据服务恰好是公司内部某业务部门所需要的,最终促成价值 8000 万元的数据资源和解,在以商业化合作形式解决商标侵权争议方面进行了有益的探索和尝试。

商标品牌是企业的灵魂和发展方向，是企业所有产品的"根"。一个企业如何树立和保护自身的品牌，特别是如何从法律方面保护自身的品牌，是对企业自身知识产权保护意识、耐力、信心和法律技术的全方位考验。在瞬息万变的互联网行业，商标建构这条路势必会更加艰难，需要商标法务充分发挥法律智慧和法律技巧，并加强同业交流、抱团取暖，依靠商标工作成效为企业发展壮大保驾护航。

智能网联汽车专利竞争格局与布局策略

刘尚琛 蔚来公司高级知识产权总监，北京市知识产权专家库专家，从事知识产权专业工作19年，曾先后任职于英国联合利华、美国莎莉、美国霍尼韦尔等世界500强企业。

> 在智能网联汽车产业链中，相比于无线通信技术提供商，传统的汽车制造商和零部件供应商较少通过专利策略、专利诉讼和专利许可交易等方式提高企业市场竞争力，或者以此获取利润。在当前智能网联汽车行业中传统汽车技术与通信网联技术跨领域深度融合的背景下，各个环节的技术提供商之间更加复杂多样地借助专利实力进行市场竞争。

一、引言

在历次工业革命中，汽车产业及相关技术都经历了重大变革，汽车及相关产品成为综合反映社会技术进步和水平的重要应用载体。在当今的能源转型和万物互联时代，以"碳中和"与智能网联为发展目标，汽车产业将成为绿色能源、人工智能、移动互联网、物联网、云计算、信息通信和大数据等技术的最佳应用平台。根据美国波士顿咨询公司（BCG）预测，智能网联汽车从2018年起将迎来持续20年的高速发展时期，并且到2035年将占据全球25%左右的新车市场。❶

信息工业革命的一个显著特点是无线通信互联网技术的蓬勃发展，这使汽车从"配备电子功能的机械产品"向"配备机械功能的电子产品"衍化，成为智能网联汽车，即一类新型的移动智能网联终端。这类新型的移动智能网联终端一方

---

❶ 姜慧敏，崔颖，倪瑛，等. 基于专利分析的全球主要国家（地区）智能网联汽车技术发展态势研究［J］. 科技管理研究，2019（24）：119-127.

面在汽车的传统功能上拓展了智能行驶的功能；另一方面实现了实时信息的网络通信，这不仅需要发展新型的汽车驱动及底盘技术，更加需要融合先进传感器技术、无线通信技术、互联网技术和人工智能大数据处理技术等。智能网联汽车融合这些技术于一身，在研发、产品制造和使用过程中必然会产生大量的专利技术。这些专利技术涉及智能网联汽车产业链中的不同环节，专利技术参与者的功能定位、利益诉求和运营策略各异，构成了纷繁复杂的智能网联汽车专利竞争格局。

基于智能网联汽车产业链的特点，笔者在此聚焦智能网联汽车产业链，对其业已形成的专利竞争格局进行综述分析，从新兴造车企业专利管理者的视角抛砖引玉，探讨在这种竞争格局下企业面临的潜在典型风险和应该采取的专利布局策略。

二、智能网联汽车产业链特点和专利竞争格局

从技术角度看，智能网联汽车是一个集车辆、环境感知、规划决策和多等级驾驶辅助等技术于一体的高新技术综合体。这种高新技术综合体以计算机为平台，综合应用了测量传感、信息融合、模式识别、网络通信及自动控制等技术。

鉴于以上技术内涵，目前国内外还没有形成统一的智能网联汽车定义和分级。本文采用中国汽车工业协会对智能网联汽车的定义，即智能网联汽车是"搭载了先进的车载传感器、控制器、执行器等装置，并融合现代通信与网络技术，实现车与X（人、车、路、后台数据中心等）智能信息交换共享，具备复杂的环境感知、智能决策、协同控制和执行等功能，可实现安全、舒适、节能、高效行驶，并最终可替代人来操作的新一代汽车"。按以上定义，智能网联汽车不仅要实现驾驶操作上的自主性（自动驾驶）功能，其自身还要与其他车辆、道路环境信息进行互联通信，并且能够接收和执行基于整体驾驶环境信息所做出的决策指令，实现适应于整体驾驶环境的自主驾驶功能。

2016年，我国提出了智能网联汽车"三横两纵"的技术架构，即智能网联汽车技术由传感、决策、控制、通信定位及数据平台等关键技术组成，具体包括以下5个方面。❶

---

❶ 车云，陈卓. 智能汽车决战2020 [M]. 北京：北京理工大学出版社，2018.

（1）先进传感技术，包括利用机器视觉的图像识别技术、雷达的周边障碍物检测技术、柔性电子/光子器件检测和监控驾驶员生理状况技术等。

（2）通信定位和地图技术（如 DSRC、3G/4G/5G、GPS/北斗），包括智能网联汽车之间信息共享与协同控制所必需的通信保障技术、移动自组织网络技术以及高精度定位技术、高精度地图及局部场景构建技术。

（3）智能决策技术，包括危险事态建模技术、危险预警与控制优先级划分、多目标协同技术、车辆轨迹规划、驾驶员多样性影响分析、人机交互系统等。

（4）车辆控制技术，包括基于驱动、制动系统的纵向运动控制，基于转向系统的横向运动控制，基于悬架系统的垂向运动控制，基于驱动/制动/转向/悬架的底盘一体化控制，以及利用通信及车载传感器的车队列协同和车路协同控制等。

（5）数据平台技术，包括非关系型数据库架构、数据高效存储和检索、大数据的关联分析和深度挖掘、云操作系统、信息安全保障机制等。

这些关键技术贯穿智能网联汽车产业链的各个应用环节。如图 1 所示[1]，智能网联汽车产业链由上、中、下游环节构成，其中，产业链上游涵盖感知系统、决策系统、执行系统和通信系统等关键系统环节，中游涵盖智能驾驶舱、自动驾驶解决方案和智能网联汽车整车等集成系统环节，下游涵盖出行服务、物流服务、数据增值等应用服务环节。

对智能网联汽车产业链上、中、下游环节进行分析，从中可以窥探智能网联汽车的专利竞争格局。众所周知，对于企业来说，专利布局策略应该始终服务于企业的技术研发及商业目标。从产业链与技术交叉的角度去分析各环节涉及的专利技术投入现状是笔者的一个尝试，希望能够更加具象地描述智能网联汽车产业链中各类企业整体所形成的专利竞争格局。

在智能网联汽车产业链中，上游环节的感知系统主要涉及环境感测部件制造商，如摄像头、激光雷达或者毫米波雷达部件供应商以及高精地图技术提供商。传感器融合技术对这些环境感测部件获得的信息做进一步的处理，用于驾驶决策。

---

[1] 中国电子信息产业发展研究院装备工业研究所. 全球智能网联汽车产业地图[J]. 智能网联汽车，2020（4）：76-84.

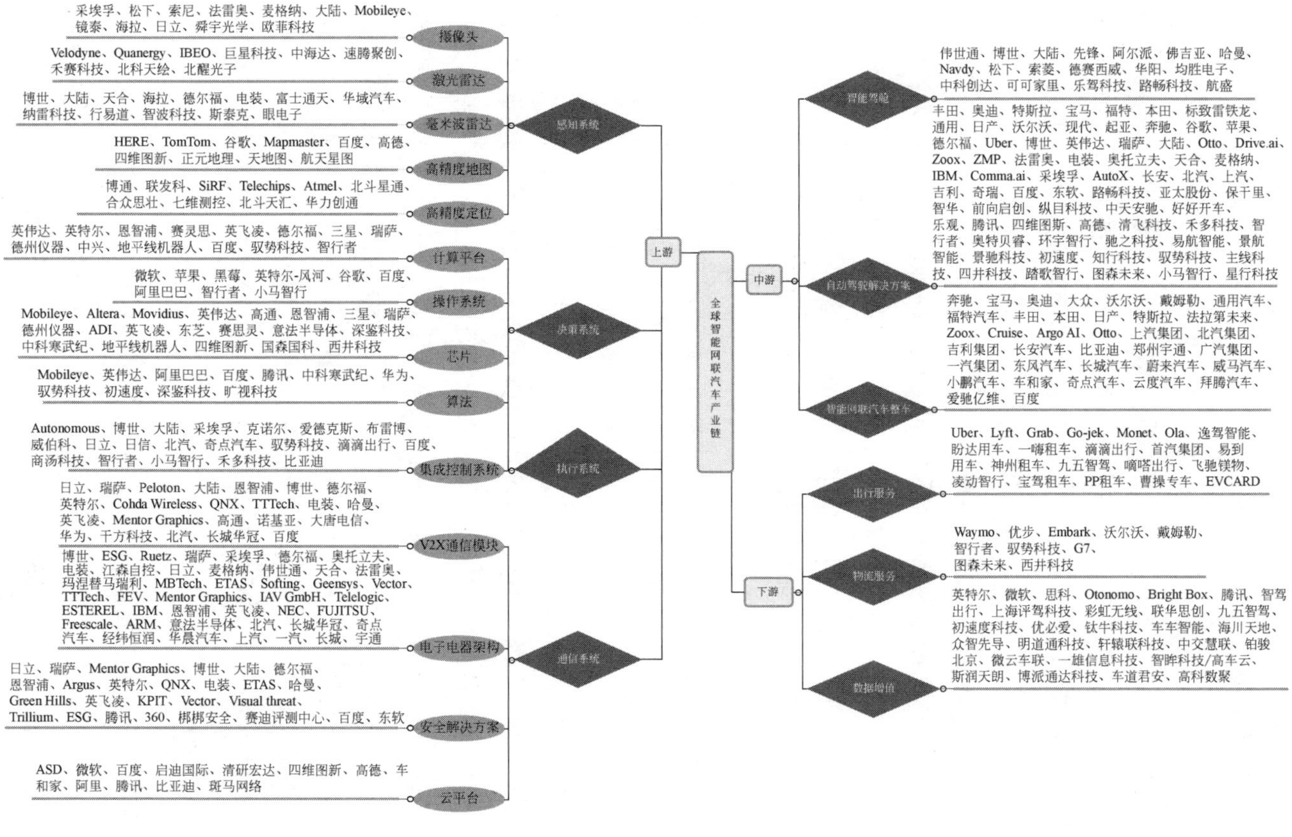

第 I 部分
知识产权运营与竞争策略

图 1　全球智能网联汽车产业链全景

（资料来源：赛迪智库整理）

传统的汽车零部件供应商，如博世（BOSCH）、大陆集团（Continental）、德尔福（Delphi）在毫米波雷达以及摄像头传感器领域进行了深入的研发投入和专利布局，同时新兴传感器制造商，如威力登（Velodyne）、Quanergy、禾赛科技等也正加快推进激光雷达的市场布局。在感知系统获得汽车行驶环境信息之后，作为智能网联汽车的"大脑"，上游环节的决策系统通过智能计算平台做出路径规划等驾驶决策。实现驾驶决策在软件上需要操作系统、计算平台以及算法等技术，在硬件上需要车规级芯片技术。因此，全球芯片制造商如英伟达（NVIDIA）、高通（Qualcomm）、恩智浦（NXP）等，汽车零部件供应商如德尔福，以及互联网企业，如微软（Microsoft）、谷歌（谷歌）、英特尔（Intel）、华为等都在决策系统的技术领域中积极进行研发投入和专利布局，以占领智能计算的技术高地。上游环节的执行系统负责执行决策系统的驾驶决策，最终对汽车的驾驶行为进行控制。在整车操控领域，全球领先的 Tier1 级零部件供应商，如博世、大陆集团等凭借其长期积累的成熟的底盘控制技术和雄厚的专利组合强度形成了一定的技术壁垒。尽管如此，也有为数不少的互联网企业如百度、整车企业如比亚迪、北汽等在汽车的集成控制领域进行了大量的技术研发，意图利用自身原始的技术优势（如互联网算法优势）和积累（如整车厂的集成控制技术）另辟蹊径进行该技术领域的专利布局。目前，大部分无线通信技术提供商，如高通、诺基亚（Nokia）、华为等，均参与到了智能网联汽车产业链上游的通信系统环节中，同时，传统的零部件供应商和一些整车企业也在 V2X 和电子架构技术领域进行自主研发。利用自身在互联网行业深厚的技术积累，互联网企业如百度、阿里、腾讯等侧重于云平台的技术研发和布局。随着 5G 通信系统的逐渐成熟，5G-V2X 未来有望成为车联网领域的技术标准。高通、华为、爱立信（Ericsson）、诺基亚等企业持有 3G/4G/5G 通信领域中的绝大部分标准必要专利（Standard Essential Patent, SEP），这些无线通信技术企业在 3G/4G 通信技术时代的专利许可实践正在或将会对传统汽车产业链中的专利许可习惯产生变革性的影响，由此深刻改变相关专利布局和风险规避的策略。

　　智能网联汽车产业链上游环节的技术和其依附的产品会汇集到中游环节的智能驾驶舱、自动驾驶解决方案以及整车系统中，形成系统级的方案和产品。中游环节的主要参与者是传统的汽车零部件供应商和整车制造商，通过采用上游环节的不同技术形成具有自身特色和侧重点的产品。例如，由菲亚特克莱斯勒（Fiat Chrysler）、德尔福、大陆集团、麦格纳（MAGNA）等组成的宝马英特尔联盟提出的视觉优先路线倾向于采用上游感知系统的摄像头技术进行环境感测，而包括大众（VW）、戴姆勒（DAIMLER）、博世、采埃孚（ZF）和优步（Uber）等公司的丰田英伟达联盟提出的多传感器融合技术倾向于采用上游感知系统的激光雷达、毫米波雷达、摄像头等传感器融合技术。此外，新兴造车企业，如特斯拉（TESLA）、蔚来、小鹏等也在开发和布局具有自身特色的智能座舱和车联网技术。

智能网联汽车产业链下游环节主要涉及出行服务、物流服务及数据增值提供商。采用互联网企业，如微软、思科（CISCO）和腾讯等布局的大数据技术和智能计算服务提供商的云计算技术，智能网联汽车时代的出行服务、物流服务以及数据增值能够得以全面革新，从而更加贴合人们的生活习惯和偏好。

在智能网联汽车产业链中，各个环节的企业也会通过收购产业链中一些技术密集型企业的专利技术或者投资或收购企业的方式，提高其在智能网联汽车技术领域的专利组合强度。全球知名的汽车厂商，如戴姆勒、宝马、奥迪、沃尔沃（Volvo）、福特（Ford）等均早已开始布局自动驾驶技术研发，并通过购买其他公司专利组合的方式在多个领域形成了核心技术优势。例如，福特在2015年2月与高智发明（Intellectual Ventures）专利运营公司签署了涉及4万件专利许可的协议；无线通信技术提供商西门子（Siemens）在2017年8月收购了荷兰自动驾驶及软件公司Tass International，意在布局复杂交通场景模拟系统的高价值核心专利；芯片巨头英特尔在2017年3月以153亿美元的价格收购ADAS业务龙头Mobileye，弥补了其自身在自动驾驶技术解决方案、传感器领域知识产权的不足，同时也为英特尔建设自己的汽车芯片产业部门至少节省了5年的发展时间。除了增强自身在智能网联汽车行业中的专利组合竞争力之外，一些整车制造商，如福特、本田、丰田、日产、现代还加入了LOT Network、Inified patents等专利联盟，谋求知识产权的互通互用。❶

综上所述，无论是传统整车制造商（大众、奔驰、宝马、奥迪等）、零部件提供商[博世、大陆集团、采埃孚、电装（DENSO）等]，还是无线通信技术提供商（高通、爱立信、诺基亚）、互联网企业（百度、谷歌、阿里等），以及新兴造车企业（特斯拉、蔚来、理想、小鹏等）均参与了智能网联汽车产业链上、中、下游环

---

❶ 崔增辉，王军雷，吕惠. 谁掌控了专利谁就掌控了汽车产业的未来 [J]. 汽车观察，2018（11）：31-34.

节的技术研发和专利布局。这些企业都是技术服务和/或产品的提供商，相互之间既有提供商和采购商的合作关系，又有同类技术的竞争关系。因此，智能网联汽车产业链的各个环节内部以及各个环节之间存在广泛的专利技术合作和激烈的竞争格局。

三、智能网联汽车产业链中企业面临的典型专利竞争风险和挑战

为了满足车联网的技术要求，智能网联汽车不可避免地涉及无线通信技术。2019年4月，专利数据公司IPlytics发布了汽车产业5G标准必要专利竞争态势报告，其中指出："除智能手机外，汽车产业可能会成为全球首批最依赖5G技术的产业之一。"❶面向车联网业务场景，无线通信技术的标准制定组织3GPP从2018年开始就启动物联网（尤其针对车联网）技术的标准制定工作，并且于2020年7月3日宣布R16 NR-V2X标准版本冻结。

目前，在向欧洲电信标准化协会（ETSI）声明的标准必要专利中，与车联网技术相关的无线通信标准必要专利高达2000多件，其中大部分的持有者是爱立信、华为、诺基亚、高通、LG等无线通信技术提供商。从这些年全球"烽烟四起"的标准必要专利侵权诉讼（或者说许可费争议诉讼）中能够看出，无线通信行业的技术提供商非常擅长将商业模式和知识产权捆绑在一起，这些公司（如高通）盈利中非常可观的一部分来自持有的标准必要专利组合的许可费。在无线通信领域的标准必要专利许可实践中，无线通信技术提供商习惯于采用横向许可的方式进行专利许可活动，尤其是标准必要专利许可活动，即以最终产品（移动终端）的价格作为许可费率的计费基准计算和收取许可费。高通将这种许可实践操作得游刃有余，例如，该公司允许芯片制造商（如英特尔）在制造芯片时免费实施标准必要专利技术，即所谓的"no license, no problem"（无许可，无问题，美国法院称为"chip supplier neutral"），仅仅向移动终端制造商收取实施标准必要专利技术的许可费，即采取所谓的"no license, no chips"（无许可，无芯片）的许可策略。❷为了能够使用基带芯片（即使不是高通生产的基带芯片）或者说其中的无线通信标准技术，移动终端制造商必须同意高通提出的许可策略，即以

---

❶ 刘思晗. 汽车行业5G标准必要专利竞争态势[J]. 世界科技研究与发展, 2019（6）：280.
❷ Federal Trade Commission v. Qualcomm Incorporated，No. 19-16122（9th Cir. 2019）.

移动终端整机价格为许可费率的计费基础向高通支付实施其标准必要专利技术的许可费。

高通的这种标准必要专利许可政策虽然历经争议,但也逐渐在无线通信技术行业中被广泛接受。这些标准必要专利组合(SEP portfolio)持有者试图将在手机移动终端市场许可的成功经验复制于汽车行业,从而以汽车整车价格作为符合公平、合理、无歧视(FRAND)原则的许可费率计费基础,收取高额标准必要专利许可费。因此,在2016年,由爱立信前首席知识产权官卡西姆·阿拉法赫(Kasim Alfalahi)发起,爱立信、高通、中兴通讯和InterDigital(IDC)等联合推出了专为汽车和物联网制造商提供一站式解决方案的无线通信标准必要专利许可平台AVANCI专利池。AVANCI专利池声称,将坚持遵循FRAND原则,以始终如一的公平定价(该定价基础也是基于整车),面向物联网行业的各制造商提供专利池中的无线通信标准必要专利组合许可。2017年12月1日,AVANCI宣布与宝马汽车集团签订许可协议,随后在当年12月14日宣布其在汽车领域的许可费标准:仅使用紧急呼救功能的汽车,许可费为每辆汽车3美元;使用3G和2G技术的汽车,许可费为每辆汽车9美元;使用4G技术的汽车,许可费为每辆15美元。2019年4月25日,AVANCI宣布与奥迪、保时捷(PORSCHE)签订许可协议;2019年5月6日,AVANCI又宣布与大众集团旗下的大众、宾利(BENTLEY)、曼卡车(MAN)、斯堪尼亚(SCANIA)、西雅特(SEAT)、斯柯达(SKODA)和兰博基尼(LAMBORGHINI)签订许可协议。❶

在以上AVANCI所列出的被许可人名单中,非常显眼地缺少了德系汽车工业三强ABB之中的(戴姆勒)奔驰的身影。戴姆勒不认可AVANCI的这种许可模式,于2019年3月向欧盟委员会投诉诺基亚试图垄断与汽车通信有关的标准必要专利。诺基亚认为戴姆勒的投诉是为了逃避许可,随即在当年3月21日发起针对戴姆勒多件标准必要专利侵权诉讼。随后,汽车零部件一级供应商大陆集团、博世等作为诉讼第三人加入上诉侵权诉讼,支持自己的客户戴姆勒公司。其中,大陆集团还在美国多地起诉AVANCI及其联盟成员诺基亚、康文森(Conversant)、PanOptis等在进行专利许可时,合谋仅给予整车商以专利许可,以获得远超过FRAND的许可费,意图协助其客户戴姆勒一起推进汽车行业的零部件级别

---

❶ 赵启杉. 5G时代标准必要专利许可面临的挑战与问题——以2019年汽车通信领域系列相关纠纷案为例[J]. 中国知识产权杂志,2019(154).

（component level）的标准必要专利许可政策。截至2021年6月，大陆集团与诺基亚之间的诉讼还在美国法院的审判中。

在专利许可上，传统汽车产业的惯例是，由零部件供应商处理该零部件可能涉及的专利许可谈判和诉讼事宜，将相关专利许可费作价到零部件成本价格中，并在销售该零部件时向整车商提供知识产权担保条款。上述列举的通信产业与汽车产业之间出现的标准必要专利许可诉讼纠纷是智能网联汽车产业链中企业未来面临的专利竞争风险和挑战的一个典型的缩影。无论如何，戴姆勒及其零部件供应商与无线通信技术提供商之间的标准必要专利许可纠纷已经为汽车行业中的整车和零部件制造商敲响了警钟，未来可能会有更多的类似诉讼不仅出现在欧洲、美国，也会出现在中国。

四、智能网联汽车产业链中整车制造商的专利布局策略

在智能网联汽车产业链中，相比于无线通信技术提供商，传统的汽车制造商和零部件供应商较少通过专利策略、专利诉讼和专利许可交易等方式提高企业市场竞争力，或者以此获取利润。在当前智能网联汽车行业中传统汽车技术与通信网联技术跨领域深度融合的背景下，各个环节的技术提供商之间更加复杂多样地借助专利实力进行市场竞争。企业要在技术研发、商业运营各个环节重视专利技术保护布局和专利侵权风险规避工作，使专利实力更好地服务于提高企业的技术和市场竞争力。

基于前文阐述的智能网联汽车产业链特点、典型的专利竞争格局和风险，下面从新兴造车企业的角度探讨相关的专利布局策略。

新兴造车企业要抓住当前各领域技术深度交叉融合的机会，利用产业链中各个环节的技术提供商的技术积累和专利布局对自身技术储备和专利组合实力取长补短。具体在进行专利布局时，企业一方面要紧紧跟随自身的技术研发方向和商业模式；另一方面时刻监测产业链中各个关联环节的技术提供商的技术研发方向和布局动态，对于自身的技术优势采取充分周密布局策略，力求在该技术优势方面相对关联竞争对手形成一定的技术壁垒，而对于自身在技术积累较薄弱的领域，与不同技术提供商广泛开展技术研发或者专利转让收购合作，在形成技术优势长板效应的情况下避免自身技术储备短板。

例如，新兴造车企业在传统汽车技术的积累和专利组合强度方面相比传统的整车企业和零部件供应商不占优势，但在互联网新兴技术研发方面发展较快。新兴造车企业在布局专利时一方面需要考虑与成熟的零部件供应商（甚至是整车企业）在传统汽车技术领域展开专利方面的合作，另一方面需要考虑在一些新兴技术（互联网、人工智能、芯片技术等）领域跟随本公司的研发方向和商业路径在企业所涉及的市场地域积极布局。同时，企业要时刻"眼观六路，耳听八方"地监测市场上在相关技术领域的竞争对手的技术研发动态，并且针对竞争对手的技术成果有针对性地进行外围专利布局，避免在埋头进行本公司专利布局的同时放纵竞争对手"悄无声息地"形成技术壁垒。

企业应该以更高的高度来看待专利布局及专利风险的防控，在独善其身的基础上还需要积极给产业链上的供应商企业赋能，协助供应链上的企业建立起专利的布局和风险风控体系，从而在确保企业知识产权安全的基础上，实现产业链的知识产权安全，这对于产业链较长的企业来说，其实也是在保障企业自身的利益和知识产权安全。

企业也应该有意识地将专利布局的概念植入零部件的采购流程中。具体而言，企业在进行零部件采购时，应该将各个零部件供应商本身在对应技术方面的积累和专利组合强度纳入考量范围，在采购零部件的同时达成与零部件供应商在知识产权（尤其是专利）许可实施方面较为满意的协议。尤其针对智能网联汽车产业链中各个技术提供商/零部件供应商在技术方面高度重合交叉的情况，企业需要注重与在不同具体技术方向有所擅长的零部件供应商建立产品或者技术研发方面的合作关系，一方面通过存在的合作关系避免或者降低日后与这些零部件供应商之间可能产生的专利侵权诉讼纠纷的风险，另一方面尽可能多地与产业链中其他上、下游环节的技术提供商建立直接或者间接的合作关系。

同时，企业也要站在智能网联汽车产业链全局的视角，时时监测产业链上、下游一些新兴技术企业的技术发展方向并且调查了解其专利组合强度，有意识地对一些与企业自身技术相关联的新兴技术企业进行专利购买、公司收购等交易，增强企业在智能网联汽车产业链中的整体专利竞争力。在一些非常前瞻性的技术领域方面，企业可以与国内外院校合作开展技术研发和科技成果转化工作。

为了应对无线通信技术提供商在未来可能发起的标准必要专利侵权诉讼的风险，企业需要考虑与在无线通信技术领域拥有较强标准必要专利组合实力的技术提供商建立直接或者间接的合作关系。在这一点上，戴姆勒近期所经历的标准必要专利侵权诉讼可以提供一些很好的借鉴和启发。例如，AVANCI 联盟中的夏普（Sharp）曾于 2019 年向德国慕尼黑法院对戴姆勒提起一系列标准必要专利侵权之诉，一度使戴姆勒在德国面临禁售的风险。最后，华为作为戴姆勒的零部件供应商，与夏普签订了一份汽车部件级别的标准必要专利许可协议，该协议部分结束了夏普对戴姆勒在德国的专利诉讼。此外，戴姆勒的另一个零部件供应商大陆集团目前也在美国特拉华州法院（the Court of Chancery of the State of Delaware）向诺基亚提起了合同违约之诉❶，其中诉称，作为高通的客户，大陆集团是诺基亚与高通先前签订的专利许可协议的第三方受益人，而诺基亚违背该许可协议中需要向高通的客户以合理的许可费率提供许可协议的承诺❷。戴姆勒通过与华为和高通这样强大的无线通信技术提供商建立直接或间接合作关系，成功地缓解了独自面对这些诉讼的压力。

另外，通过针对性地加入一些专利组织联盟，与产业中的其他整车和零部件企业形成规模效应，企业可以增强抵御来自无线通信技术领域的专利侵权诉讼的风险的能力。

五、总结

智能网联汽车在为传统的汽车行业带来了大量技术革新的同时，也为整车制造商和零部件供应商带来了知识产权管理策略的变革和新的挑战。面对这样的新技术、新格局和典型风险，汽车企业的知识产权管理部门要更加深入地关注智能网联汽车产业链中的技术发展和企业竞争态势，学习其他技术领域企业先进的专利布局和运营经验，保证企业的专利管理策略能够紧紧跟随快速多变的技术发展。

---

❶ FOSS Patents：Continental brings complaint against Nokia in Delaware state court：new U.S. FRAND litigation strategy may protect Daimler.
❷ Continental Automotive Systems，Inc. v. Nokia Corp. et al.，No. 2021-0066-JRS（Del. Ch.）.

第 II 部分

知识产权保护攻略

当 AI 与 5G 相遇时，
当 5G 与汽车融合时，
当专利法都修正到第 4 版时，
我们该怎么办？
与此俱进！

借助产品经理思维，在软件专利挖掘领域另辟蹊径

王长春　商汤科技知识产权助理经理。

胡海斌　深信服集团知识产权及法务总监，广东省知识产权副研究员，深圳市中级人民法院知识产权技术咨询委员会专家，深圳市南山区商业秘密保护中心专家库首批专家。曾在腾讯、小米和一加手机负责知识产权相关业务。

> 基于互联网产品的多个开发阶段，解构产品经理的工作内容及各开发阶段不同岗位人员的工作内容，有助于我们更加精准地开展专利布局和挖掘工作。

互联网产品经理的工作主要包括如下内容：输出产品规划（整体规划、版本规划等），推动技术团队基于产品规划开发出对应的互联网产品，以及借助产品运营团队满足用户需求，实现公司的业务经营指标。互联网产品经理持续迭代规划、开发和运营的流程。

对于产品经理，从任务发起到任务结束是一个完整的闭环，产品经理的工作贯穿互联网产品的全部开发过程及产品的生命周期。基于互联网产品的多个开发阶段，解构产品经理的工作内容及各开发阶段不同岗位人员的工作内容（技术贡献），有助于我们更加精准地开展专利布局和挖掘工作。

一、互联网产品的常规开发流程

互联网企业中常见的五种岗位人员为：市场、产品、设计、技术和运营。为了完成一个互联网产品的开发，产品经理的工作流程大致可划分为：需求阶段、设计阶段、

研发阶段和发布阶段，产品经理贯穿各工作流程并均与专利息息相关。企业的专利人员有必要与产品经理配合，并参与到各个阶段。图1为产品经理工作流程典型样例图。不同企业的管理模式、资源供给和行业特点等影响，导致其开发流程也不尽相同。

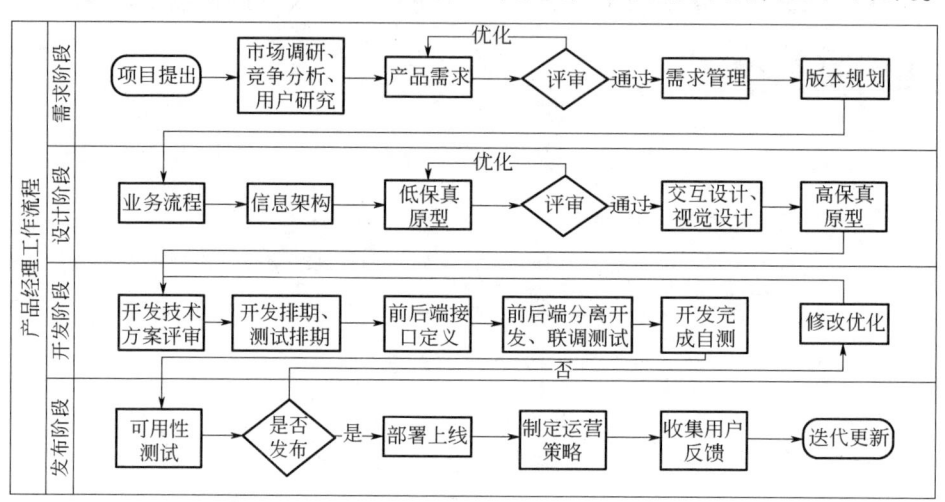

图1　产品经理工作流程

由上述流程图可知，在产品经理的工作流程中，专利人员需要与不同的岗位人员进行对接。产品所处不同开发阶段对应产出专利的所属技术领域、类型、数量均存在差异。图2为产品全流程的具体岗位样例图。

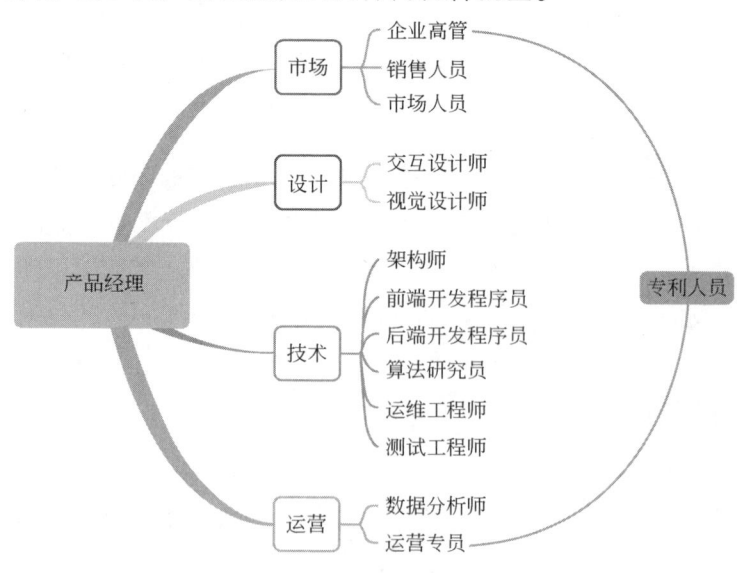

图2　产品全流程的具体岗位样例

互联网产品在发布后的维护和迭代过程中，产品经理和专利人员依靠上述岗位人员持续重复上述过程，产品经理不断优化产品，专利人员不断产出专利。

二、不同工作阶段中的专利产出

为了详细说明产品经理各个环节的工作内容，以及专利人员该如何与相应的岗位人员对接完成相应的专利产出，以下将虚构一个互联网在线教育产品（以下简称"××教育"）为例进行说明，并对产出的专利给出相应的简化独立权利要求或主视图。

（一）需求阶段

在需求阶段，产品经理会通过产品需求文档（PRD）对需求进行分析，并从全局的角度描绘整个产品所对应的功能点或当前版本该产品所对应的功能点。专利人员通过了解当前版本的开发工作即可明确专利产出的方向，以及对应到参与开发的不同岗位角色人员，即可明确与对应的岗位角色人员进行对接完成专利产出工作。

（二）设计阶段

1. 业务流程

产品经理将根据××教育的全景图设计该教育产品的主要业务流程，此时，并没有涉及软件的颗粒度的划分，并未细分到模块层次。图3为××教育的主要业务流程图。

专利人员可以根据上述主要业务流程图，与产品经理深入沟通以产出相关专利。例如，基于业务流程图其简化独立权利要求可以为：

1. 一种在线学习方法，其特征在于，包括：
获取用户对目标课程的订单请求；
根据订单请求触发所述目标课程的访问权限，其中，所述已购买课程可供用户在线学习。

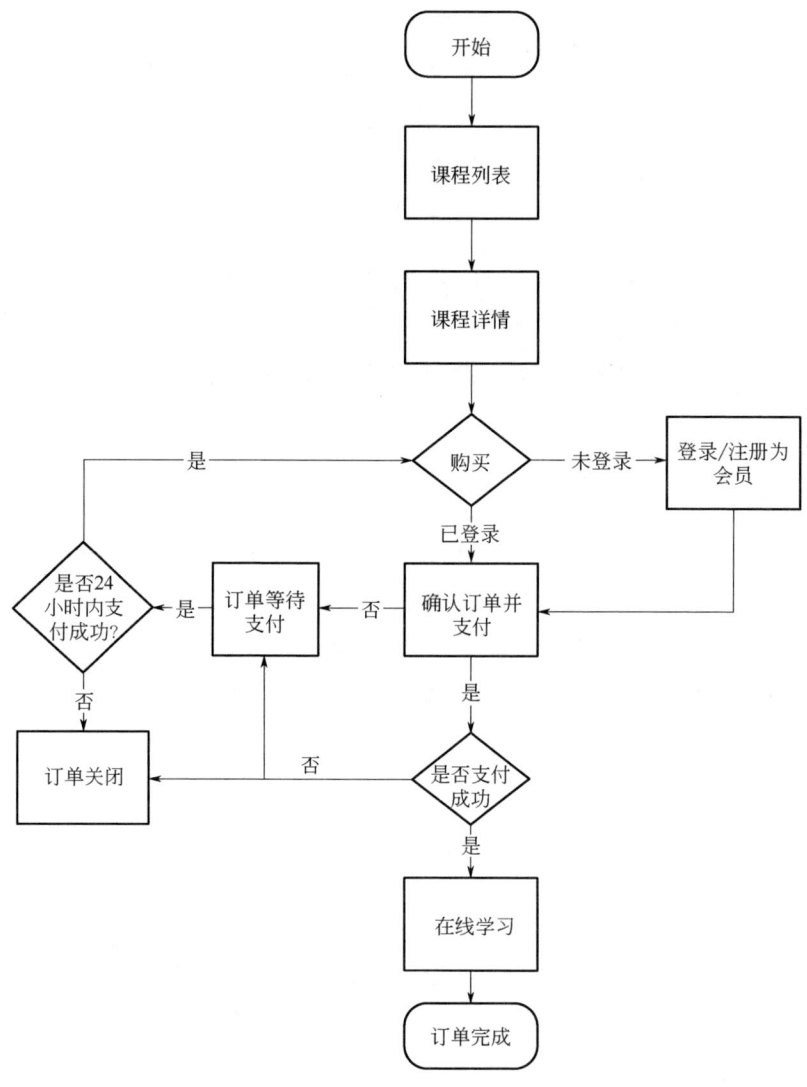

图 3 ××教育主要业务流程

当然，根据主要业务图，专利人员针对不同的业务分支，基于其特定的实现逻辑（如执行步骤、判定条件等）产出更多的相关专利。

2. 信息架构

信息架构即全景图，也即该××教育产品涉及的所有模块。产品经理通常使用思维导图工具展示该××教育产品涉及的所有模块以及每个模块展示的内容。图 4 为××教育的全景图。

第 Ⅱ 部分
61 | 知识产权保护攻略

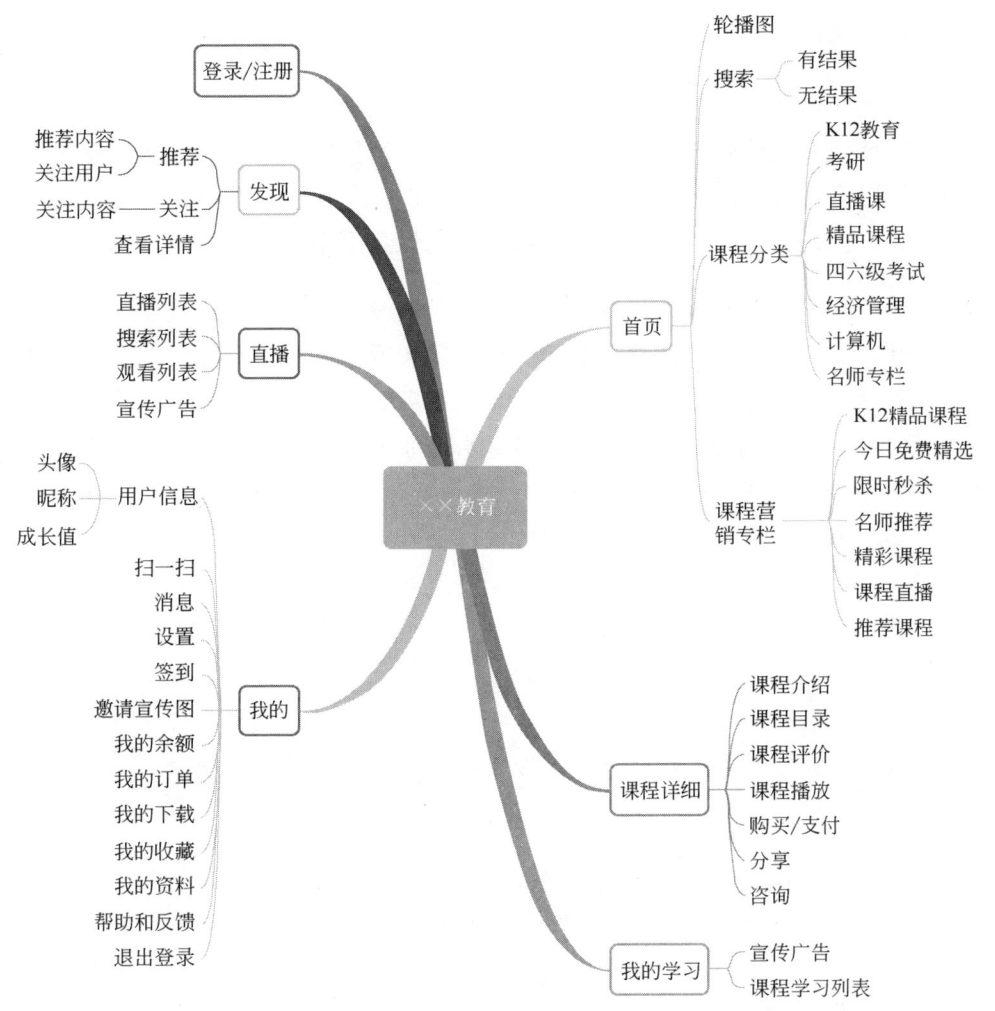

图 4　××教育的全景图

专利人员在信息架构图基础上，可以分析每个模块的业务流程，进一步结合每个模块的不同实现方案，并基于本行业的商业模式、发展趋势、底层通用组件、场景化的应用，产出更多的专利。

3. 低保真原型图和高保真原型图

在通常情况下，产品经理基于业务流程和信息架构等绘制原型图，并根据该原型图与项目经理、或交互设计师、或视觉设计师、或架构师、或前端开发程序员、或后端开发程序员等岗位人员共同对该产品进行评审，寻求产品的衍生功能和不同技术实现方案，为专利布局和专利挖掘提供不同的素材。

原型图只是产品经理表示产品设计内容的比较直观的一种展现形式，可以帮助项目组成员准确理解一个角色在产品中的操作行为路径及功能分布。在实践过程中原型图通常包括以下两种：一种是以黑、白、灰配色的线框图，即低保真原型图；另一种是具有交互效果的展示图，即高保真原型图。

在设计阶段，专利人员可以根据上述界面的设计产出相关外观设计专利。第一，设计人员会根据产品需要适配的各种终端和操作系统进行设计。在通常情况下，在不同的终端之间（如苹果的 *Human Interface Guidelines* 设计规范给出的 macOS、iOS、watchOS、tvOS 四种终端界面）设计的低保真原型图和高保真原型图，需要分别布局相应的外观设计专利；第二，在同样的终端不同的操作系统之间，如苹果手机和安卓手机，苹果的设计规范 *Human Interface Guidelines* 与安卓的设计规范 *Design Guidelines* 之间会有差异，专利人员需要根据两个系统之间的差异考虑针对苹果手机设计的 App 界面是否能够与针对安卓手机设计的 App 界面作为相似外观合并为同一份外观设计专利；第三，同一产品在同一个终端（如手机）规划多个（如 App 本身、小程序、Web 浏览器）独立界面，也需要考虑多个独立界面是否能够作为相似外观合并为同一份外观设计专利或分别单独申请外观设计专利。

在形成外观设计专利交底书时候，专利人员应在产品经理的低保真原型图的基础上，让交互设计人员尽可能多地提供同一设计构思下的交互稿和视觉稿。这样，在外观设计专利中，交互稿可以作为主设计图的线框图以扩大外观设计专利的保护范围，视觉稿可以作为该主设计图的参考状态图，以提供实施例支撑。

针对颠覆式或极具创新性的交互设计可以展示该同一构思下的各个功能模块（如××教育的"发现""直播""我的学习""我的"等功能模块；见图5），可以是首页产出单帧外观设计专利，也可以是不同功能模块中不同子页面的进一步交互页面产出多帧外观设计专利。此外，"我的"功能模块中"我的余额"和"我的订单"二级页面存在较大差异，也需要分别产出相应的外观设计专利。

第 Ⅱ 部分
63 | 知识产权保护攻略

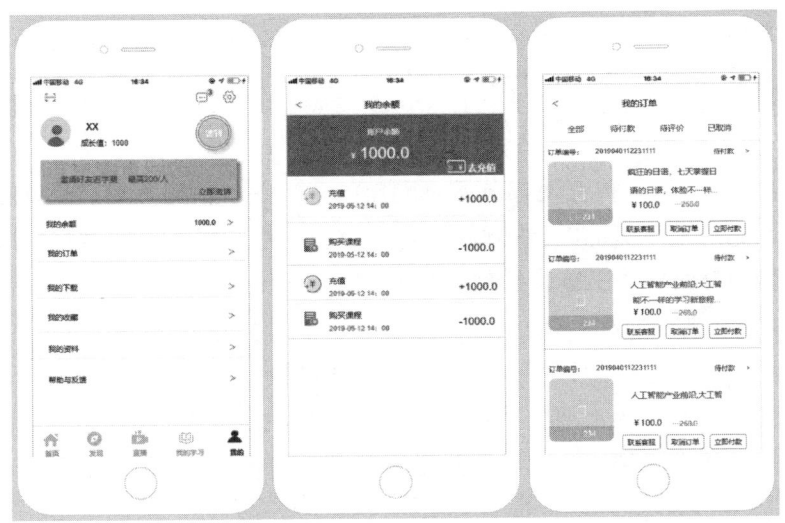

图 5 "我的"功能模块

（三）开发阶段

在软件开发过程中主要采取前、后端分离的开发方式进行，下面针对××教育产品前、后端开发过程中可能产出的专利进行分析。

1. 前端开发

前端开发主要包括大前端开发、Web 前端、客户端、网络技术等。作为专利人员，首先要抽离出技术实现逻辑和原理；其次要关注使用什么类型的技术栈（如 HTML+CSS+ JavaScript 三件套），以及不同类型的技术栈之间的差异；最后需要对 Web 前端技术和客户端技术具备一定的了解。

例如，DOM（文档对象模型）是 Web 前端中较为基础和常用的模型（通常使用"树"状的数据结构，称为 DOM 树）。一个网页本质上是一个 HTML（通常理解为由很多"标签"组成的语言）文件，其经浏览器解析和渲染后实现在用户的终端显示。××教育产品在启动或切换页面后需要执行相应的 DOM 操作。

专利人员可以根据上述网页显示方法的设计产出相关专利，其权利要求为：

1. 一种网页显示方法，其特征在于，包括：
加载目标页面的框架，其中，所述目标页面框架为××教育产品在首页面或待切换的页面；

根据所述目标页面，基于该目标页面的 DOM 树渲染所述目标页面的显示数据。

例如，AJAX 是一种实现部分网页刷新的异步获取数据方法。常见应用包括：当访问某网站的某个页面时，该网站后台将页面的基本框架返回客户端或浏览器；当使用搜索引擎时，基于输入的部分词汇实现关键词联想；当切换某 App 的功能页面（如微信，从"微信"切换至"发现"页）时，固定其底部功能栏标签不变（如"微信""通讯录""发现""我"四个功能栏标签不变）并渲染目标页面的内容（渲染发现页的"朋友圈""扫一扫"等功能）。如图 6 所示，××教育产品中其搜索功能中使用 AJAX 功能和词向量相似度匹配等功能。

专利人员可以根据上述搜索方法的设计产出相关专利，其权利要求为：

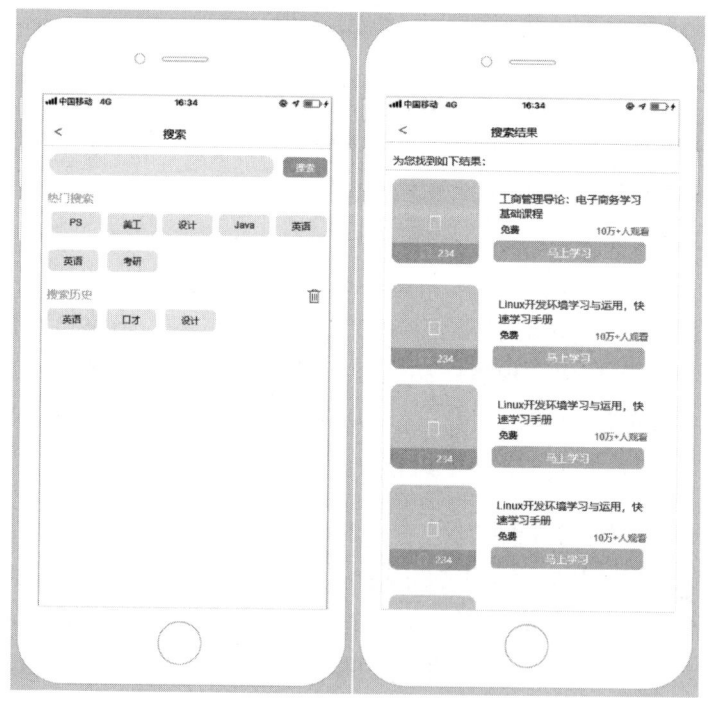

图 6　AJAX 功能和词向量相似度匹配功能

1. 一种搜索方法，其特征在于，包括：

利用神经网络提取用户搜索关键词的第一词向量；

基于第一词向量与课程库中视频课程的第二词向量进行匹配,得到匹配结果;

使用 AJAX 对匹配结果对应视频课程进行抓包拉取,以根据匹配结果中第一词向量和第二词向量相似度由高至低对对应的课程进行排序展示。

例如,向客户端推送信息是一种 App 中常见的功能。为避免××教育产品使用定期轮询的方式向服务器拉取信息的方式过于耗费用户终端设备的电量,××教育产品使用长链接的方式获取服务器推送信息。

专利人员可以根据上述推送信息方法的设计产出相关专利,其权利要求为:

1. 一种推送信息的方法,其特征在于,包括:
建立所述××教育 App 与系统的长链接;
通过所述长连接建立与服务器的通信,接收所述服务器定期发送的心跳包,其中,所述心跳包中包括用于在所述系统显示的数据信息。

前端人员在开发过程中,通常会考虑 App 在不同系统(如 iOS 和 Android)中的适配,通常的技术对于不同的系统中可能存在不同的实现方案,这需要专利人员额外注意(但如果区别仅来源于系统本身,则不需要关注)。

2. 后端开发

后端开发是专利产出数量较多的部分。专利人员需要进行如计算机网络与通信技术、操作系统、数据库、安全等方面知识积累,既能够方便专利人员使用技术语言与开发人员增加沟通的顺畅程度,也能够方便专利人员理解在后端开发过程中为什么产出的专利较多,以及一些抽象程度较高的专利(如数据库、API 等)如何撰写和布局其对应的权利要求。此外,专利人员可以对编程语言(如适合后端开发的 Java 语言,适合分布式系统及区块链开发的 Go 语言,适合全栈及人工智能的 Python、Lua 语言等)进行一定了解,业务逻辑需要基于代码中实现,专利人员在阅读代码的过程中可以发掘开发人员更细颗粒的工作,有助于辅助专利的产出。

后端开发通常产出抽象程度较高且难于理解专利。例如,产出终端设备与服务器的接入、涉及业务的数据库、涉及客户端、开发中的调优策略(提升业务的精度和召回的策略)、网络技术,编译等基础技术方面专利;以及产出设计各个业务模块本身的实现、上述基础技术在业务模块实现中应用等业务类方面专利。

以下针对××教育产品后端开发过程中可能产出的专利进行简单举例。

例如，在××教育产品注册用户较多的情况下，传统的数据库及依赖服务器硬件信息的 UUID 方式难以满足系统，因此需要使用分布式唯一 ID 生成算法来满足系统需求。

专利人员可以根据上述唯一 ID 生成算法的设计产出相关专利，其权利要求为：

1. 一种信息处理方法，其特征在于，包括：
获取数据信息；
基于所述数据信息的时间戳为所述数据信息配置唯一 ID，其中，所述唯一 ID 包括 1bit 符号位的第一字符段、41bits 所述时间戳的第二字符段、10bits 工作服务器 ID 的第三字符段以及 12bits 序列号的第四字符段。

说明：上述算法即为雪花算法（SnowFlake）。

例如，为了实现服务器集群中分布式存储，需要对服务器集群中的存储服务器进行容器化划分。

专利人员可以根据上述容器化方法的设计产出相关专利，其权利要求为：

1. 一种容器化方法，其特征在于，包括：
获取服务器集群中存储服务器信息；
所述存储服务器信息分为第一容器化服务器和第二容器化服务器，其中，所述第一容器化服务器用于执行 App 的固定任务；
所述服务器集群中所有的第二容器化服务器分配任务。

（四）发布阶段

交付（CI/CD）模式是对软件交付过程的一种可视化呈现，展现了从代码提交、构建、部署、测试到发布的整个流程，为团队的产品经理、开发人员、运维人员提供状态可视化的即时反馈。开发人员和运维人员通常会采用一些自动化部署工具（如 Jenkins 等）为产品创建相应的 Pipeline，以完成"从提交代码到发布"不断循环的过程。这也说明，可用性测试和部署上线往往需要同步进行的过程。

在这个阶段，专利产出相对于其他阶段往往较少，其主要原因：一方面，是受限于该阶段的产出的专利对于公司的专利资产增值的效果较弱；另一方面，有关测试和部署自身涉及技术内容相对较少，以及专利人员往往对该阶段工作缺少关注或对部分领域知识缺少了解。

1. 可用性测试

主要是采用手动测试和自动化测试两种方式实现 App 的性能测试。在自动化测试的模式下，测试人员（测试开发）会搭建相应的测试架构和环境（如 Selenium 3），并针对需要测试的内容撰写全部的测试用例。

作为专利人员，需要了解测试人员针对测试领域所使用的测试手段，即具体为手工测试和自动化测试，进而去完成该阶段的专利产出工作。例如，基于××教育的 App 所要测试的功能模块，形成所有的测试用例集合库，以确认 Bug 最多的功能模块。

专利人员可以根据上述主要测试用例的管理方法的设计产出相关专利，其权利要求为：

1. 一种测试方法，其特征在于，包括：

获取第一测试用例，其中，所述第一测试用例从测试用例集合库中抽取得到，所述测试用例集合库包括所有待测试模块的测试用例组合；

执行第一测试用例，计算各个待测试模块已发现的 bug 数量比例；

从所述测试用例集合库中抽取 bug 数量比例最高对应的待测试模块的所有未执行的第二测试用例；

利用所述 bug 数量比例最高对应的待测试模块执行多数第二测试用例，得到测试结果。

2. 部署上线

在通常情况下，运维人员使用部署流水线平台实现 App 的部署。部署本身涉及的技术范围非常广泛，如自动化部署方案、涉及 LaaS 层基础设施的调度和集成方案、运维等。

例如，××教育的代码完成后需要进行编译处理，App中的各种功能如人脸识别、推荐系统等使用的神经网络，使用图算法管理神经网络的编译过程。

专利人员可以根据上述编译方法的设计产出相关专利，其权利要求为：

1. 一种编译方法，其特征在于，包括：
获取多个待编译神经网络模型和所述多个待编译神经网络模型的计算图；
确定所述多个待编译神经网络模型的模型组合方案，并对每种模型组合方案中的待编译神经网络模型的计算图进行联合编译，得到每种模型组合方案对应的优化计算图；
所述模型组合方案包括所述多个待编译神经网络模型中的至少两个待编译神经网络模型；
在所述优化计算图中确定目标优化计算图，并根据所述目标优化计算图生成目标指令，所述目标指令用于使目标硬件执行对应的图像处理任务。

说明： 上述仅是针对神经网络编译进行举例。在实际工作中，专利人员还可以关注软件本身的编译过程以确认是否产出相关专利。

例如，服务器或其集群在运行过程中持续监控其运行情况，并对服务器运行过程中出现的异常情况及时告警。

专利人员可以根据上述告警方法的设计产出相关专利，其权利要求为：

1. 一种告警方法，其特征在于，包括：
基于监控到的服务器运行异常情况生成描述信息；
判断预设的描述信息库中是否存在与所述描述信息对应的告警信息；
若所述描述信息中包括描述信息时，基于所述描述信息生成所述告警信息；
若所述描述信息中不包括预设的描述信息时，将所述描述信息推送至运维人员的终端。

3. 制定运营策略和收集用户反馈

产品和运营不分家。运营是一个不断加强用户对产品认知的过程，通过一系列的运营，与用户建立良好互动以增加用户黏性。在运营的过程中，数据分析可以帮助产品经理关注产品的现状并发现产品的内在问题，并制定运营策略，实现产品的迭代。

数据分析主要目的是关注用户行为变化、发现产品问题、方案有效性评价等三方面内容。例如，在用户增长率迟缓的情况下适时使用新的运营策略；使用漏斗模型分析出对于客户使用比较复杂的功能点，以进行优化；通过数据分析发现有待提升和优化的旧功能，以备设计新功能进行替换。此外，新功能上线仍需要使用旧功能数据的横向对比对新功能做出评价。专利人员需要技术关注产品经理对于数据分析结果而采取相关措施。

关于产品运营，对于绝大多数互联网公司而言，运营岗位通常分为用户运营、活动运营、内容运营和产品运营等。通过岗位的划分，不难看出运营的工作内容涉及多个彼此协作和交叉的细分领域。在各式各样的新人奖励、线上活动、红包、会员、积分体系等，以及使用广泛的推荐系统应用到产品的运营策略，专利人员也需要关注不同运营策略对应的技术方案，无论是设计、前端、后端领域均有相应专利产出。

××教育产品设计了一种"邀请好友返学费"活动，如图7所示，在用户邀请一个好友成为该××教育产品的新注册用户时，该用户获得200元的学费奖励。

专利人员可以根据上述邀请好友方法，基于不同的角度（交互角度和业务角度）产出相关专利，其权利要求为：

1. 一种信息处理方法，其特征在于，包括：
在用户的好友邀请界面生成好友邀请链接，其中，所述邀请链接包括××注册链接或××课程购买链接；
基于所述好友在对应××注册成功或××课程购买成功的情况下，将预设的学费奖励划归至所述用户的账户。

图7　邀请好友返学费

说明：基于用户与终端界面的交互操作产出该专利。

1. 一种信息处理方法，其特征在于，包括：

当确定接收到的答题请求中包含邀请码时，获取所述答题请求中包含的邀请码以及被邀请用户标识；

确定与所述邀请码相对应的邀请用户标识，在预设的邀请映射表中存储所述被邀请用户标识以及所述邀请用户标识之间的映射关系；

判断所述被邀请用户标识所对应的被邀请用户的答题结果是否符合预设奖励规则；

若是，根据所述邀请映射表确定与所述被邀请用户标识相对应的邀请用户标识，向所述邀请用户标识所对应的邀请用户发送邀请奖励信息。

说明：建立邀请链接与用户的映射关系。例如可使用一致性哈希算法实现，基于对后端技术栈的使用产出该专利。

推荐系统是一种被广泛应用的增长工具。根据产品经理和运营人员的反馈，开发人员和算法人员共同设计如下推荐系统。

例如，协同过滤是与推荐系统应用广泛的应用，协同过滤通常使用皮尔森系数确认用户之间的相似度。例如，主要使用不同用户之间对观看视频后评价、播放完成率（播放时长/视频时长）、平均播放时长、播放总时长等多维度因素，用户之间彼此推荐视频。再例如，传统的机器学习算法通常包括离线和在线两种方式。其中，离线的方式是采用将预先收集好的数据作为样本对模型进行训练；在线的方式是利用逐个给定的训练样本（可以是文字、语音、图片、视频等跨模态数据，也可以针对课程的各种用户行为数据等），利用新的训练样本实时更新模型参数。因此，在线训练的方式能够很好地适应推荐系统，以适应基于流数据的推荐。在示例性的图8中，当用户在首页中选取"计算机"时，跳转到计算机课程学习模块后根据该用户历史数据对该用户首要推荐"Linux开发环境学习与运用，快速学习手册""数据结构，不懂数据结构的程序员是没有前途的"等课程（基于信息流推荐）。

专利人员可以根据上述主要推荐方法的设计产出相关专利，其权利要求为：

1. 一种课程推荐方法，其特征在于，包括：
使用在线训练的神经网络提取课程库内的每个课程的特征数据；

在课程特征数据符合用户画像对应的特征数据的情况下,向用户推荐该课程特征数据对应课程;

其中,所述在线训练的神经网络的训练过程包括:

从流式数据中获取训练样本,其中,所述训练样本包括所述用户对历史观看课程视频的评分和点赞的显性反馈数据,以及所述用户对其历史观看课程视频的点击、播放、观看时长的隐性反馈数据;

利用训练样本对历史神经网络进行在线训练,得到所述在线训练后的神经网络。

图 8

综上所述,在技术层出不穷、不断迭代的情况下,以上列举的内容并非对运营涉及技术的穷举,专利人员在工作中应在产品每次迭代的过程中与产品、设计、开发、算法、运营人员全面沟通细节,避免遗漏重要功能点的专利产出。

4. 迭代更新

在产品每次迭代更新过程中,专利人员除了需要关注新功能点带来的上述方面的专利产出,还要关注底层软硬件资源升级带来的专利产出。

例如，随着××教育用户数量的逐渐增多，其服务器集群中的服务器需要进行扩容以增加新的服务节点（即横向扩展，增加存储服务器），这就需要对已有的用户数据进行迁移。

专利人员可以根据上述数据的迁移方法的设计产出相关专利，其权利要求为：

1. 一种数据的迁移方法，其特征在于，包括：
获取目标用户数据的指令和目标用户标识；
基于所述目标用户标识及扩容后数据库集群中数据库总量，确定所述目标用户数据所应落地的目标数据库的标识；
从所述目标数据库标识对应的数据库中获取所述目标用户数据；
获取所述目标用户数据实际落地的当前数据库的标识；
将所述目标用户数据从所述当前数据库标识对应的数据库、迁移到所述目标数据库标识对应的数据库中。

三、总结

通过分析产品经理的工作流程和各个阶段参与相应工作的岗位人员，专利人员能够更加细粒度地对接整个产品团队并完成相应的专利产出。本文通过对产出专利较为困难部分进行示例性说明，并引导专利人员学习和了解相应的技术以对专利产出工作形成更好的支撑。

本文尽量站在"全"的角度，而不是"用"的角度探讨软件专利的产出。一个产品全生命周期并不是什么类型的专利均有产出的价值，在实际工作中，企业内的专利人员应该基于现实因素的考量，决定产出什么类型的专利、什么数量的专利等。或者说，在实际工作中，企业内的专利人员可以结合专利产出的实际需求并结合本文的举例完成相应的专利产出工作。

另外，本文示例性的专利仅作为引导作用，更多是给予思考和工作方向，且均为公开现有技术，读者可不必纠结于权利要求的保护范围。

商业模式专利挖掘、布局、审查"避坑"指南

覃 波 现任斗鱼直播知识产权总监,湖北知识产权研究会理事,武汉中青年知识产权讲师,有丰富的直播行业专利布局及 NPE 对抗经验。从零开始组建 IP 团队,带领斗鱼连续两年专利申请总量位居湖北省第一,授权发明先后获得中国发明优秀奖、湖北省专利金奖,并取得国家知识产权示范企业的认定。

商业模式与创新的关系,目前存在两种理论:一是"坐骑理论",其认为"新技术乘着'商业模式'这头坐骑才走向了创新";二是"自身理论",其认为"商业模式自身的巨大改变即创新"。

一、商业模式专利保护必要性

(一)什么是商业模式

一直以来,商业模式(Business Model)没有一个统一定义,有的叫商业规则,也有的称为商业模型,虽然叫法各一,但大多认同商业模式是一种独特的盈利模式,即关注经济的合理性。

商业模式与创新的关系,目前存在两种理论:一是"坐骑理论",其认为"新技术乘着'商业模式'这头坐骑才走向了创新";二是"自身理论",其认为"商业模式自身的巨大改变即创新"。❶

---

❶ 商业模式的知识产权保护制度初探 [EB]. [2020-12-10]. http://www.cnipa.gov.cn/gwyzscqzlssgzbjlxkybgs/zlyj_ zlbgs/1062651.htm.

本文将商业模式限定为互联网语境下的商业模式创新，特别聚焦在大文娱领域，如近几年兴起的互联网直播、会员订阅制的流媒体播放平台（如 Netflix）。下文如非特别指出，则商业模式均特指互联网领域涌现的商业模式，并且这些商业模式往往通过 App 产品等形式展现。

（二）商业模式法律保护的薄弱点

1. 《中华人民共和国反不正当竞争法》保护力有未逮

从目前的司法实践来看，一旦商业模式被他人抄袭，大多数商业模式保护的诉求会落入《中华人民共和国反不正当竞争法》（以下简称《反不正当竞争法》）的保护范围，但利用反不正当竞争法来保护商业模式存在以下缺陷：反不正当竞争法更多关注的是混淆行为，即足以让人误认为是他人商品或者与他人存在特定联系的混淆行为。在一方抄袭另一方的商业模式时，往往并非简单地全盘照抄，如经过对交互界面 UI 进行重新设计，而核心商业模式相同，则很难认定为《反不正当竞争法》规定的混淆行为。

2. 著作权对商业模式保护不全面

根据"思想与表达二分法"原则，著作权保护的是思想观点的表达，并不保护思想本身，因此著作权在面对商业模式时，仅能够保护商业模式呈现的产品（如 App）对应的源代码和文档本身。这种保护范围其实是非常具有局限性的。一般来说，竞争对手在熟悉了某个企业的商业模式后，通过独立开发出相同、类似的产品并不困难，但是由于源代码的原创性，使商业模式无法得到全面的保护。

二、借助审查指南修改契机，将更多商业模式纳入专利保护

（一）商业模式本身具有专利保护的基因

历次《专利审查指南》均将商业模式相关专利限定在借助了计算机手段的方案上，其原因在于商业模式与专利的连接纽带就在于其借助了互联网、计算机技术的手段。商业模式的实现必须借助计算机、服务器、网络等手段将用户、公众、互联网服务运营方、平台企业等各个关联主体连接成一张利益网络。无论采用了何种商业模式，其最终呈现形式都能够在手机上通过 App 方式或者通过网页呈现

给用户。在移动网络风头盖过 PC 端的当下，用户手机上的一个 App 就代表了一个或一类商业模式。图 1 体现了同一领域呈现的不同商业模式，如直播领域有秀场直播、游戏直播、交友直播等不同模式。

图 1　直播领域的不同模式

（二）《专利审查指南》对商业模式专利申请的态度演变

作为我国对专利申请进行审批依据的《专利审查指南》来说，对商业模式专利申请的态度也经历了几个阶段。

1. 否定保护客体阶段

通过《中华人民共和国专利法》（以下简称《专利法》）第二条、第二十五条驳回涉及商业模式专利申请。例如，阿里巴巴集团在 2010 年申请的"一种客户再次购买意向预测方法及装置"（公布号 CN 102156932 A），为了提高用户的再次购买意愿，通过对客户过去购买产品的效益所处水平（如过去获得的广告反馈量）、购买力参数和客户心理成熟度来进行重新定义,计算获得客户的心理舒适度,再根据客户的心理舒适度对客户的再次购买意向进行预测,使企业能够持续获利。但审查员认为：预测具有再次购买意向的客户，只是商业经营上潜在客户的确定，只是商业经营问题而不构成技术问题，所采用的手段不受自然规律的约束，增加销售量所获得的只是商业上的销售效果而不是符合自然规律的技术效果，因而不属于专利法保护的客体。

2. 通过创造性拒绝授予专利权阶段

通过《专利法》第二十二条第三款驳回商业模式专利申请。

2017年，国家知识产权局在《专利审查指南2010》第二部分第一章第4.2节第（2）项之后新增一段，内容如下：涉及商业模式的权利要求，如果既包含商业规则和方法的内容，又包含技术特征，则不应当依据《专利法》第二十五条排除其获得专利权的可能性。然而，实践中仍有不少商业模式专利申请被审查员以不符合《专利法》第二十二条第三款规定的创造性为由驳回专利申请。

3. 放宽商业模式专利申请限制阶段

（1）限缩了不符合专利保护客体的类型。第一种是只有单纯的商业规则和方法，不包含任何技术特征，才属于《专利法》第二十五条第一款第（二）项规定的智力活动的规则和方法，不应当被授予专利权，如单纯的视频网站中会员充值按季度购买有优惠的活动，没有包括任何技术特征，则属于这种情况。

第二种是商业规则的特征没有解决技术问题，也没有采用任何符合自然规律的技术手段，没有获得符合自然规律的技术效果，则该商业模式专利申请不符合《专利法》第二条第二款的规定。

（2）纠正了以往创造性的机械认定方式。在进行商业模式专利申请创造性审查时，必须考虑到商业规则部分对技术方案做出的贡献。如果商业规则的实施需要技术手段的调整或改进，那么可以认为该商业规则和方法特征与技术特征功能上彼此相互支持、存在相互作用关系。

从实践来看，伴随《专利审查指南》的几次修改，商业模式相关专利申请呈逐年增长态势。例如，某房产公司申请的CN 201810123994.4"一种房源信息显示方法及服务器"，能够使区域内的房源密度最大的位置展示在地图上，提高了房源信息的显示效率。

以IPC分类号G06Q30/00，商业，例如购物或电子商务为例，该类别近年来专利申请趋势如图2所示。

从图2中可以看出，《专利审查指南2010》采用客体审查→创造性审查两步法审查方式对商业模式专利申请技术方案的积极性造成消极影响，直接表现在

2011 年、2012 年国内相关商业模式专利申请数量的下降。在 2017 年修改后《专利审查指南》将保护范围扩大到包括技术特征的商业模式专利申请后，相关专利申请数量逐年增加。随着 2019 年再次对《专利审查指南》的修改，已经体现出国家鼓励商业模式专利申请的要求，因此，可以利用国家政策导向、《专利审查指南》修改的契机，积极开展商业模式专利布局。

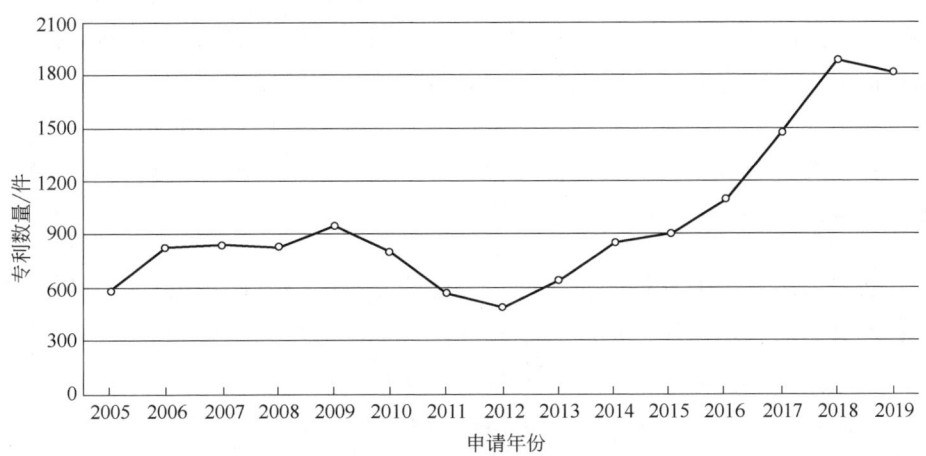

图 2　商业专利申请趋势

数据来源：incopat 数据库

三、商业模式专利挖掘、布局的特殊要求

（一）商业模式专利挖掘指南

1. 破除一个公司只有一个商业模式

从专利角度对商业模式概念进行重构，很多人有一个误区，认为一个公司只有一个商业模式，如认为 Netflix 的商业模式就是会员订阅制的流媒体播放平台，认为直播平台的商业模式就是用户打赏，这其实混淆了商业模式与公司核心业务的概念。公司核心业务是一个相对较大的概念，如出行、支付、配送等，如滴滴公司的核心业务是通过网约车提供出行服务。

而商业模式不是一个宏大概念，它是可以具象化的。打个比方，公司核心业务如同商业路演上演示的PPT，而商业模式则好比一份摆在投资人桌案上的商业企划书，一个投资人可能会根据他听到的PPT了解一个公司、创业团队的商业思路，但尚需厘清细节，但优秀的投资人一定能够根据商业企划书在脑海中对商业模式进行完美复制。

聚焦到专利视角下的商业模式，在《专利审查指南》中并没有商业模式的表述，取而代之的是"商业规则"，并且商业规则往往与技术特征一并出现，基于《专利审查指南》对于专利可授权性的规定，可以从专利角度对商业模式进行重新定义：只要能够给公司带来业务扩展、用户增长、活跃度增加等非技术层面价值提升的，并在实现过程中具有数据处理、传输、交互技术特点，且能够再现的方案都属于能够通过专利进行保护的商业模式。

以直播为例，与商业模式相关的、可能的专利挖掘方向包括：以增加直播平台营收为目的的主播与用户的新互动方式，以提高用户活跃度为目的的新功能玩法，或者以挖掘优质潜力主播价值为目的的主播遴选机制等。以挖掘优质潜力主播价值为例，主播对于直播平台的价值不言而喻，可以说直播平台的人气、用户都是通过优质的主播来带动的，那么从海量主播中精准挑出有潜力的主播，可以有助于直播平台及时与这些潜力主播提前签订合约锁定，避免了这些主播未来成为高人气主播后，再来签约要付出的高额签约费。

2. 避免拔高对商业模式创造性要求

由于商业模式自身的特点，大多只能申请发明专利，专利法要求发明与现有技术相比具有突出的实质性特点和显著的进步，这就要求商业模式的创造性具有一定的高度，需达到"突出的实质性特点"程度。随着近10年的发展，网络通信、大数据、云计算、人工智能等技术已经发展相对成熟，在各个细分领域的现有技术比比皆是，而商业模式专利往往存在商业上规则设定极为巧妙但技术特征往往创造性不高的劣势。很多IPR遇到这种情况时，一方面将商业上的创新点归纳为智力活动规则将整个技术方案排除在专利申请候选名单之外；另一方面即使商业模式逃过了智力活动规这一道关卡，也会在下一步检索分析环节以创造性不够将整个技术方案否定。

事实上，针对商业模式专利的特殊性，2019年国家知识产权局第二次发布的《关于修改〈专利审查指南〉的决定》(以下称《决定》)已经对商业模式专利作了专门性的规定，在国家知识产权局官网的政策解读中明确修改的目的是回应创新主体对进一步明确涉及人工智能等新业态、新领域专利申请审查规则的需求，细化了相关领域专利申请的审查规则，澄清了审查实践中很多疑难问题，力图实现进一步提高专利审查质量和效率、支撑创新驱动发展的目标。从整体上来说，相对于普通程序类专利申请，商业模式专利的审查标准从实践层面来说，创造性要求的尺度适当宽于普通程序类专利申请。

具体而言，商业模式由于存在商业特征、技术特征两个方面特征，对于创造性的要求来说，《决定》明确了关联考虑原则，即应将与技术特征功能上彼此相互支持、存在相互作用关系的算法特征或商业规则和方法特征与技术特征作为一个整体考虑，考虑算法特征或商业规则和方法特征对技术方案做出的贡献。也就是说，在技术特征本身的创造性不高的情况下，不能仅基于此就否定整个商业模式的创造性，还必须考虑商业规则对技术方案做出的贡献，即存在商业上规则设定具有一定创新时，可能构成商业模式方案的各个商业规则特征、技术特征作为一个关联的整体被认为是具有创造性的，进而符合专利法的授权要求。

（二）商业模式专利挖掘、布局的几个注意点

通过上述介绍和分析，已经建立了对商业模式的大致认识，商业模式的特点在于其包含了三个方面的内容：商业规则特征、技术特征、商业规则与技术的关联特征。以下介绍商业模式专利申请中需要厘清的几点。

1. 不同类型的商业模式专利方案如何评估

（1）商业模式专利类型划分：基于商业模式专利的特点，本文尝试将商业模式专利划分成如表1所示的几种类型。

表 1　商业模式专利划分

序号	类型	特征种类		评级	是否建议申请	授权难度
		商业特征	技术特征			
1	全新模式+新技术	新	新	A	是	低
2	全新模式+现有技术	新	现有	A	是	低
3	微创新+新技术	一般	新	A	是	低
4	微创新+现有技术	一般	现有	B	是	中
5	现有模式+新技术	现有	新	A	是	低
6	现有模式+现有技术	现有	现有	C	否	高

在介绍表 1 中所列举的不同类型商业模式专利方案评估方式之前，首先对商业特征的"现有模式""全新模式" "微创新" 分别进行介绍：

"现有模式"是指在商业模式专利方案中的商业特征为已出现过的模式，其可以存在于现有为公众所知悉的互联网产品中，也可以存在于各种互联网公开信息中，甚至可能存在于专利文献、论文文献中。

"全新模式"是指从未出现过的、又能够带来巨大商业成功的模式，如基于区块链技术的加密货币、共享单车的商业模式，颠覆了传统的商业交易架构和模式。在"全新模式"下，越是打破人们传统理念，越是与传统模式形成差异，颠覆性越强。往往能够同时满足新理念→新规则→新效果三个条件。

"微创新"对于人们理念的冲击性不如"全新模式"那么强，但往往能够带来营收增加、用户数量增长、用户活跃度增加、营收渠道多样化、交易机会撮合等一个或几个益处。在"全新模式"并非能够时时产生的情况下，IPR 更多面对的是众多"微模式"类型的筛选、评估和处理。在《专利审查指南》并未对商业规则给出新商业模式的判断规则、标准的前提下，"微创新"商业特征在实践中具有巨大争取空间，不能简单将"微模式"排除在挖掘、布局可能性之外。

（2）不同类型商业模式专利方案如何评估。

回到表 1 中列举的 6 种商业模式专利方案类型，对于类型 1、类型 3、类型 5，由于采用了新技术，在技术特征本身属于新技术方案并且具有创造性情况下，无须对商业特征进行进一步的判断。

对于类型 2、类型 4，在检索到影响技术特征新颖性、创造性的对比文件后，应对商业模式专利方案的商业特征进行进一步判断，当符合新理念、新规则、新效果三个条件之一时，也满足专利挖掘、布局的要求。典型案例如 Netflix 自制剧的成功，其凭借高端自制美剧和突破性的排播冲击着传统电视平台的优势，尤其是 2013 年出品的《纸牌屋》被推上全球瞩目的风口浪尖。传统电视剧制作往往事先写好剧本，剧情将严格按照剧本的走向来演绎。当然，美国和一些国家也会根据每周剧集的收视率来对后续电视剧集进行调整，但这些调整由于传统调研方式的单一导致无法精确匹配用户的需求。Netflix 将大数据、个性化推荐、用户偏好信息收集等技术与电视剧剧集制造相结合，能够很好地控制剧情的走向，使剧情一再翻转，牢牢抓住了用户的眼球。虽然个性化推荐技术并非一种全新的技术手段，但与剧集制作结合起来就发生了奇妙的化学反应。

对于类型 6，在检索到影响技术特征新颖性、创造性的对比文件后，并且商业特征单独判断也不符合新理念、新规则、新效果三个条件之一时，应进一步判断"技术特征+商业特征"是否产生 1+1＞2 的效果，即商业特征与技术特征功能上彼此相互支持、存在相互作用关系，产生了意想不到的效果，在符合这种条件下，也可以进行专利申请尝试。

2. 商业模式专利布局的体系性如何建立

在从整体上规划商业模式布局方案时，应该围绕公司核心业务构建"护城河"。

（1）构建以公司核心业务为主线的布局脉络。商业模式专利布局的终极目的在于服务公司核心业务开展。商业模式专利布局组合无论是作为"矛"去进攻，还是作为"盾"来防守，首先应该明确公司核心业务是什么。如果商业模式专利布局和公司核心业务方向发生偏差，则不但公司核心业务无法得到很好保护，并且商业模式专利布局的价值会因为缺乏实际业务的支撑而受到影响。

图 3 为某直播公司的核心业务模式。

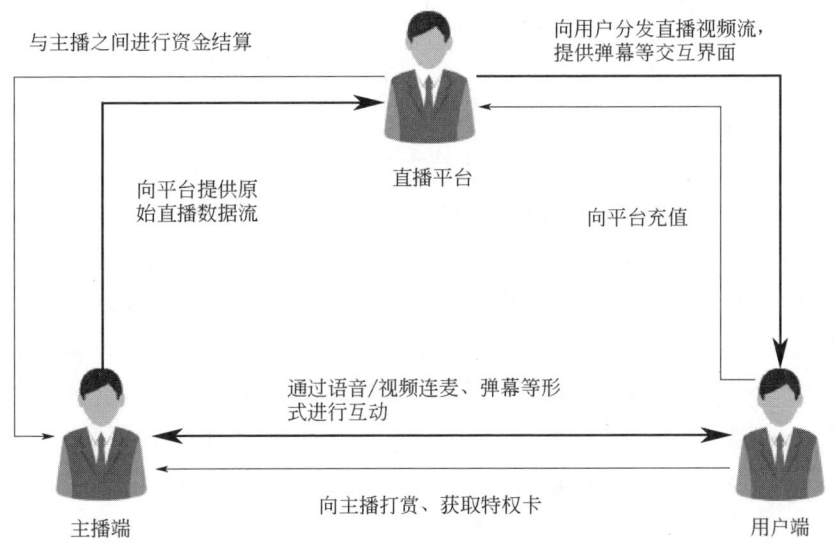

图 3　直播公司的核心业务模式

其中，细线条代表资金流，粗线条代表数据流，主播提供自身表演内容，直播平台将表演内容分发给不同用户，并提供用户与用户、用户与主播、主播与主播之间的交互方式，用户基于自身的兴趣、偏好等因素借由直播平台向主播发起打赏，而直播平台与主播之间通过预设的规则进行收益分配。

其他业务、营收都是围绕这一核心业务模式开展的，如广告的投放必然是以主播的直播画面为载体；主播与主播之间发起连麦、竞猜，也是直播规则、玩法的一种改动；用户粉丝群、特权卡功能的设计也是基于用户对主播直播内容的认可。因此，公司核心业务是布局的主线，商业模式专利布局依附这条主线展开。

（2）商业模式专利布局体系性构建。

① 核心业务模式保护当为首：在商业模式专利布局体系中，位于金字塔顶端的往往是核心业务架构。例如，上文提到的直播公司的核心业务模式往往与这一层级的商业模式专利方案高度重叠。基于核心业务架构的商业模式专利，一旦获得授权，在不考虑无效因素的前提下，往往能够最大限度对公司经营发挥保护作用。例如，顾泰来与永安行的"顾泰来专利侵权案"，其争议的核心专利就是"无固定取还点的自行车租赁运营系统及其方法"（201010602045.8），该专利保护了无固定取还点限制、任何地点即可就近取还车的运营模式。一旦诉讼请求得到法院支持，则落到该专利保护范围的企业经营行为必然受到极大的阻碍。

② 注重商业模式的实施性：上述共享单车的核心业务模式较为简单，涉及的技术也并不复杂。但在一些情形中，单纯通过一件或几件专利很难全面覆盖公司的核心业务模式，如在涉及多个参与主体的交互、资金/信息流向复杂、交互中不同环节可替代方案多的情况下，或者从核心业务模式这条主线出发，从实现商业模式的参与主体、资金、商业架构、信息走向、服务器与终端交互等各个方面厘清商业模式如何具体实现，并从这些方面开展专利挖掘和布局。另外，也可以通过矩阵图对保障商业模式实施的各个方面、环节的参与因素进行归类，使挖掘的专利组合能够形成横向的关联关系，同时还能够理顺与实施层面的商业模式专利组合与金字塔顶端的核心业务商业模式的支撑关系。

事实上，基于《专利法》《专利法实施细则》和《专利审查指南》的规定，核心业务商业模式、实施层面的商业模式专利不一定是两层架构，也可能是多层架构,且在实施层面的商业模式专利这一层次下,也可能由多个更为下位化的具体实现手段层次的商业模式专利来支撑,不同层次的商业模式专利共同构建了整个商业模式专利布局金字塔体系。

四、商业模式专利审查注意事项

商业模式专利方案经过挖掘、申请布局之后,免不了要经受住审查员、专利复审与无效审理部等参与方的审查,以下介绍商业模式专利审查注意事项,并以此兼谈商业模式专利申请文件质量把控。

(一)善用特有的审查争辩空间

在《专利审查指南2010》(2020年修订)新增的6.1.3节"新颖性和创造性的审查"中,对商业模式专利的创造性进行了特殊规定:再如,如果权利要求中的商业规则和方法特征的实施需要技术手段的调整或改进,那么可以认为该商业规则和方法特征与技术特征功能上彼此相互支持、存在相互作用关系,在进行创造性审查时,应当考虑所述的商业规则和方法特征对技术方案作出的贡献。

可见,对于商业模式专利的审查标准,不同于传统程序类专利的,不要求必须有技术手段的改进。如果商业模式专利中商业特征的实施需要技术手段的调整,那么也应该认定商业规则和方法特征与技术特征功能上彼此相互支持、存在相互作用关系,而不能轻易对商业模式专利整个方案的创造性进行否定。

对于申请人一方的企业来说,商业模式专利中商业特征的实施需要技术手段的调整,意味着即使技术手段并未改进,而是作为一种承载商业特征调整的手段,则极有可能不会因为技术手段这一技术因素被审查员驳回。

(二)将商业模式场景具象化

由于《专利审查指南》中并未对商业模式的创新作出规定,导致实践中关于何谓商业模式、何谓新的商业模式,审查员往往与申请人之间存在理解的差异。以下通过一个具体例子对将商业模式场景具象化的用法进行解释。

在直播领域中,为了解决当前直播平台上提供的直播类型单一的问题,如网络游戏的直播、唱歌的直播、美食类直播等,往往属于对人物活动现场的直播和对电脑屏幕显示画面的直播，申请人提供了一种直播游戏的方法（201710691274）：

一种直播游戏的方法，其特征在于，所述方法应用于直播平台服务器中，包括：

获取直播房间中观众用户的送礼物数据；

基于所述送礼物数据，发送掉币指令至与所述直播平台服务器通信的推币游戏机；

接收所述推币游戏机发送的游戏币推落数据，其中，所述游戏币推落数据为所述推币游戏机执行所述掉币指令后，从游戏币堆放平台上推落的游戏币的数据；

根据所述游戏币推落数据，确定需返回给所述观众用户的奖励数据。

在 OA1、OA2 和驳回前置审查意见时，审查员均认为对比文件 1（CN 106249649 A）中通过远程操作游戏界面构成了对本申请的大部分技术特征的公开，本申请中游戏币推落数据类似于抓娃娃机中给用户奖励、反馈等，是易于想到的。

在复审陈述书中，申请人对将商业模式场景具象化、整个商业模式的原理、为何构成新的商业模式进行了完整的解释，强调本申请将直播互动中发送礼物和推币游戏两个毫无关系的事件联系起来，是一种全新的直播玩法模式，不仅可直接为直播平台企业带来收益，而且还可增加直播平台与主播之间的稳固性，尤其是也可增加观众与直播平台的稳固性，即这一系列过程会实现 1+1>2 的商业效果。在复审中，复审合议组接受了申请人的陈述意见。

上述案例给我们的启示是，如果在申请文件说明书中记载了整个商业模式的原理，那么可将商业模式场景具象化，而不是干巴巴地强调商业模式是新的。

（三）根据需要用好加快手段

传统行业的产品迭代、更新周期相对较长，如汽车产品的周期一般在 4~6 年，但互联网产品更新迭代周期往往是数周或者按天计算。如果商业模式专利申请不能及时获取授权，则在面临他人抄袭产品的侵权行为时束手无策。

面对这种情况，国家知识产权局在 2017 年 8 月 1 日实施的《专利优先审查管理办法》中特别指出符合"(三)涉及互联网、大数据、云计算等领域且技术或者产品更新速度快"的专利申请或者专利复审案件,可以请求优先审查。此外,国家知识产权局分别在多地建立了知识产权保护中心,也可以承担特定领域专利的加快审查。企业可以根据自身情况选择何种途径对需要的商业模式专利加快审查,以更快获得授权保护。相较于传统互联网、通信领域专利审查2年左右的审查周期来说,目前通过加快审查获得授权的周期可以压缩到3~6个月。

5G 时代来临，IP 人如何应对人工智能专利保护新挑战？

何永春 科大讯飞（iFLYTEK CO.LTD.）知识产权总监，北京知识产权法院人民陪审员，曾就职于国家知识产权局专利审查协作北京中心通信发明审查部和联想集团法务部。

> 与 5G 技术深度融合后的人工智能产业，挑战与机遇并存，竞争和合作同在。

5G 时代已经来临，低时延、高带宽的通信设施开辟了新的工业生产，社会生活场景、远程医疗、无人驾驶、虚拟现实纷纷走入寻常生活。在这些场景中，现代通信技术提供了信息传输平台和通道，而人工智能技术提供了数据处理与分析功能，两者天然契合，共同催生出新生态模式，改变人类社会。

人工智能浪潮正席卷全球，语音服务、人脸识别、智能制造等新兴技术开始走入社会生活，技术创新层出不穷，从个性化导购、智能穿戴设备，到无人机、无人船，众多产品与服务，争奇斗艳，催生千亿美元级别的庞大市场。旺盛的创新力催生了巨大的专利申请量，同时也给现行的专利工作带来了与以往不同的挑战。[1]

与 5G 技术深度融合后的人工智能产业，挑战与机遇并存，竞争和合作同在，尤其在创新方面的竞争更加激烈，并呈现出新的特点。

---

[1] 陶翔. 全球视野下的人工智能：趋势、影响和挑战［J］. 竞争情报，2019（3）：78.

一、人工智能创新的特点

(一) 产品与服务研发周期更短

人工智能产品与服务,尤其是直接面向个体消费者的产品或服务,从立项到被下一代产品或服务取代,通常只有两三年甚至更短的时间,而发明专利的审查周期常常会超过两年。根据 2020 年的统计数据,在国家知识产权局受理的专利申请中,语音识别领域从申请到授权的平均时间为 3.3 年,这已经是全球主要专利局中审查速度最快的,相比之下,USPTO、EPO 的审查周期更长。这就出现产品的生命周期已经结束而相关专利申请还没有获得授权的偏差,使通过专利来保护快速迭代的人工智能产品比较困难。

(二) 技术复杂度高且抽象,相关人才匮乏

叠加通信技术的人工智能产业,涉及数学、物理学、工程学、计算机科学、心理学、人类学等多个跨度极大的自然科学和社会科学,其技术复杂度越来越高,技术越来越抽象艰深,通常需要多年的学习才能够理解,而相关的创新更是在现有的技术基础上进一步的改进和变化,其对应的专利文本不仅仅需要专业的代理师来撰写,在后续的审查、许可、诉讼等环节,更加需要了解人工智能技术的专业人员来读懂相关创新技术,而目前专利行业的人工智能专业背景的从业人员存在短缺情况。

(三) 需要应用场景来实现创新技术落地,但产品和服务的界定存在难度

以 5G 为代表的通信技术为人工智能技术的落地提供了基础设施保障,使人工智能技术必然会借此深刻改变生活和世界,并深入融合于社会生活中,成为人类生活必需。目前,赋予传统设备智能化已经成为常见现象,相应的新产品或者服务也在不断开发中。这就使从知识产权角度去理解涉及人工智能技术的产品和服务存在很大的难度。例如,技术领域怎么划分? 搭载了人工智能技术的已有产品是否还是原来的产品,抑或是新的品类?人工智能与其他计算机技术、网络技术、通信技术,技术领域相同或相似的界限是否存在?软硬件组成部分在专利保护范围中怎么界定?这些都是已经存在而尚未完全解决的问题。❶

---

❶ 刘强. 人工智能算法发明可专利性问题研究 [J]. 时代法学,2019 (4):211.

（四）产业链长，市场规模庞大，专利需求不一致

作为新兴产业，人工智能的市场规模正在急速膨胀。根据中国信息通信研究院的研究，2020年全球人工智能市场已经超过2800亿元。业内预测，到2030年，仅中国人工智能核心产业的市场规模将超过10000亿元。如此庞大的市场，涉及的产业链之长之复杂前所未见。一方面，产业链中囊括了电子元器件、互联网技术、通信产业等，涉及的供货商、代理商、渠道商众多，没有任何一家公司或团体能够掌握哪怕一个人工智能分支的全部核心知识产权，所以，非常需要市场主体在自由竞争的同时开展紧密合作。另一方面，不同的实体由于商业模式、产品定位、自身实力等存在很大的差异，创新发展阶段不同、市场竞争能力不同、产品和服务的市场策略不同，会导致不同的创新主体对于专利的理解和需求千差万别。

二、人工智能技术对专利工作的迫切需求

（一）妥善保护抽象算法、数据模型

人工智能核心算法处于非常重要的位置，而大数据处理算法、抽象的数据模型对于人工智能的训练效果、效率非常重要，几乎是支撑人工智能产业化的关键要素。那么应该通过什么方式来保护核心算法和数据模型？是专利还是商业秘密，甚至版权？不同国家对于算法和数据模型专利保护的态度、具体执行方式不一致，此外不同规模的公司在不同阶段对于这方面的保护诉求也不一致，因此抽象算法、数据模型如何得到合理保护、不同主体的利益如何平衡、如何促进人工智能相关产业发展都是目前亟待解决的问题。❶

（二）在商业秘密、开源、专利和标准之间做好平衡

最具有核心竞争力的代码通常通过商业秘密进行保护，而互联网行业崇尚开源架构和代码来鼓励更多的人参与，从而减少技术壁垒，但这也不意味着无限制开源，开源协议对于开源范围、开源的传播和权利分配有翔实而不同的规定。此外，在计算机领域还存在很多技术标准，作为计算机之间解决互联互通的资源，

---

❶ 刘强，周奕澄. 人工智能发明专利审查标准研究［J］. 净月学刊，2018（3）：76-85.

服务于扩大市场，为了实现人工智能技术的全面保护，专利作为一项垄断性权利，需要与商业秘密、开源体系、行业标准之间做好平衡和配合。

（三）对于人工智能技术的专利资产如何运用和实现价值

抽象计算机算法，数据模型相关专利申请，即使获得授权，也面临侵权取证难、价值评估难、许可处置难等问题。反向工程的高难度使取得明确的侵权证据很难，按照传统的成本法、收益法来判断专利价值则受到成本、收益本身难以确定的影响而评估困难，有形的硬件产品专利在判断价值时常常围绕创新性、产品化难易程度、可规避性、产品价值等要素开展，其中可规避性、产品价值等因素在人工智能技术上难有公认的评判标准，导致目前人工智能技术的专利资产在后续的许可、诉讼、质押等环节出现频率较低，直接转化为经济效益的难度较大。

三、积累和管理专利资产，以支撑人工智能产业的发展

（一）探索创新保护新模式

在全球范围内，专利体系已经走过了几百年，面对人工智能技术的抽象性和拟人的特点，现有的专利制度和其他知识产权制度应当作出适应性的变化，或者针对人工智能技术制定专门可执行的保护体系。而在涉及人工智能的抽象算法、软硬件结合的产品/方法权利要求时，审查过程中如何把握保护客体和创造性标准？在授权之后，对于权利要求所描述的抽象算法如何理解和界定其保护范围？这需要翔实的司法解释和实际案例的支持。在侵权比对、举证责任等方面或许还需要设计更合理的、可执行的制度，以支持和保护人工智能领域的创新活动，适应新技术的发展需求，促进新兴行业的发展。❶

（二）培养人才、组建团队，积极应对挑战

在了解产业专利状况、市场信息的同时，也需要熟悉本公司的研发战略、研发计划等信息。研发是产生高价值专利的土壤，在如下几个方面是最有可能产生高价值专利的技术领域：核心产品的基本技术架构，产业的基本支撑技术，行业标准，引领产业潮流的创新方向，创意与创新商业模式。

---

❶ 单晓光，罗凯中. 人工智能对专利制度的挑战与应对［J］. 福建江夏学院学报，2018（4）：85.

此外,知识产权团队尽力地融入研发团队,并与供应链密切配合,才能更为有效地解决技术保护痛点,促进技术、模式、产业创新。在研发过程中,也需要有意识地培养研发人员专利产出的意识和能力。在并不具备全面的专利背景知识的情况下,研发人员可以通过简化的过程来初步判断创新的价值,如通过考虑技术是否新颖、未来中长期是否会被使用、是否可检测可比较可判别,判断研发中创新成果的价值高低。这些信息可以提供给专利部门,以供参考和后续处理。

专利部门还需要与公司其他部门,如研发、产品销售、市场宣传、财务等部门保持沟通和信息同步,及时获知研发进展、市场宣传、产品销售等方面的信息,及时调整对于专利的投入程度和关注程度,从而力争件件专利有价值、重点专利高价值、所有创新都得到保护,全面支持研发、产品和市场的自由扩展。❶

（三）强调软硬件结合、专利与标准的结合,体现专利资产价值

人工智能算法、数据模型如果能够与实际硬件结合,展现新的产品形态,或者赋予已有产品新的功能和性能,在现有的专利体系下,能够更容易在后续环节获得运用,因而我们首先强调软硬件结合、前后端配合,寻找软件创新带来的整个产品或者硬件的变化。此外,还应该尽可能将专利技术推荐、上升为行业标准、国家标准甚至全球标准。

目前,存在多种实现专利价值的途径,不仅传统的专利许可、专利诉讼依然有旺盛的生命力,新兴的专利质押也在快速发展,更新的证券化、金融化也在更高、更广的方向上扩展了专利价值实现方式。对于企业来说,无论是传统的方式,还是新业态、新模式,都值得尝试。专利不仅仅是法律权利,更是一种资产,而且还是企业的优质资产,这种资产不仅可以支撑企业的研发、产品和市场,还能通过运作运营,使专利资产本身实现直接收益。

四、人工智能行业适合在法律指引下探索专利保护新途径

（一）人工智能专利权人特别适合探索和使用开发许可制度

人工智能技术行业的专利工作还处于起步阶段,不同细分领域、不同发展阶段的经济实体有着不同的理解和执行策略,这就需要在经营管理实践中继续总结

---

❶ 郭子景. 互联网背景下企业专利管理研究［J］. 管理观察,2019（8）：

经验，互相交流学习，探索出适合自身需求的运作模式。

2021年6月1日实施的《专利法》第五十条、第五十二条规定了专利开放许可制度，从法律层面鼓励专利权人探索将专利技术方案积极推广实施。从促进专利广泛实施的目的出发，建立自愿性、开放性的专利开放许可制度，并在法律层面规定了开放许可的具体实施方式及产生纠纷时的解决途径。

专利开放许可制度有助于促进专利的广泛实施，开放许可声明要约性质有助于保障许可交易安全和提升效率；明确了相应的争议解决路径，为被许可人和潜在被许可人提供了一定的保护，有助于维护许可交易的安全，降低市场交易成本、提高专利的市场化并降低诉讼率。

除此之外，对于人工智能领域，专利权人适合推行专利开放许可制度还在于：①人工智能技术，尤其是涉及核心算法、数据模型、测试手段等方面的技术具有很强的通用性和广阔的市场应用空间。专利权人逐一与使用专利技术的第三方进行专利许可谈判需要花费巨大的成本，开放许可制度为专利权人提供了简便的操作方式，能够节约专利权人推广专利技术的成本。②人工智能市场逐渐规范统一，全球市场规则逐渐融合，对于专利使用方或者许可方，开放许可制度所强调的专利权人发出具有要约性质的开放许可申明，有利于实现全球范围内的公平、合理、非歧视的专利许可原则，减少在专利权使用费率这方面的矛盾和摩擦。③据《中国互联网发展报告2020》分析，2019年仅中国人工智能专利申请量就达到了11万件。全球人工智能相关专利数量庞大，但绝大多数专利没有在市场上转让、许可或进入诉讼程序，在专利的运用和价值的实现方面具有很大的空间。专利开放许可制度有利于权利人和实施人之间达成专利实施共识，从而促使人工智能专利得到更广泛的实施，推动技术的交流。

由于《专利法》最近一次修改后实施时间不长，在市场环境中，如何理解和执行开放许可相关条款，存在不少困难，对这些困难也需要有所了解和认识。

首先，根据《专利法》的规定，专利权人可以在行使专利开放许可时，声明愿意许可任何单位或者个人实施其专利，并明确许可使用费支付方式、标准。如何制定许可使用费的支付方式和标准，不但对于开放许可实施效果非常重要，同时也给相关工作带来极大挑战性。目前在人工智能领域，尚无规范的许可使用费率的计算标准，也缺乏有指导意义的权威判例，因而在尝试开放许可时，专利权人首先面临的挑战就是许可使用费的制定，过低则自身权益受损，偏高则难以达成许可协议，或许借鉴通信领域的费用计算方式是一种可行的考虑方式。

其次，《专利法》同时规定，对于实行开放许可的专利权人，实行年费费用减免，这对于减轻专利权维护负担有着积极意义，年费减免的具体执行方式，需要专利权人密切关注。

再次，在执行开放许可的过程中，如果出现了纠纷或矛盾，专利法同样规定了矛盾解决方案和救济途径，但由于尚无开放许可纠纷处理的实际案例，还需要行政部门和司法部门对于开放许可纠纷解决办法进行进一步的规范和解释。

最后，开放许可本质上依旧是专利许可制度的一种具体执行方法，开放许可制度的执行并不影响其他许可方式的实施。

（二）人工智能专利权被侵犯时的维权手段

人工智能专利权被侵犯时，除寻求民事赔偿之外，还可以尝试通过寻求刑事司法、行政执法救济手段来打击犯罪、违法行为，维护自身合法权益。

正如前文已经分析过的，人工智能技术跨越多个学科，属于现代科学皇冠上的明珠。在人工智能领域，专利技术方案常常涉及复杂的技术内容，这使本领域之外的技术人员难以全面理解。此外，由于人工智能领域常见的程序流程、数据模型、神经网络结果、深度学习算法等技术分支比较抽象，常常以软件的形式存在，首先在调查取证这一环节对于权利人就不是一件容易的事情。对于人工智能的产品和服务，在表象功能之下，对于产品和服务的制造商或提供商，具体实现过程难以了解，如无法深入涉嫌侵权产品服务方的内部进行调查取证。因而，当侵权行为发生时，侵权证据获取、侵权事实证明、权利人的损失或侵权人获益的确定都存在非常大的困难，导致专利侵权诉讼胜诉难、理赔难、执行难。

在 2021 年 3 月 1 日施行的《中华人民共和国刑法修正案（十一）》中，提高了对于侵犯知识产权类犯罪的量刑幅度，这也传递出清晰的信号。未来我国将更加重视从刑事打击方面来保护知识产权，加大对侵犯知识产权犯罪的惩罚力度。

同时，《专利法》也赋予行政机关对于侵犯专利权的行为执行查处和处罚行政职能，专利权人采用行政投诉等手段同样可以维护自身权益，实现专利保护的初衷，实现创新价值。

与民事诉讼相比，行政、刑事程序由于行政、司法机关的介入，拥有更加强大的查证能力，对于侵权犯罪的威慑力大，保护力度相对而言更强。虽然人工智能领域的权利人可以借助刑事司法、行政执法手段来打击侵权行为，维护自身合法权益，但现实中也存在很多困难。

第一，刑事、行政、民事程序如何衔接？刑事、行政、民事诉讼的程序各有特点。例如，专利侵权民事诉讼一般由中级人民法院管辖；而知识产权刑事案件一般由基层法院管辖，此外刑事程序需要公安、检察院、法院的配合协调；行政诉讼则将行政机关纳入诉讼当事人，并由行政诉讼法来规定具体的程序，程序规定的不同导致这些程序并不能天然无缝衔接，需要结合实际案情综合处理。

第二，刑事、行政、民事立案要求不同，如何启动刑事程序和行政程序？根据刑事诉讼法的规定，需要提供犯罪发生的线索，公安机关才能立案调查，具体到知识产权犯罪，通常需要损失达到一定金额并掌握一定的证据方能启动立案侦查。而行政查处同样需要行政机关受理，具有一定的受理条件，对于专利权人而言，需要根据具体情况判断是否满足刑事立案和行政查处条件。

第三，刑事案件中是否能够一并解决行政纠纷和民事赔偿？刑事程序可以附带民事，对于知识产权犯罪案件，在刑事程序中如何一并解决民事赔偿问题及行政确权问题，相关的实践案例还很少。现阶段最高人民法院和最高人民检察院出台了一些涉及知识产权类犯罪的司法解释，降低侵犯知识产权类犯罪的入罪标准，但专利侵权还没有纳入刑法打击的范畴，专利权人难以通过刑事程序维护自身合法权益，即使符合刑法规定的入罪标准，司法程序也会非常复杂，难以判断和预测案件结果，从而给专利权人的决策带来困难。

虽然存在上述困难，但民事、刑事与行政程序的综合使用和衔接在人工智能专利保护领域仍然是非常重要的议题。未来需要进一步明确刑事、行政、民事程序之间的衔接规则，积极探索刑事、行政、民事相结合的维权方式，创新主体理解和配合行政机关、公安机关、检察院、法院的工作，理解法律内涵，使之合法合规，真正支持人工智能行业的创新。

从历史和现实来看，通信技术已经提供了信息存储和传输平台，人工智能随之飞速发展，尤其在商业金融、医疗卫生、教育学习、消费硬件这几个领域率先实现了数据模型、训练算法等基础性研究的市场化、产业化。以这几个产业为代表，可以初步分析在现有专利法律法规的框架下，人工智能创新所面临的新情况，如怎么通过专利制度保护有价值的创新；创新成果如何布局才能适应产业发展的新情况；对于研究人员和创新保护工作者，实践中如何运用好创新权利，充分体现专利等知识产权对于创新成果的保护；对于相关产品或服务的支撑，如何以更经济、更直观的方式来体现创新成果和知识产权的价值，都是新的产业时代提出的迫切的需求。

跨越"客体"与"创造性"障碍，布局 AI 技术保护

朱中华 美团知识产权部高级专利顾问，在美团负责人工智能团队的专利工作和相关创新工作。曾多次参与专利局针对相关课题的讨论和研究，发表论文《人工智能领域技术的可专利性研究》。

> 要想人工智能专利更容易通过中国、美国、欧洲的审查，不管是客体还是创造性阶段，重要的都是要能体现人工智能专利的技术性。

最近几年，人工智能专利大火，专利圈内的人开会必谈人工智能专利。原因无非两个：一是人工智能技术本身很火，国家、社会、投融资圈都非常关注，所以企业老板、IPR 自然也就关注，进而专利代理师和审查员也就关注；二是人工智能技术和专利与其他技术和专利相比复杂得多，人工智能的很多技术原理不太好理解，不管是在实务阶段，还是审查阶段都会给圈内人造成一些困扰。在众多相关话题中，绕不开人工智能专利的客体和创造性，笔者将根据自己的一些经验谈谈对这两个问题的理解。

一、人工智能专利复杂在哪儿

（一）人工智能与机器学习

虽然人工智能有很多的实现形式，但就现阶段而言，人工智能技术的主要形式是机器学习。机器学习，顾名思义，就是让机器学习，更通俗地说，就是给机器（主要指计算机，以下统称"计算机"）装一个"大脑"（机器学习模型）；然后

给这个计算机大量样本数据，不断训练计算机，让其观测和学习这些样本数据并从中总结规律，最终形成正确的方法论，并根据这个方法论正确地做事。这个过程听起来和小孩子或者小猫小狗的学习过程差不多，实际上也确实如此，机器学习的确借鉴了很多人脑的学习过程。

从上面的描述不难看出，设计的大脑或者训练计算机的方法（统称算法）、为计算机选取的样本数据及计算机本身的计算速度（一般称为算力）是机器学习和人工智能的三个核心要素，也是创新和迭代的主要方向。

（二）机器学习时代的技术贡献

众所周知，在专利申请的客体和创造性的审查阶段，技术贡献是一个重要的甚至是决定性的因素。对于提升计算机算力本身的创新而言，不管是硬件类创新还是软件类创新的方案，其技术贡献非常容易衡量，也就是计算机的计算速度，这点不存在任何争议。存在争议的主要是涉及算法创新或者样本数据创新的方案，由于这些方案主要表现为软件方案，所以接下来将从软件开发的过程探究这些方案背后的技术贡献是否具备技术性。

在传统的软件开发中，主要是程序员或者产品经理（以下统称"产研同学"）观测和学习样本数据，从中总结规律，形成正确的方法论，最后由产研同学将这些方法论编码到程序中，用于指导计算机的工作（图1）。因此，产研同学的贡献主要体现在程序能够达到的最终效果，这些最终效果的技术性相对而言比较容易判断，相应的贡献是否属于技术贡献也就比较容易讲清楚。

图1 传统软件开发过程

机器学习的过程颠覆了传统的软件开发过程。由于机器学习的引入，观测学习样本数据及从中总结规律的过程很大一部分转移给了计算机，所以产研同学的贡献往往表现为计算机设计（或者选取一个更好的大脑、或者优化了计算机的训练过程、或者为计算机的训练选取了更好的数据），这些贡献往往会产生一种中间结果,即让计算机更善于学习,进而使计算机有更好的表现。然而目前的问题在于以下两点。

(1)计算机变得更善于学习,并不一定意味着计算机最终一定会产生更好的技术效果。这就使一些以提升学习能力为发明目的的专利很难有显性化的、能够体现出学习能力提升的技术效果(图2)。

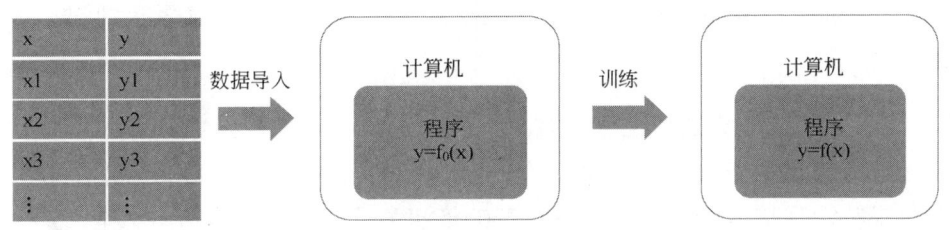

图2 基于机器学习的软件开发过程

(2)计算机变得更善于学习后,并不一定仅用于自然规律的学习,还可以用于商业规律的学习从而产生商业方面的效果。

让计算机更善于学习是机器学习的核心,是推进人工智能进步的重要力量,产业对于这类创新有很强的保护诉求。而按照目前《专利审查指南》的规定,这种效果可能不被认为属于技术效果,致力于达到这种效果的贡献也不认为是技术贡献,这是人工智能专利的复杂性的主要体现,也是容易造成审查员和申请人的分歧的主要原因。

二、人工智能专利在审查时面临的挑战

(一)在客体方面面临的挑战

根据《专利审查指南》的规定,技术手段、技术问题和技术效果(技术贡献)是技术方案的三要素,但这三要素本身没有太明确的定义和标准,因此在软件专利面临客体审查时,经常会出现一些有争议的情况。为了使标准不那么模糊,增强审查标准的可操作性,《专利审查指南2010》(2020年修订)第二部分第九章中又专门列举了一些符合客体和不符合客体的情况及案例。总体来说,软件类专利如果是用在传统的技术领域内,如用在工业控制、对于技术数据的处理或者能够改善计算机的性能(三种肯定情况),那么就符合保护客体。但问题是工业控制

的范围有多大、技术数据的范围有多大、怎样才算改善了计算机的性能，这个没有明确的界定，主要看审查员的个人理解。在一般情况下，大部分审查员对于这些术语的理解还是比较偏保守，只认可那些机械领域和电气领域内的方案，以及那些直接改善计算机的硬件性能（如前面提到的计算速度）的方案才是技术领域内的。所以在对人工智能专利进行客体审查时，基本上是按照如下思路。

（1）提升计算算力的人工智能都符合保护客体，理由前面提到过，不再赘述。

（2）人工智能算法与工业领域的结合（如工业测量方法）、对技术数据的处理（如语音或者图像数据）及能够提升计算机算力之外的其他硬件性能的专利，一般也都符合保护客体。例如，在2020年初关于《专利审查指南》第二部分第九章的修改内容中，案例二就是使用人工智能算法对技术数据（图像数据）进行处理，因此符合保护客体。

（3）计算机执行人工智能算法本身的专利、仅将人工智能算法用于商业领域的专利不符合前面提到的三种肯定情况，一般都不符合保护客体要求。例如，在2020年年初关于《专利审查指南2010》（2020年修订）第二部分第九章的修改内容中，案例一所保护的建模方法属于计算机执行的人工智能算法本身，案例六是通过人工智能算法预测经济数据，属于仅将人工智能算法用于商业领域的专利，因此都不属于专利法保护客体。

从申请人的角度来说，这类方案并非不存在技术贡献，只不过技术贡献是让计算机更善于学习，但是这类意见目前仍然很难被专利局广泛接受。

（二）创造性阶段审查面临的挑战

一般来说，算法本身往往不会被认为是技术特征。所以在创造性审查时，如果算法特征没有与技术特征结合并产生技术贡献，那么创造性很可能就不予以考虑。也就是说，如果要申请的专利和对比文件的主要区别是算法，但是不能明确算法特征如何与技术特征结合并产生技术贡献，那么即使这个算法与对比文件有天壤之别，也会认为和对比文件没有太大区别。而当人工智能算法本身（算法本身是指不限定具体的使用场景、通用的算法，如数据分类的算法等）或者人工智能算法用于商业领域时，算法特征如何与技术特征结合并产生技术贡献确实难以描述，相应的专利申请很可能就难以通过创造性的审查。

三、国外的审查标准

国外对于人工智能专利的审查标准也不完善。欧洲专利局的标准与将要修改的中国审查标准基本一致,也就是在客体审查时,只要是计算机执行就可以通过,接下来在创造性的审查阶段,如果不符合上面提到的三种肯定的情况,且算法特征如何与技术特征结合并产生技术贡献没有描述得足够清楚,那么相应的算法在创造性方面可能就不予以考虑。在美国情况更为复杂,客体(适格性)审查方面还是 Alice/Mayo 两步法那一套,这套理论在传统的软件领域都没有用明白,在人工智能领域对于申请人更是极不友好,大部分涉及商业或者纯算法的专利基本过不了这一关,创造性这块基本也就不用讨论了。日本则规定只要是计算机执行,就可以通过客体审查;在创造性审查的时候,也不会单独考虑算法或者数据的技术贡献的问题,主要按照传统的审查方式考察是否容易想到。

四、企业专利工作者如何应对

不难看出,要想人工智能专利更容易通过中国、美国、欧洲的审查,不管是客体还是创造性阶段,重要的都是能体现人工智能专利的技术性。然而要达到这一目的,一方面靠布局,另外一方面就得关注撰写的技巧。

(一)人工智能专利的布局

布局方面很好理解,就是不符合各个专利局授权标准的就不予申请。主要布局对应于上述(1)和(2)两种标准的人工智能专利,这样的方案能够比较容易通过客体阶段的审查;而在创造性审查时,如果人工智能算法因为与技术特征相结合,人工智能算法对于创造性的贡献也会予以考虑,所以建议在进行专利布局的时候,注重考虑算法的创新程度,包括算法本身的新颖程度和算法应用的创新程度。如果一个人工智能算法相对比较复杂或者新颖、或者有明显的创新性的应用,审查员一般是很难检索相关的对比文件的,毕竟这个属于新兴领域且理解起来比较费力。而样本数据选取方面的创新对于创新性的帮助相对会小很多,除非所选用的样本数据特别新颖,否则一般不建议进行专利布局。

当然，如果企业确实有需求保护算法本身或者保护算法在商业领域内的应用，那就得靠撰写技巧了。

（二）人工智能专利的撰写技巧

从上面的分析可知，对于人工智能专利而言，为了避免客体问题或者创造性的问题，很重要的一点是在不太损害保护范围的情况下，尽量地向技术靠拢。前文提到，在软件领域，审查员只认可（1）和（2）的情况是属于技术的，那么对应的撰写技巧也要让专利的方案更符合（1）和（2）的情况，具体可以有如下几种撰写方式。

第一，体现人工智能算法可以用于工业对象的控制。如图3所示，当一个专利的发明点是用特定的人工智能算法为快递员规划派送路径时（场景一），审查员很可能就会认为这个方案属于人工智能算法在商业领域内的应用，那么这个人工智能算法的技术贡献就很难说得清楚；然而，如果我们把这个快递员替换成运输实体并说明运输实体可以是无人车，或者甚至直接把快递员替换成无人车（场景二），那么这个方案就属于对工业对象的控制，该方案大概率就会被认为是人工智能算法在工业领域内的应用。当然在具体操作时，所扩展或者所替换的工业对象所在的工业场景要尽量地能够和原来的场景类比，而不应该随便将一个商业场景映射到一个工业场景中去。

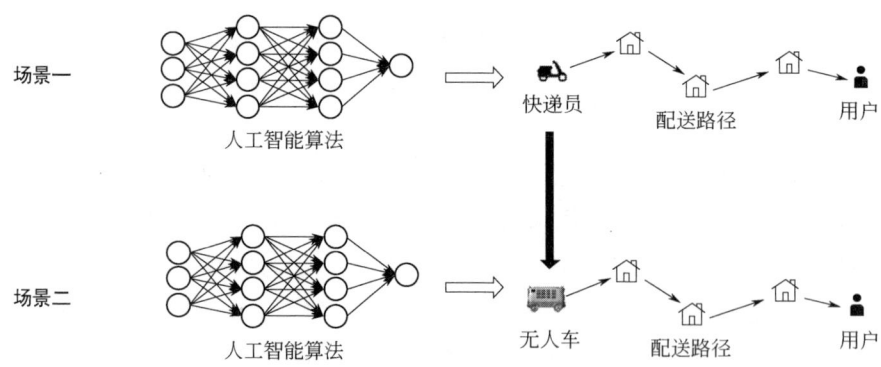

图3　人工智能算法规划快递配送路径

第二，体现能对技术数据进行处理。一般来说，图像数据、语音数据之类的数据是最能体现技术性的，如果发明人提出的方案确实不涉及这些，可以将一些涉及的数据上位到能够涵盖技术数据的程度。例如，在一些情况下，可以把人工智能算法对于钱的处理，上位为对于资源数据的处理，工业场景中的某些资源或者媒介也比较类似。

第三，体现能够改善计算机的性能。这点可以理解为，在方案的效果中尽量体现提升了计算机某些偏硬件或者网络的性能，包括提升了计算机的运算速度、降低了对存储资源和带宽资源的消耗或者使计算机服务器之间的负载更为均衡等。当然，撰写技巧的应用也要有个限度，如果实在太牵强，就不要勉强了。

总之，人工智能正在变得越来越复杂，人工智能的专利也相应如此。为了更好地促进国内人工智能产业的发展，人工智能专利的客体和创造性审查标准可能还会有更多的迭代和探讨。作为企业的 IPR，我们一方面应该积极适应审查标准；另一方面也应该化被动为主动，加强圈内的互动和交流，不断将产业的实际情况和诉求反馈给专利局，为专利局确定最合适的审查标准提供一些参考。

图形用户界面的知识产权布局和保护策略

路　斌　360 公司资深法务顾问，中国知识产权研究会网络知识产权委员会委员，前程序员、专利审查员，具备十余年知识产权从业经验，主要从事知识产权、法务信息化、开源法务等工作。

> 图形用户界面的常规保护途径应当以发明专利和外观设计专利为主；部分达到独创性要求的图形用户界面可以通过著作权进行保护；部分形成一定影响力的产品的图形用户界面可以通过反不正当竞争法进行保护。

近年来，随着互联网的普及，形形色色的软件层出不穷。图形用户界面作为软件的"外衣"频繁遭遇抄袭和模仿，因而如何对图形用户界面的相关创新进行有力的保护越来越受到业界的关注。业内通常从立法、司法、审查等多维视角进行知识产权研究，本文主要从创新主体的角度，通过知识产权布局和保护策略两个方面对图形用户界面保护的现状和问题进行深入剖析，为开展图形用户界面保护提供参考。

一、图形用户界面保护的界定

谈图形用户界面（Graphical User Interface，GUI）不能不从用户界面（User Interface，UI）说起。UI 是一个上位的概念，是指用户与机器之间进行交互的媒介，具体用来表达机器功能、接收用户指令和反馈执行结果。从本质上来说，电梯的按钮、汽车的方向盘都是用户界面。随着技术、载体形式的发展，计算机出现了多种形式的用户界面，从早期的穿孔卡片、穿孔带，到命令行界面，逐渐发展成今天的计算机图形用户界面，并继续覆盖手机、车机、智能手表等各种类型的计算设备。

GUI 是用户界面的子集，特指采用图形方式显示的计算机操作用户界面。早在 1973 年，施乐公司（Xerox PARC）推出的 Alto 操作系统首次把图形窗口、图标、按钮、鼠标等元素结合在一起，形成了第一个图形用户界面操作系统。与上一代的命令行界面相比，图形用户界面在视觉上更加友好，也不再需要牢记大量的抽象命令，用户根据与现实物理世界的经验与计算机交互，学习和使用成本显著降低。纵观计算机的发展史，以图形用户界面为核心的人机交互技术的发展是推动计算机普及和应用的最重要因素之一。

随着人机交互理论和技术的发展，诞生了"用户体验"（User Experience，UX）这一概念，其提出者唐纳德·诺曼作了这样的解释："I invented the term because I thought human interface and usability were too narrow: I wanted to cover all aspects of the person's experience with a system, including industrial design, graphics, the interface, the physical interaction, and the manual."（我发明这个词是因为我认为人机界面和可用性太狭隘了：我想用一个系统涵盖人的所有体验，包括工业设计、图形、界面、物理交互及操作指南。）也就是说，用户体验不仅要关注产品的图形界面，还要关注影响用户主观使用感受的方方面面，如用户需求、产品功能设计、交互设计、产品内容、商业模式、产品稳定性和响应速度等。至此，图形用户界面已成为用户体验的一部分。

当规划产品图形用户界面的保护方案时，需要先了解产品的图形用户界面是怎样诞生的。在一般情况下，互联网产品从策划到上线运营往往要经历图 1 所示的流程。

看似简单的软件产品往往倾注着诸多产品经理、研发工程师、UI 设计师、交互设计师的心血。Jesse James Garrett 在《用户体验要素》里提出了用户体验的五层模型（图 2），一款产品从概念提出到最终呈现，由抽象到具体，需要依次在战略层、范围层、结构层、框架层和表现层完成一系列工作。为了获得极致的用户体验，UI 设计师和交互设计师从结构层开始要依次进行手绘故事版、低保真原型、高保真原型、交互设计、关键界面视觉设计、全部界面视觉设计等工作，其间还要穿插多个环节的评审和测试反馈。在整个流程中，图形用户界面是产品最终呈现在用户面前的"外衣"，往往到编码前的最后一个环节才最终确定。

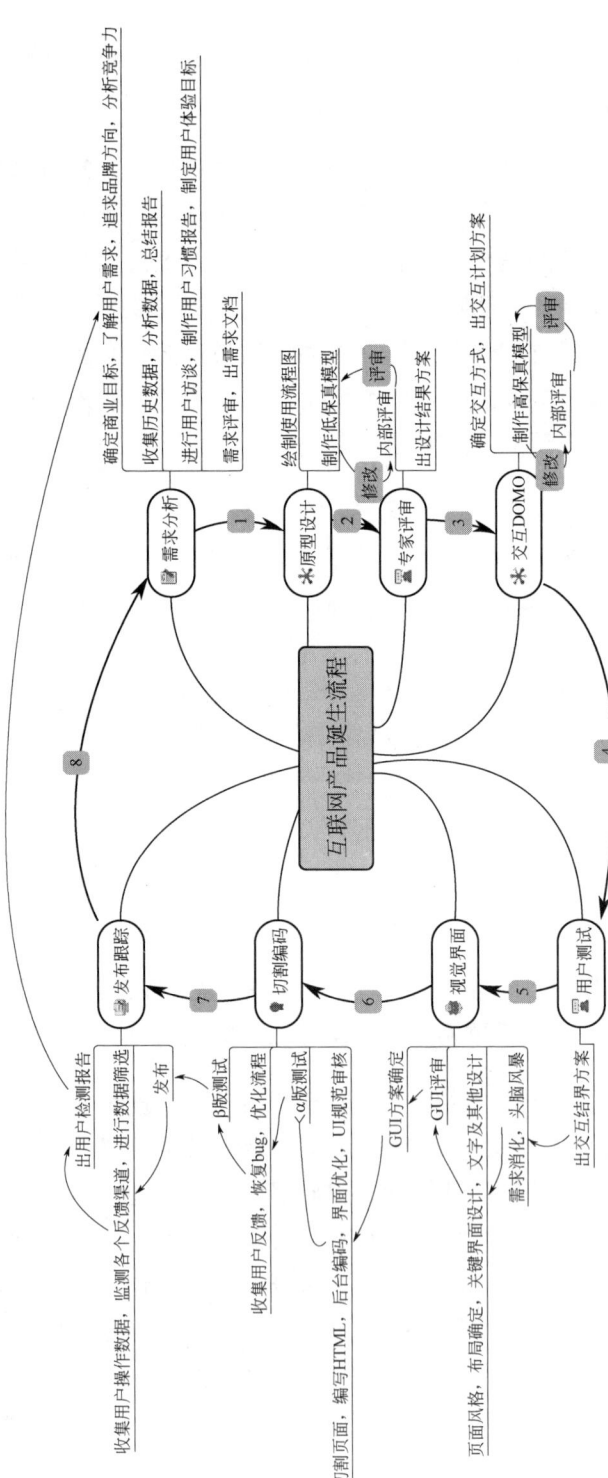

图 1　互联网产品诞生流程

表现层(surface)
确定产品的最终形态。无论是软件产品还是信息产品，表现层都需要提炼产品的框架，使内容、功能、美学汇聚于一处，最终形成产品的最终形态。

框架层(skeleton)
确定产品的界面外观、导航设计、信息设计。对软件产品来说，就是选择界面中的元素并且帮助用户完成任务；对于信息产品来说，则是用户拥有在信息空间中随意移动的能力。但无论是那种产品，都需要研究信息的呈现，使人们很容易使用或者理解它们。

结构层(structrue)
为用户设计一个结构化的体验。对软件产品来说，则是将产品需求转化为系统与用户之间的互动；对于信息产品来说，就是将零散的内容元素转化为有序的、立体的信息空间。

范围层(scope)
确定产品需求。即产品具体的功能内容。对于软件产品来说，就是确认产品的功能；对于信息产品来说，则是确定内容元素的要求。

战略层(strategy)
确定产品目标与用户需求。产品目标是我们要做一款什么样的产品；用户需求是我们的产品满足了什么样的用户需求。

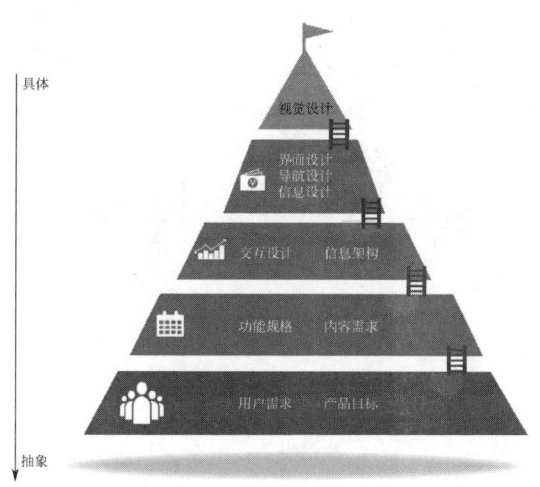

图 2　用户体验五层模型

简洁而易用的产品往往给人造成图形用户界面的设计缺乏"技术含量"的错觉，这是因为用户了解和使用产品的顺序是表现层、框架层、结构层、范围层到战略层，与前面提到的产品设计顺序刚好相反。事实上，图形用户界面中小到一个按钮的设计都需要设计团队开展大量的工作，其中涉及不同的尺寸、状态、文字、轮廓、填充、透明度等参数，不同参数组合的按钮在界面的层次结构中展现出不同的视觉强调程度（图 3），帮助用户在使用时减少误操作，做出最优的选择。

由上述五层模型可见，虽然表现层的视觉界面是给用户的最终呈现，但其实早在原型设计阶段产品的界面框架、布局风格、交互方案就已经确定，而融合了诸多商业、运营内容的最终呈现形态可能在一定程度上淡化和掩盖了产品的原型设计，也就是说产品的最终呈现界面可能只是设计构思的一个"实施例"。因此，图形用户界面所需要保护的对象不能仅限于产品的外在最终视觉呈现，直接截取产品的运行界面申请专利往往也无法全面地对设计理念进行充分保护，我们需要将保护对象定位为产品中与视觉相关的用户体验的创新设计。它可以包括具体的产品运行界面、交互动态变化图、界面结构框架，还可以是一种抽象的交互效果设计。

图 3 视觉强调效果

二、图形用户界面是否值得保护

由于图形用户界面可视化的特点，模仿与抄袭成为伴随图形用户界面发展全过程的问题。早在 Windows 1.0 诞生之际，微软和苹果就发生了 GUI 抄袭之争，到 iOS 和 Android 对垒的时候更是发生了专利大战。从上述五层模型可以看出，产品从概念到最终具体呈现需要在研究和设计方面进行巨大的投入，其中融入了设计师的独特灵感，优秀的设计有时甚至是可遇不可求的"神来之笔"。而直接对目标 GUI 进行模仿则几乎不需要付出成本，与其他领域的仿制相比要容易很多。所以，对于创新者来说，需要加强保护的逻辑无须多言。同时，正是由于图形用户界面的可视化特点，相比互联网领域的底层技术专利等知识产权形态，其侵权行为更具显性化，在维权时天然具有易于取证的优点。

在互联网图形用户界面设计领域，受文化、审美、语言特点、用户习惯等差异的影响，国内产品的交互和视觉设计已经形成了自己的风格。界面设计与技术具有弱相关性，难以像技术一样评判"先进"与"落后"。一般而言，国内设计展现的是一种"效率型"的界面，界面承载的信息量大，界面结构也更复杂。欧美设计师则遵从"less is more"的理念，一个界面只解决最需要解决的问题，讲究实用性和便利性。在这种"不落后"的形势下，更容易诞生出值得保护的创新设计。图 4 为国内电商 App 与欧美电商 App 的界面设计风格对比。

图 4　国内与欧美电商 App 的界面设计风格对比

从全球来看，科技与经济竞争格局正酝酿重大变化，新一轮科技与产业革命蓄势待发。当今世界正处于技术爆发和经济转型的过程中，创新无疑是引领发展的第一动力，保护知识产权就是保护创新。在互联网领域，激烈的市场竞争已从比拼产品功能上的"量足"提升到比拼产品的"品质"和"差异"，再到进一步追求更好的"用户体验"。美国、日本、韩国，以及欧盟均将 GUI 纳入外观设计的保护范围，之后我国也与国际接轨，正式放开 GUI 外观设计专利的申请和保护。在这种时代背景下，创新主体显然更应该通过适合的途径和形式对与视觉相关的用户体验创新予以充分的保护。

三、图形用户界面主要保护途径

在现行的法律框架中，本文通过对各种知识产权形态进行分析，探究图形用户界面知识产权保护最大化的方式与途径。

（一）外观设计专利

说起 GUI 保护，很多人首先想到的就是外观设计专利，短短几年 GUI 外观设计保护在我国经历了从认识到尝试再到接纳的过程。2014 年施行的《国家知识产权局关于修改〈专利审查指南〉的决定》(第 68 号）首次将包括图形用户界面的产品外观设计作为外观设计专利的保护客体。2019 年施行的《国家知识产权局关于修改〈专利审查指南〉的决定》(第 328 号）进一步明确了 GUI 外观设计专利的保护核心是产品的图形用户界面设计。所受理专利产品名称的范围也不断拓宽，从"带图形用户界面的电脑"到"用于计算机的图形用户界面"再到"带视频点播图形用户界面的显示屏幕面板"。然而，受限于现行专利法关于保护客体的限制，外观设计必须以硬件产品为载体，软件仍不属于外观设计专利中的"产品"，这让权利人在使用专利针对软件厂商进行维权时遇到了许多困难。❶

由于国内产业界的迫切需求，专利法中的这一限制终于实现突破——第四次《专利法》修改获得通过，此次修改后的"产品的整体或者局部"为图形用户界面单独作为外观保护的客体扫清了障碍，脱离硬件载体的图形用户界面将大大强化专利的保护力度。

（二）发明专利

由于 GUI 外观设计专利是近年来的热点，不少人误以为只有外观设计专利才能保护 GUI 创新，但事实上 GUI 在 IPC 分类号中拥有一个分类——"G06F3/048 基于图形用户界面的交互技术"，因此发明专利更适合对设计构思进行保护。由于发明专利的保护范围是通过文字而非图形进行界定，相当于对具体的 GUI 进行了抽象，保护范围相较于外观设计专利也更大，考虑到发明专利的授权需经过实质审查，在维权时权利也更加稳定和明确。苹果在和三星的专利诉讼中就使用了多件 GUI 发明专利。

（三）著作权

图形用户界面作为计算机程序运行后呈现的画面并不当然构成著作权法保护的客体，这是因为我国著作权法意义上的作品要求具备独创性。而著作

---

❶ 目前已有部分司法判例认为提供涉案软件的行为构成帮助侵权，这种情况下使用以硬件为载体的 GUI 专利进行维权得到了支持。

权法中对汇编作品的保护主要是对汇编者在选择或编排作品方面所体现出的独创性的保护；对美术作品的保护则是对其所体现的具有独特艺术美感的创意和构思的保护。在实践中，由于图形用户界面中的窗口、菜单、按钮等属于设计领域中的常规元素，因此对这些元素的选择、编排和布局难以体现出汇编作品所应当具备的独创性。就美术作品来说，图形用户界面的布局如被认定为属于功能性布局，则会因属于思想而非表达而不构成著作权保护的客体。

有司法判例认为，如果图形用户界面的颜色与线条的搭配、比例，图形与文字的排列组合等体现了创作者的选择、判断和取舍，展现了一定程度的美感，具有独创性，则构成我国著作权法意义上的美术作品。也就是说，是否能通过著作权对图形用户界面进行保护，主要取决于该界面是否对来自公有领域的设计元素赋予独特的构思、选择和取舍，在凝结了设计者的创造性劳动和价值后是否形成其不同于其他设计作品的独特表达，即具有独创性。

（四）反不正当竞争

《反不正当竞争法》第六条规定了"经营者不得实施下列混淆行为，引人误认为是他人商品或者与他人存在特定联系：（一）擅自使用与他人有一定影响的商品名称、包装、装潢等相同或者近似的标识"。也就是说，如果图形用户界面构成"有一定影响的装潢"，能够起到区分服务来源的作用，那么在相近似地使用足以导致相关公众产生误认或混淆的情况下，也可以通过反不正当竞争法进行维权。

（五）商标

我国的商标审查实践中一般不会核准含有过于复杂图形或结构的标记，因为这类标记太过复杂、不易于识别且缺乏显著性。即使图形用户界面能够作为商标注册，但由于侵犯注册商标专用权的行为首先应当构成商标意义上的使用，且被告在相同或类似商品上的商标使用行为可能造成相关公众的混淆误认，因此这些侵权构成要件的限制也使图形用户界面难以获得商标法的保护。

综上所述，图形用户界面的常规保护途径应当以发明专利和外观设计专利为主；部分达到独创性要求的图形用户界面可以通过著作权进行保护；部分形成一定影响力的产品的图形用户界面可以通过反不正当竞争法进行保护。

四、图形用户界面的知识产权布局

由于我国遵循的是著作权自动取得原则,而专利权遵循依申请取得原则,因此图形用户界面的知识产权布局应当以发明专利和外观设计专利的布局为主。

(一)外观设计专利

外观设计专利权的保护范围以表示在图片或者照片中的该产品的外观设计为准,因此,在申请外观设计专利的时候选择哪些图片、是否需要处理、动态图案如何选取关键帧成为布局的关键。

首先,互联网领域中,在交互原型已定的情况下,UI设计师通常会设计多款产品界面备选,产品团队在反复测试和评估后,选择一款作为最终产品界面,有时在已选择的这一款基础上还会大刀阔斧地进行修改。最终呈现的产品界面是经过层层筛选的结果,往往是整个设计构思的最优展现,也最容易为他人所模仿。因此,在进行外观设计专利布局时,最简单有效的方式是直接选择产品界面进行申请。

然而,由于最终产品界面只是设计构思的一个"实施例",因此为了避免被抄袭者轻易地规避,进而对核心的设计构思进行充分保护,我们应当穿透表现层,在框架层和结构层与设计团队一起梳理设计构思,形成保护范围更大的一项或多项设计。

这里需要注意的是,充分利用外观设计专利制度中的相似外观设计合案申请的机制会带来很多益处,申请人可以将最终产品界面、备选产品界面、设计原型界面分别作为一项设计,合并形成一件外观设计专利申请进行递交,这实质上不仅扩大了保护范围、降低了申请成本,还增强了专利权的稳定性。

2021年6月1日起正式施行的《专利法》将局部外观设计纳入了外观设计专利的保护客体,使针对产品的局部所做出的创新设计也被纳入可保护的范围,大大加强了对外观设计的保护,进而使"部分借鉴"的规避行为更难进行,外观设计专利的布局空间也更大,值得创新主体特别关注。

其次,涉及图形用户界面的外观设计专利中有三种常见图片形式:线框图、产品界面截图和灰度图。一般而言,线框图可以淡化色彩、图标、文字等内容,突出界面的核心设计要点，对抗改变色彩等规避措施。因此，在申请外观设计专利时应尽量使用线框图的形式。对于部分背景、色彩具有冲击力的设计，如专门采用渐变色，可以使用灰度图的形式。灰度图无法表现出设计要点的情况则应当使用产品界面图。需要注意的是，无论采用哪种形式的图片，都应注意去除界面中与设计要点无关的用于商业推广等用途的界面元素。对于核心设计要点的界面元素还可以将能预见的改变位置或尺寸比例后的设计一并作为相似设计提交申请。

最后，对于设计要点在于动态效果的设计，需要通过外观设计专利中的动态界面形式来保护。与静态界面不同，动态界面要求提交能唯一确定动画完整变化过程的关键帧视图，即关键帧所表达的图形用户界面及关键帧的顺序共同限定了专利的保护范围。因此，在选择关键帧的时候应当省去变化过程中多余的帧和界面元素，尽量采用线框图的形式突出核心的动态效果设计。在"整体观察、综合判断"的原则下，如果仅使用动态界面中的某个关键帧界面的行为并不构成侵权，因此，必要时应当把动态效果中的首、末帧等重点界面单独作为一项外观设计专利提交申请，这是因为动态图形用户界面中所具有的动态变化过程并不包含在静态图形用户界面中，动态图形用户界面和静态图形用户界面往往难以构成相似外观设计。

（二）发明专利

由于外观设计专利的保护范围以图片所体现的设计为准，一些更为通用的交互设计无法通过外观设计专利得到充分的保护，因此此类设计应当采用发明专利进行保护。涉及图形用户界面相关的方案可归属为"根据计算机系统原理对界面生成、控制方法加以改进，以提升系统性能或效率"等类别。因此，只要权利要求中包含技术特征，则属于技术方案，一般不会排除在授权客体范围之外。GUI发明专利的常见申请类型可以概括为三种类型，以举例的形式进行说明。

1. 图形用户界面的布局

例如：

一种计算机显示屏上的多层图形用户界面，包括：
显示区域中对计算机空间内的第一类型的一个或多个计算机文件对象的常规呈现；以及所述显示区域中对与所述第一类型不同并且表示所述计算机空间的属

性或特征的第二类型的一个或多个对象的不突出的呈现,其中,所述第二类型的一个或多个对象表示共享所述计算机空间的用户。

2. 图形用户界面的生成

例如:

一种方法,所述方法包括:

通过计算装置接收通知数据;

通过所述计算装置基于所述通知数据从多个模板图形用户界面(GUI)视图中选择模板GUI视图;

通过所述计算装置从所述通知数据的一部分自动地生成应用GUI视图,所述应用GUI视图包括所述通知数据的所述部分,所述通知数据的所述部分被包括在所述模板GUI视图的一个或多个字段内;以及通过所述计算装置输出所述应用GUI视图供显示。

3. 图形用户界面的控制

例如:

一种图形用户界面GUI元素的显示方法,在包括具有显示屏的显示器的用户界面的计算机系统中,有一多模式视窗呈现过程,其特征在于,所述过程包括各过程动作用于:当显示在所述显示屏上的视窗被最大化时,以第一显现模式显示一个或多个外围图形用户界面GUI元素;以及当所述视窗以小于最大尺寸在所述显示屏上显示时,以第二显现模式显示一个或多个所述外围GUI元素,其中所述第二显现模式在本质上不同于所述第一显现模式。

综上所述,在进行图形用户界面的专利布局时,发明专利和外观设计专利侧重不同,可采用的布局策略有以下3种。

(1)界面布局本身的创新。此类设计往往是对通用界面元素的组合排列,不包含业务逻辑处理和控制,适合通过外观设计专利进行保护。

(2)用户体验及交互效果的创新。交互设计效果不限于特定的应用场景。例如,手机中的触底反弹交互效果,可以应用于所有具有可浏览列表的App中。如采用外观设计专利将保护范围限定于具体的某一种产品,则无法对该交互设计构思进行充分的保护。此类交互设计适合通过发明专利进行保护。

（3）特定业务场景的可视化效果创新。基于数据逻辑控制界面设计，如分析收到的短信内容为火车票订票信息，匹配并填充至特定的火车票显示模板进行展现。此类设计的创新既体现在通用层面的设计构思，也体现于特定的展现效果，适合同时布局发明专利和外观设计专利保护。

五、图形用户界面专利的管理策略

2021年6月1日，最新的《专利法》的正式施行将为设计创作提供更强有力的保障，激发企业的创造力，促进行业进一步发展。在探索图形用户界面知识产权布局的同时，还应重视布局前和授权后企业内部的管理工作。在管理层面，我们应当认识到知识产权创造是一个多维度、多阶段、多模式的过程，这个过程需要产品团队与知识产权团队进行通力合作。在专利申请前和授权后有以下问题需要特别注意。

（一）强化创新保护意识

知识产权的来源是技术和设计的创新，尽管近年来我国已步入知识产权保护的快车道，但广大设计、研发人员的创新保护意识仍较淡薄。因此，知识产权培训和宣贯应当持续进行，企业知识产权部门应联合产品团队，加强知识产权风险防范培训，加深员工对图形用户界面保护的认识，及时、充分地保护图形用户界面的创新设计。

（二）防范产品在先公开传播

由于互联网产品具有免费和自由传播的特性，因此无论是发明专利还是外观设计专利，被自家产品无效的案例常有发生，这主要是产品在专利申请日以前就在互联网上公开造成的。因此，一方面，应当重视加强图形用户界面的软件测试的保密工作，避免因测试造成的在先公开；另一方面，建立并严格执行相关的审核和处置机制。例如，在产品发布流程中嵌入知识产权审核机制并严格执行。当发现产品违规发布后采取紧急撤回等补救措施，最大限度地消除产品提前传播带来的隐患。

根据现行《专利法》的相关规定，外观设计将享有国内优先权。当产品存在紧急上线需求时，可以充分利用优先权制度，以产品运行界面为基础先行递交一份并不"完美"的外观设计申请，而后在六个月的优先权期限内再进行修改和补充，以获得更合理的保护范围。

（三）加强专利授权后的管理

避免专利授权后被束之高阁，有效的管理对于图形用户界面专利尤为重要。例如，对专利打上精准的标签，外观设计专利仅通过名称基本无法获知其具体的设计要点，清晰、精准的标签有利于对专利的筛选和使用。

（四）紧跟产品的迭代持续布局专利

互联网产品的更新速度往往非常快，短周期来看版本之间的变化往往是微小的，但长周期来看变化又是巨大的。这就要求紧跟产品的改版，识别和评估具有意义的设计创新，及时布局专利。

应当认识到，知识产权保护是互联网产业竞争的战略支撑，综合利用各项知识产权制度打造一体化的创新保护格局不仅能为产品的市场竞争提供长久动力，还将为产业创新文化带来深远的影响。

管控开源社区生态，IP 能做什么？
如何做？

张　莉　小米集团法务副总监，北京知识产权法院陪审员，曾荣获 40 岁以下企业知识产权精英称号，在全球知识产权保护策略、FTO 风险管控、知识产权运用和管理等方面具有丰富经验。

安　颖　小米集团法务部高级法务经理，在行业专利保护策略、全球知识产权布局、风险管控、知识产权运用和管理以及专利管理体系构建等方面具有丰富经验。

尹一凡　小米集团法律顾问，毕业于清华大学和华盛顿大学，具有美国和中国专利执业资格，擅长 TMT 行业专利的布局和诉讼。

> 开源软件不仅需要制定开源许可证，还需要在专利和商标方面建立同步的保护策略，以确保企业发布的开源软件在关键技术路径的轨道上健康发展。

开源软件（Open Source Software，OSS）是指向公众开放源代码，允许任何人学习、复制、修改、重新发布的计算机软件。具体而言，开放源代码促进会（Open Source Initiative，OSI）作为开源软件最主要的推动机构之一，对于开源软件的定义包括 10 项标准，如表 1 所示。从 20 世纪 90 年代开始开源软件逐渐成为项目的主流开发模式，并得到众多开发者的认同。时至今日，面向未来的技术，如人工智能（AI）、区块链（Blockchain）、云计算（Cloud Computing）和大数据（Big Data）（合并简称 ABCD），均主要由开源项目驱动。尤其在 AI 自动语音识别（Automatic Speech Recognition，ASR）方面，开源软件极大地推动了语音识别技术的发展。

表 1 OSI 认定开源软件的 10 项标准

序号	标准	内容
1	Free Redistribution	允许源代码获得者再将源代码进行自由发行
2	Source Code	程序必须包括源代码并以源代码形式进行分发
3	Derived Works	允许修改和衍生作品，以同样的条款进行分发
4	Integrity of The Author's Source Code	保证作者代码的完整性，以不同版本区分
5	No Discrimination Against Persons or Groups	许可不能歧视任何个人或组织
6	No Discrimination Against Fields of Endeavor	许可不能歧视任何特定领域或用途
7	Distribution of License	许可协议的发布
8	License Must Not Be Specific to a Product	许可协议不能只针对特定产品
9	License Must Not Restrict Other Software	许可协议不能约束其他软件
10	License Must Be Technology-Neutral	许可协议必须保持技术中立

开源社区（Open Source Software Community）对开源软件的发展起到了关键的作用。它由拥有相同兴趣爱好的开发者自发结合而成，来自全世界的贡献者、提交者和维护者在此对开放的源代码软件进行开发和维护。因此，开源社区就成了开发者相互沟通和交流的必要途径。它的存在不仅满足了所有参与者的美好愿望，同时也在推动开源软件发展的过程中起到了巨大的作用，还给开源软件的开发商提供了变现的途径，让他们走向成功。

历史上，开源软件是驱动计算机和软件领域发展的重要原动力：从 20 世纪 80 年代初最广泛使用的 DNS 服务软件 Bind，到 1991 年的革命性系统内核 Linux，1996 年的 MySQL 数据库，2006 年的 Hadoop 分布式计算，再到 2008 年的 Android 手机操作系统，无一不是软件界革命性的里程碑项目。

科技巨头特别是平台型企业纷纷拥抱开源，其中最具戏剧性的要数微软。微软从原 CEO 鲍尔默时期视开源软件 Linux 是个毒瘤，到现在纳德拉接任微软 CEO 后，立马宣称"微软爱 Linux"，并于 2018 年以 75 亿美元收购代码托管平台 GitHub。其实早在 2016 年微软已经成为 GitHub 中做出最多贡献的组织了，之后微软加入 Linux 的开源社区 Open Invention Network（OIN），并为社区注入 6 万件开源专利，保护 Linux 免受专利风险的伤害。微软对开源的态度可谓 180 度的转变，也促使其成为市值最高的上市科技公司。

在国内科技巨头中，小米也积极拥抱开源。作为开源的倡导者，小米从成立之初就将开源作为自己的工程师文化，将开放与共享作为小米的价值观。小米于 2014 年 8 月成立了开源委员会，自主开源的项目包括移动端深度学习框架（Mobile AI Compute Engine，MACE）、分布式 KV 存储系统（Pegasus）和自动语音识别工具（Kaldi）等。截至 2019 年，在开源中持续投入的小米培养出了 9 位 Hbase 的 Committer，包括三位项目管理委员会（Product Management Committee，PMC）成员，并吸引了世界顶级语音科学家、著名语音开源工具 Kaldi 的创始者 Daniel Povey 的加入。

开源项目并不是纯公益性质，企业也需要以盈利为导向。著名开源数据库 MongoDB 的 CEO 曾介绍道："我们的开源并不是为了获得帮助，使产品更好，而是作为免费增值（freemium）策略，以推动市场采用。"企业运用开源项目的商业模式或获得收益的方式，主要包括如下几种。

（1）双许可模式：也就是对个人用户提供免费的社区版本，对商用提供收费的企业版本授权模式，商用版本具有更丰富的功能。社区版本通常采用 GPL 类的强传染性许可协议，强制开发者将基于社区版本开发的产品开源，使其不能商用，以此与商用版本形成双许可模式。比如 Oracle 的 MySQL 和 MongoDB。

（2）技术支持：包括提供安装、系统整合、认证和培训等增值服务。比如 Red Hat 公司基于 GPL 许可协议的开源产品。

（3）捆绑增值产品销售：增值产品包括硬件或软件，比如 IBM 销售预装 Linux 操作系统的硬件服务器，谷歌通过在开源 Android 之上的闭源 GMS（谷歌移动服务）进行盈利。

（4）吸引开发者以及提升企业影响力：开源主导企业无须独自完成软件的全部开发、测试和本地化，而是可以把一部分工作"外包"给开源社区。开源项目的高采用率，则会很好地塑造技术形象并在开源圈产生影响力，从而起到推广公司品牌的作用。

因此，对于一个从事软件开发的企业而言，如果其软件，比如人工智能框架软件（或者是某一个项目关键路线的软件群集），在开源环境下运营并通过开源的形式供其他软件开发人员使用，不仅对该软件研发企业打造未来的项目品牌和产品形成生态（EcoSystem）奠定了基础，而且在对抗竞争对手方面也赢得了先机。该开源后的框架软件好比一株具有强大生命力的树苗，由开源软件的主导企业种在开源社区后，通过积极汲取开源社区营养，茁壮成长。

然而，从开源软件研发企业的角度出发，在开源软件向公众开放源代码前，还必须进行开源技术与知识产权保护方面的协同布局。也就是说，开源软件不仅需要制定开源许可证，还需要在专利和商标方面建立同步的保护策略，以确保企业发布的开源软件在关键技术路径的轨道上健康发展。本文将以基于 Apache V2.0 的 Kaldi 来梳理研发企业基于开源协议下的知识产权运维策略。

一、开源许可证的选择标准和依据

目前，OSI 认证了超过 100 种开源许可证，但是其中一些开源协议已被更新的版本取代（Superseded），被更流行的版本覆盖（Redundant），另外一些协议属于自愿退休（Voluntarily Retired）或者属于特定作者、不能被其他人重复使用（Non-reusable）。因此，目前最常见的主流开源协议包括 Apache、GPL 类（还包括衍生的 LGPL）、BSD、MIT、Mozilla 五种。

开源软件作者可以通过回答图 1 中的问题，根据软件的许可协议选择适合自己的开源许可证。图 1 左边的三种许可证 LGPL，Mozilla 和 GPL 被称为严苛性许可证，具有传染性，这种传染性被称为 Copyleft。与常规的 Copyright 不同（Copyleft 图标如图 2），Copyleft 规定软件可以自由分发，但是必须选用相同的分发协议，因此上游软件协议会被强制继承传染给下游软件，进而导致基于强传染性开源软件开发的后续软件不能选择闭源商用，对商业开发不友好。其中 GPL 属于强传染性开源许可证，相对而言 LGPL 和 Mozilla 属于弱传染性开源许可证。与此相反，图 1 右边的三种许可证后续开发者可以自由选择许可证类型，包括闭源商用，因此对商业开发更友好。

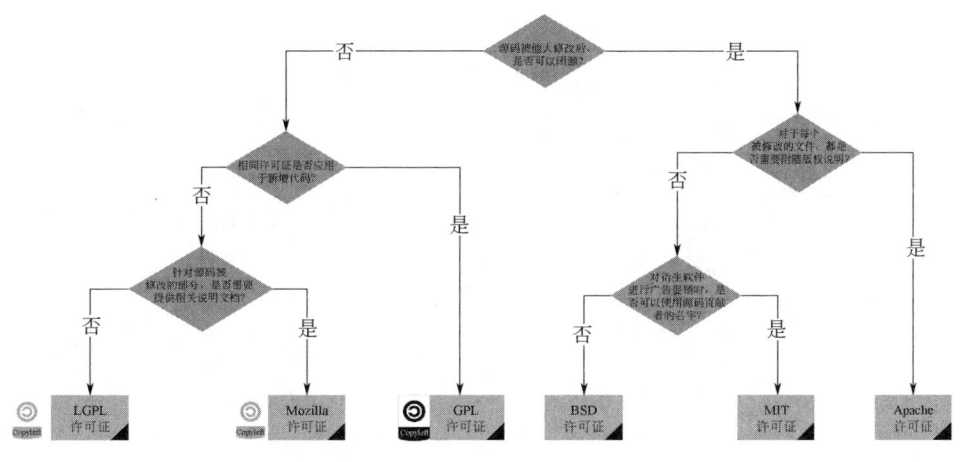

图 1　开源软件分类表

中国的开源社区力量在世界范围内也占据着举足轻重的地位，Mulan 木兰和启智是中国两个新兴的开源协议，前者为中国第一个通过 OSI 认证的开源许可证。上述每一种许可证均具有自己的许可条件，参考表 2。表 2 中归纳了具有共性的条款，如许可权利中的商业使用、分发、修改、私人使用条款、限制条件中的许可和版权声明条款，以及责任免除的担保责任，每个项目的特殊条款也列在表 2 中。

图 2　Copyleft 图标

表 2　开源协议的许可条款

许可证类型	许可权利（商业使用，分发，修改，私人使用）	限制条件（许可和版权声明）	免除责任（免担保责任）
Apache	√专利使用	√专利诉讼时许可终止（专利报复条款）	√无商标许可
GPL	√专利使用	√专利诉讼时许可终止	—
MIT	—	—	—
BSD	—	—	—
Mozilla	√专利使用	√专利诉讼时许可终止	√无商标许可
Mulan 木兰	√专利使用	√专利诉讼时许可终止	√无商标许可
启智	√专利使用	√专利诉讼时许可终止 √商业使用的专利许可声明	—

从表 2 中可以看出，除了常规的具有一致性的开源条款，各个条款之间区别的重点均在知识产权规定的差异化。例如，在专利和商标的许可方面，Apache、GPL、Mozilla、Mulan 木兰和启智都有专利使用条款，可以将专利通过许可证许可给开发者，同时也具有专利诉讼时许可终止的条款，也称为专利报复条款。以 Apache V2.0 的专利报复条款为例，其规定"如果用户指控作品所涉及贡献构成直接或间接侵权，则本协议授予其的任何专利许可证都将被终止"，起到防止上游开发者被社区内下游用户提出专利侵权的作用。另一方面，Apache、Mozilla 和 Mulan 木兰均不具备商标权许可的条款，即使用了某个不具备商标权许可的开源软件代码，则不能使用该软件的相关商标，否则构成商标侵权。

二、开源许可证 Apache 在语音识别领域的定位优势

随着智能音箱和具有语音助手的智能设备近些年出货量大增，语音识别的市场竞争态势也越发激烈。国外有谷歌、亚马逊和苹果三巨头为了争夺语音识别入口在市场中厮杀，国内也有小米的小爱同学、阿里的天猫精灵和百度的小度三足鼎立。智能音箱和语音助手想要实现机器与人类对话，需要实现三个步骤：听懂，理解，回答。自动语音识别（Automatic Speech Recognition，ASR）对应着第一步"听懂"，可以将人类语音中的词汇内容转换为计算机可读的输入信息。它是智能音箱和智能助手的基石，如果没有听懂，输入时已经是错误的信息，那么后面的理解和回答更无从谈起，因此 ASR 为兵家必争之地。随着网络技术和软件技术的发展，大量新算法层出不穷，百花齐放。业内存在三个非常著名的开源平台，即 Kaldi、CMU Sphinx 和 Julius，其中开源语音识别平台 Kaldi 是业界语音识别框架的鼻祖。

发展语音识别技术需要高投入及大量数据训练集，谷歌和脸书在文献中公布的使用具有文字标注的语音数据量达到 1.3 万小时，实际使用的应该比公布数字还多一到两个数量级。这些工作小企业无法单独完成，即使一些巨头也需要借助合作方来完成 ASR 的布局。因此，现在主流的开发方式是开源 ASR 框架与社区贡献者共同开发，而开源许可证中 Apache V2.0 特别适用于 ASR 这类涉及打造生态圈的企业。该协议与其他开源协议相比，除了为开源软件的使用者提供版权许可之外，还提供涉及该开源软件的专利许可权，只需在开源软件后续使用者的衍生产品中保留原来代码中的版权、专利、商标及作者规定的其他信息。这让开

发者在基于 Apache 的开源软件开发时没有来自上游的侵权风险的顾虑，从而聚集了开源社区人气。

此外，目前我国的专利审查制度也不断更新，官方从政策层面强化了开源软件的保护：软件的设计思想本身已经被允许单独申请专利，修改后的《专利审查指南》明确包含技术特征的商业方法作为涉及计算机程序的专利保护客体。

Kaldi 正是在 Apache V2.0 条款下开源项目，其在延伸的代码中（修改和有源代码衍生的代码中）需要带有原来代码中的软件专利声明。因此，语音识别领域的软件在 Apache V2.0 条款下开源，对研发企业具有如下好处。

第一，软件专利是指通过申请专利对软件的设计思想进行保护的一种方式，并非仅对开源软件源代码本身进行的保护。

与开源软件的设计思想相同的技术方案（或实现方式）均可以在软件专利的庇护下，衍生出多种软件实现方案，这些软件实现方案可以转化成商业软件，实现开源软件和商业软件并存的商业运营模式。

第二，语音识别的算法日新月异，软件专利能起到很好的跑马圈地作用，这给开源软件的研发企业腾出了大量的时间和空间，可以有更多时间研究该开源软件的关键技术路径是什么。

三、业内主流开源专利申请情况及策略运用

开源软件与企业的商业行为并不冲突，且可以与企业的商业行为相得益彰，是企业商业模式的得力拓展者。与商业软件不同的是，开源软件以开放源代码和免费分发的形式减少了营销与销售成本，更易于广泛传播；与商业软件相同的是，开源软件也是企业盈利的重要贡献者，甚至有时还可以获得意想不到的盈利效果。

当然，如果想要开源软件带来开发企业所期望的经济利益和社会效益，仅通过开放许可或版权保护形式是不够的，专利布局和商标申请是相对于版权的有效补充，即通过获得这些开源软件的专利权和商标权，让开源软件的开发者对其作品在何时、何地、如何出版或使用拥有足够的法律控制权。

与软件完成时自动获得的版权不同，开源软件的开发者可以自由决定其改进

得到的新技术方案是否申请专利，具体来说开源软件协议没有禁止其贡献者就自己的技术方案申请专利，而且改进者在源代码所体现的技术方案基础上提出新的方案也具有专利申请的自由，前序开发者无权干涉。例如，国内手机厂商基于谷歌的开源操作系统基础上的改进可以申请专利，谷歌不得以合同约定国内手机厂商放弃申请专利的权利，否则涉嫌违反反不正当竞争法/反垄断法。

以下通过一些数据和案例更系统地展示专利在开源中的作用，先以ASR的专利申请情况为例。

（一）在语音识别方面专利的申请情况

（1）在语音识别方面，公开专利权人/申请人排名如图1所示。

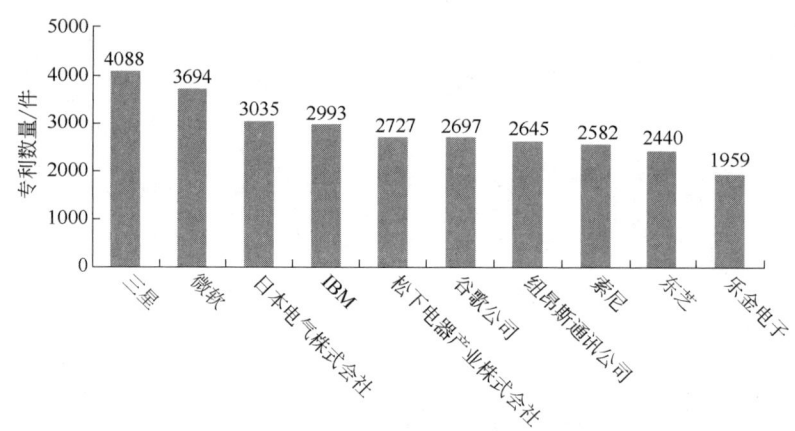

图1　语音识别方向专利权人/申请人排名

从专利权人/申请人排名来看，三星（4088件）和微软（3694件）公开的专利最多，语音识别方向专利申请数量的前十名还包括日本电气株式会社、IBM、松下电器产业株式会社、谷歌公司、纽昂斯通讯公司、索尼、东芝、乐金电子等。

（2）以微软为例，语音识别方向所公开专利技术IPC分布如图2所示。

需要说明的是，由于一件专利可具有多个IPC分类号，因此，图中的IPC总量大于专利申请量。

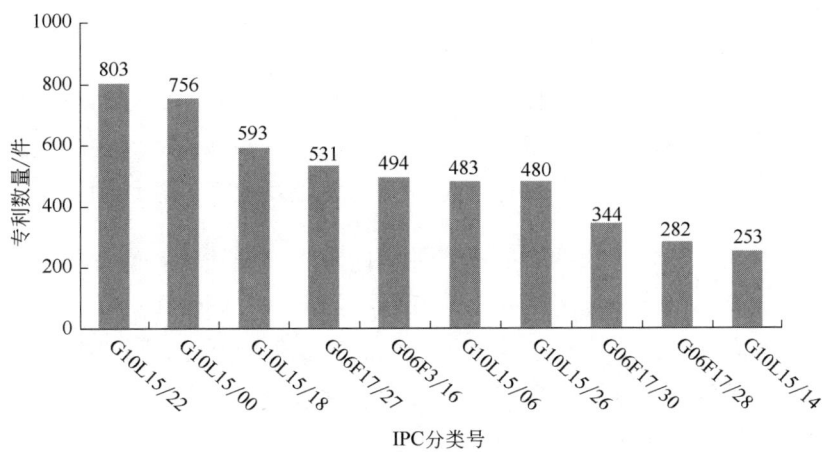

图 2　语音识别方向公开专利技术 IPC 分布

图 2 中的 IPC 分类号分别代表如下。

G10L15/22：在语音识别中使用的程序。
G10L15/00：语音识别。
G10L15/18：利用自然模型语言。
G06F17/27：自动分析的，如语法分析、正射校正的。
G10L15/26：语音正文识别系统。
G10L15/06：训练语音识别系统。
G06F17/30：信息检索；及其数据库结构。
G06F17/28：自然语言的处理或转换。

其中，该技术分类涉及 G10L15/22 这一分类的专利数量最多，这也与微软在语音识别的开源软件相对应的公开专利最多相符。

（3）从仅以关键词 Kaldi 进行专利检索的结果看，其公开专利技术 IPC 分布基本与上述的 IPC 分类吻合，换句话说，微软也在积极布局类似 Kaldi 的 ASR 工具，并用在基于 Azure 云的 Speech to Text 产品。

（二）开源软件的专利布局的思路

（1）开源软件 K2（Kaldi Version 2）在许可协议（Apache 2.0）的框架下不限制他人使用，使 Kaldi 已成为常用的 ASR 工具，因此应该对 K2 每一个技术方向进行专利布局,这样可以通过专利保护来防止别人建立和 K2 相同的平台。

开源软件生来就具有版权保护,如果想加强版权保护的力度,可以去各个国家的版权主管部门进行版权登记;登记完成后,该原创开源软件在版权纠纷中就有了一定的法律地位,理论上就可以根据开源协议发放开源软件的许可证了。

然而,原创开源软件仅拥有版权,并不能阻止其他开发者创作与其相同原理的开源软件或商用软件。专利保护与版权保护不同,专利保护的是发明的想法或设计,技术方案是体现发明的想法或设计的载体,即专利必须证明该发明的创新高度,而不是版权所表现的有形形式(开源软件本身)的区别。专利的作用就是赋予专利持有人阻止他人生产、销售或使用其发明的权利。

也就是说,从法律和版权的角度来看,在 Kaldi 项目的开源社区中,任何人均可以通过复制并修改源代码来创建自己的类似 Kaldi 社区,这时仅仅依靠拥有原创开源软件的版权来对这类行为进行法律约束,其效果是十分有限的。这样开源拥有者就失去了对 Kaldi 社区的绝对法律控制权,原创开源软件这棵树苗就会因营养流失而枯萎了。

专利保护的角度则不同,它可以庇护原创开源软件这棵树苗,以及包括在该专利保护范围内的其他树苗健康成长,其他开发者想要绕过该专利保护的范围自己创建类似 Kaldi 的社区是非常困难的。对他们来说,只有在遵守 Kaldi 的开发框架前提下进一步开发,才有可能避免 Kaldi 相关专利带来的侵权风险。Kaldi 社区在专利保护的指引下,可以将潜在竞争者变为维护者和贡献者,为社区添砖加瓦。这样不需要担心 Kaldi 社区中有其他杂草和杂苗产生,遑论让它们呈气候地发展。

其他的案例还包括 Linux。Linux 几乎是一款全球最大的开源操作系统,其本身就是开源精神的受益者,是开源软件的经典之作、代表之作和巅峰之作。通过 Linux 的技术开发人员和程序应用人员共同努力,Linux 开源社区被社区成员建设得非常友好和温馨,而这一切美好的背后是靠着目前最大的防御性开源专利联盟(Open Invention Network,OIN)的支持,OIN 通过建立专利池并吸引合作伙伴加入,共同抵御诉讼风险,提高行业影响力并进一步吸引合作伙伴加入,形成正向循环。

因此,Linux 开源社区使一些中小企业的开发用户可以将自己的应用放心地搭建在 Linux 操作系统中。用户通常以从 Linux 操作系统出发构建技术方案为首选的技术路径，放弃其他可能的技术路径。

（2）Kaldi 的开源软件许可协议虽不能让使用者对抗任何第三方的专利侵权风险，甚至也不能保护 Kaldi 代码贡献者免受外部专利诉讼，但它可以避免开源社区内部的侵权风险。具体来说，开源协议 Apache V2.0 使 Kaldi 开源项目在版权授权和专利授权双重保护下运作，Kaldi 使用者所贡献的文件将根据 Apache V2.0 直接由 Kaldi 代码贡献者授权给其他 Kaldi 的用户。即使 Kaldi 代码贡献者想将这些贡献文件与具有 Kaldi 本身不同的许可证的 Web 下载工具相结合，在专利的技术方案框架下社区内部也不会出现侵权的问题。

（3）保障开源软件 K2 自由实施，即避免 K2 使用者恶意设置障碍阻止开源软件 K2 自由实施。

Kaldi 是在开源协议 Apache V2.0 条款下运行的，Apache V2.0 具有专利保护条款，也就是说当 K2 使用者恶意设置障碍阻止开源软件 K2 自由实施时，开发企业可以利用该条款停止知识产权授权，并进行反诉。借此，申请专利可以起到反诉的震慑作用。

（4）世界上最著名的开源组织 OIN，其具有近千件专利，许可免费向所有同意不向 Linux 系统行使其专利权的会员开放。在此基础上，OIN 社区以免费的形式进行 Linux 系统专利交叉许可授权，从而使拥有核心专利和相关 Linux 技术的研发企业和开发商在有序和互利的原则下实现共赢的目的。

例如，开源软件 K2、世界语音识别方面的巨头企业均可能在下面几个方面寻求技术突破：

① 在 DNN(Deep Neural Networks)方面会使用 PyTorch(一种开源 Python 机器学习库，基于 Torch)；

② 将 Kaldi 应用到图形/FST（Finite State Transducer）相关方面的解码中；

③ 增加 PyTorch。

试想一下，如果世界语音识别方面的巨头企业在上述几个关键技术路径方向完成突破性进展时均对其技术方案申请了专利，并在开源协议 Apache V2.0 条款下开源了源代码，那么，Kaldi 社区就可以使拥有核心专利和相关技术的研发企业和开发商通过专利交叉许可授权实现上述 Kaldi 技术方向的技术共享，互相免费地消除了技术之间的壁垒，使 Kaldi 社区的沃土更加适合 Kaldi 技术的发展，为人类造福。

四、从企业运维的角度看语音识别软件的知识产权保护框架

目前，越来越多的基础类和工具类软件的研发企业达成了共识：开源软件也是一种很重要的商业模式，特别是基础类和工具类开源软件对开发企业的产品生态群项目灌注了更强的活力和更长久的生命力。

小米是一家专注于智能硬件和电子产品研发的全球化移动互联网企业，专注于 5G（智能手机）×AIoT（人工智能家居物联网）战略。作为 AIoT 战略入口的语音识别软件是小米生态圈建设的关键核心技术，其在语音识别软件的开源建设方面走在同行前列，同时也在语音识别软件开源的知识产权保护方面获得了积极肯定和丰厚回报。从企业运维的角度看语音识别软件的知识产权保护框架，就是要以围绕企业的盈利模式为出发点进行知识产权保护。

（一）开源软件社区建设围绕行业的标准专利技术进行

从近期趋势来看，开源社区和标准组织的合作也越来越频繁，如 ONAP（Open Network Automation Platform）开源社区设立了标准协调员，负责定期组织 ONAP 与行业标准组织的联合研讨会。

实践证明，开源项目健康发展需要软件开发者、软件维护者、软件推广者和用户共同构建一个完整的开源软件社区，软件开发者往往成为该社区建设义不容辞的主要担当者。

举例来说，Kaldi 软件开发者通过专利保护的布局决定了开源软件发展走向，也就是说，该 Kaldi 方向的关键技术路径是通过布局标准专利的思路进行的。

行业的标准专利技术被认为是专利技术中最重要的技术，一个企业所拥有的标准必要专利的数量越多和质量越高，其越有可能在国际和国内的市场中获得更多的竞争优势，相应地，该企业所在的技术领域就有越可能获得持续发展与进步。

如果 Kaldi 开源软件通过标准专利模式运营，从标准专利中就可以得到生态

商业的丰厚盈利回报，进而这些回报又给 Kaldi 关键技术路径中的商业项目提供了足够的资金支持，这是一个正向循环的商业运维模式。

（二）开源软件的专利布局要借鉴专利池的构建模式

专利池（Patent Pool）是把作为交叉许可的多个专利权放入一揽子许可中所形成的专利集合体。专利池的成员可以使用"池"中的全部专利从事研究和商业活动，且彼此间不需要支付许可费；池外的企业则可以通过支付使用费使用池中的全部专利，而不需要就每个专利寻求单独的许可。

业界最知名的案例是 OIN。OIN 是由 IBM、Red Hat 等公司在 2005 年创建的专利池，致力于通过收购与免费提供专利来推广 Linux 并促进全球技术创新，帮助公司管理专利风险。OIN 专利许可和成员交叉许可对于加入 OIN 社区的任何人都可免费获得，但是也需同意不向 Linux 系统行使专利权。甲骨文、谷歌、微软和蚂蚁金服等数百家公司随后也都加入 OIN 中。OIN 自主拥有 669 件专利，而专利池中的专利数量也随着更多公司的加入而不断扩大，如微软加入 OIN 时就注入了 6 万件开源专利。

在 OIN 成立之前，许多开源许可证只明确涵盖了版权利益，但是对专利保持沉默。OIN 的建立初衷是在涵盖 Linux 系统技术的成员公司之间建立自愿的专利交叉许可系统来解决这一问题。OIN 还积极收购专利，以帮助保护社区，并提供有关开源知识产权的教育和建议。如今，通过首席执行官 Keith Bergelt 及其董事会的管理，OIN 已经为全球约 2650 家公司提供了一个许可平台。被许可人包括个人开发商和初创公司，以及一些全球最大的技术公司和专利持有者。

OIN 打赢的一个经典战役是在 2009 年，微软起诉基于 Linux 内核的导航设备制造商 TomTom，两个主要的专利是标题为 Common Name Space for Long and Short Filenames（长文件名和短文件名的通用名称空间）的 US 5，579，517 以及 US 5，758，352。这两件专利被软件自由法律中心（Software Freedom Law Center）的主席 Eben Moglen 称为"悬在开源软件头上的达摩克利斯之剑"。由于软件均是基于 Linux 内核，因此基于 Linux 的知识产权组织 OIN 准备针对 Microsoft 进行诉讼。最终双方和解，TomTom 购买 Microsoft FAT32 文件系统的授权许可，并加入 OIN。Microsoft 没有再针对基于 Linux 软件厂商进行诉讼。类似地，2019 年 OIN 也成功帮助 GNOME 基金会在美国地区法院（District Court）

抵御了来自著名 NPE 公司 Rothschild Patent Imaging（RPI）的专利诉讼。GNOME 基金会是负责协调 GNOME 开源项目（是一种 GNU 网络对象模型环境，是 GNU 开源的一部分，一种让使用者容易操作和设定电脑环境的工具）的 NPO，成员有 Canonical 公司、Debian、ENDLESS、自由软件基金会、谷歌、红帽公司、Sugar Labs、SUSE 等公司。最终，GNOME 获得不被 RPI 提起专利诉讼的免除和承诺（Release and Covenant）。

由于开源软件的产业链延伸，其上下游企业之间的技术关联度也越来越高，Kaldi 方向的语音识别产品所涉及的开源软件和专利也越来越密集。其中，Kaldi 开源软件的发展也会遇到该方向的障碍性专利、互补性专利和竞争性专利的掣肘。因此，在将 Kaldi 开源软件投放市场前，可以布局一些与该 Kaldi 开源软件项目相关的障碍性专利、互补性专利和竞争性专利，并且在 Kaldi 开源软件投放市场后，通过积极构建与该款 Kaldi 开源软件相对应的专利池，帮助 Kaldi 开源软件增加行业内的知名度，使负责 Kaldi 开源软件开发和维护的企业通过牢牢把握关键技术路径获得更多的商业盈利。

综上所述，从开源方的角度来说，尽管选择了软件开源，但并不代表不需要保护自身的合法权益。恰恰相反，为了实现既贡献公众利益或培养产品生态，又防止他人非法、肆意地获取开源方的智慧成果的目的，开源方不仅需要注重开源协议的选取，还需要为开源软件配套一整套知识产权保护体系。

互联网公司开展标准专利工作的思路、流程与技巧

李丽君 就职于腾讯知识产权部标准事务中心,负责音视频、区块链、游戏、通信、云计算、AI、物联网等标准领域相关专利的全流程事务。曾在富士康、联发科(MTK)担任专利工程师,深度接触从制造业到芯片高端产业的科技创新。

> 互联网专利价值运营的出路之一在于专利标准化!

一、互联网公司可以制定什么标准?

曾看到过这么一段话:"基于底层通信网络的开放性,互联网公司可以为全球客户提供统一的服务,因此对于互联网公司来说,自身并没有互联互通的需求,也就用不着标准,想做什么直接做就是了。"

但是,真的是这样吗?互联网公司就没有更多可以奔向"一流企业"的标准化途径吗?当然是有的。

基于质量提升的需求及互联网特定应用场景的需求,使互联网技术标准产生了与传统行业标准相结合的需求,由此为互联网公司参与标准制定提供了新契机。

互联网工程任务组(Internet Engineering Task Force,IETF)就是一个很好的例子。IETF 是按领域划分的标准组织,其标准化技术例如包括上层应用/实时应用 App 业务层、中层传输协议层(TSV)、底层网络通信层(INT 和 RTG),以及其他的通用领域(GEN)、运行管理(OPS)及安全(SEC)等。对于 App 业

务层，确实可能不大会存在如微信和阿里旺旺相互发消息的互联互通需求。但是，对于中层传输协议层以及底层网络通信层等，为了能够保证产品的通信质量，互联网公司需要达成共识，在传输协议（TCP/IP）上达成标准化。也就是说，除了 App 业务层，互联网公司还可以在通信底层技术上参与标准制定。

针对互联网的特定场景，在底层网络通信标准上，需要提出更多的质量提升需求，这也能促使标准组织提供更多的标准化项目组。例如，基于游戏在家庭环境中的应用技术，互联网公司可参与到 IEEE 的 802.11（Wifi）无线通信标准中，其前提，当然是 IEEE 的 Wifi 无线通信标准纳入了家庭游戏的标准化需求。

而随着互联网技术发展，传统行业中的标准也可以逐渐转移到互联网行业。经典的如 DVD 技术，虽然大部分已经被市场淘汰，但是，跟 DVD 相关的音视频编解码标准技术，却从未消失。虽然你不用 DVD 看片了，但是你会上网看片，"看片"的技术只是从光盘转移到了网络上。也就是说，随着技术发展，音视频编解码标准技术已经进入互联网行业。

总之，互联网技术的不断发展，促使标准制定工作进入一个新的发展阶段，而且互联网公司能够参与制定的标准还是很多的。

目前的互联网头部企业，大部分参与了标准的制定。谷歌、微软、脸书、亚马逊等是各类国际标准组织的常客，而腾讯、阿里巴巴、字节跳动、快手等也已成为国际标准的新晋势力。例如，基于音视频相关的应用技术，谷歌、微软、脸书、亚马逊等参与 AOM 联盟，共同制定 AV1、AV2 音视频编解码标准，而腾讯、阿里巴巴、字节跳动、快手等均参与了 VVC/H.266 音视频编解码标准的制定。此外，基于互联网应用数据在 5G 等场景下的传输加速，互联网公司可以参与 3GPP 标准制定。基于互联网应用在局域网场景下与各种设备之间的互联互通，互联网公司可以参与 IEEE 相关标准制定。

但是，围绕标准，传统行业和互联网公司实际走的是不一样的路径。一般在传统行业挣扎的企业，能从最初的跟随标准发展到参与标准制定，已经是不小的进步了。在传统行业里，市场格局相对固化，话语权被行业大佬牢牢掌控，能进到圈子里实属不易，既要承认人家的游戏规则，还要表现出优于常人之处，才可能与行业一起，在平衡中缓慢而稳健地发展。互联网行业则恰恰相反，单纯创造一套属于自己的标准在技术上并不难，但创新的风险完全由企业自行承担。如果没有人和你一起玩,再牛的产品、再好的技术,无人喝彩的结果只能是铩羽而归。所以,在实际的商业环境中,互联网公司的标准往往需要和产业生态同步演进,要找到一群志同道合的兄弟们同心协力,才可能获得成功。

二、互联网专利价值运营的出路之一在于专利标准化

行业内对于互联网专利普遍存在一个误解,认为互联网专利无非涉及交互应用、连接方式及网络技术,大部分属于纯软件技术,诉讼时举证困难,无效时前案太多,即使是有产品前端表现的技术,虽然可以在操作过程中展现出一定的侵权证据,有一定的举证可能性,但是这个操作过程大部分是用户安装后才会使用,设备生产商只要不预装这个软件,仍然不能构成侵权,而软件开发商也不至于直接找 C 端用户要许可费。而且,即使过了举证的第一关,究其底层技术,无论是交互,还是连接或是网络,互联网技术基本上算是在标准通信技术上的微创新。因此,围绕这些微创新的专利布局,专利稳定性不强,容易被无效。众所周知,专利一旦被无效,专利诉讼也就难以继续了。

然而,互联网专利,除了上面说的产品专利,还有标准专利。所谓产品专利,就是针对发明人所提供的解决特定问题的技术方案直接产生的产品(包括硬件产品和软件产品)所申请的专利,当产品发明取得专利权后,称为产品专利。所谓标准专利,是指与技术标准相关的专利,标准专利如果能够涵盖标准技术,则可成为标准必要专利。标准必要专利,即指产品或技术要达到某一行业标准的要求而必须使用的专利。

无论是互联网圈、通信圈还是其他传统行业,标准必要专利存在的共同价值表现在:①潜藏机会,通过专利池运营、诉讼等手段,可收获高额许可费;②风险规避,能够通过进入专利池、交叉许可等方式降低专利许可费缴纳的风险,同时缓解"卡脖子"问题。而且,在国家层面,与标准和专利相关的国内法律既体现着保护知识产权的精神,也体现着促进科技成果的转化和推广。法律通过对强制许可等对专利权的限制性规定,为专利进入标准扫清了障碍。由于执行强制性标准并不排斥经济上的成本,把专利引入标准并不会使标准在实施中面临法律上的困境。

因此,对于互联网公司来说,在参与制定标准的过程中,输出对应的标准必

要专利，无疑成为标准技术运营的重要指标之一。

三、互联网公司如何开展标准专利运营的前期工作

（一）流程制定

考虑到一旦开始标准专利的运营，就会有许多不同于普通产品专利运营的区别，而且由于标准专利与生俱来的含金量，非常有必要通过流程固化的方式，降低专利被无效的风险点。因此，需要在普通产品专利的处理流程上，补充制定标准专利相关的处理流程。

图1是从标准提案到输出标准必要专利的整体流程图。在这个流程图中，可以看出跟专利相关的节点仅包括申请专利及专利授权。关键点是，申请专利在提交提案之前，专利授权最好把控在委员会草案之后。

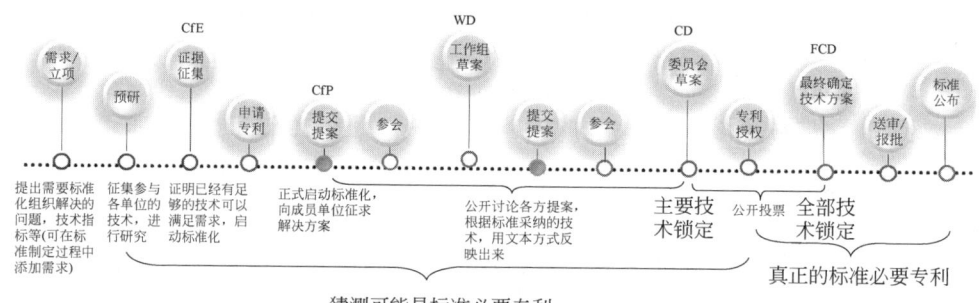

图 1　产出标准必要专利的过程

图2是基于产出标准必要专利的目的，针对与标准专利团队工作相关的各个节点的总结。

在技术预研阶段，标准专利团队需要完成申请专利的工作，其关键点在于确认专利申请时间要早于提案上传服务器的时间，以及在专利申请文件中充分描述了提案涉及的技术方案，并足以支撑覆盖到标准中可能修改的方案。在参加标准会议阶段，建议标准专利工程师一起参与，这样可以充分熟悉标准技术，并及时跟进标准文本修订进展。当然，会场太大，一般是奔着熟悉强相关的标准技术的目的前往即可。而标准必要专利评审的节点，建议安排在专利获得授权时，或者

专利申请的答辩过程中。标准必要专利复核的节点，通常在标准封版后进行，此时标准已很少改动，因此可以作为标准必要专利的最终评审结果。对于专利声明，通常不同的标准组织有不同要求，通常建议以"通用"版本进行专利声明。

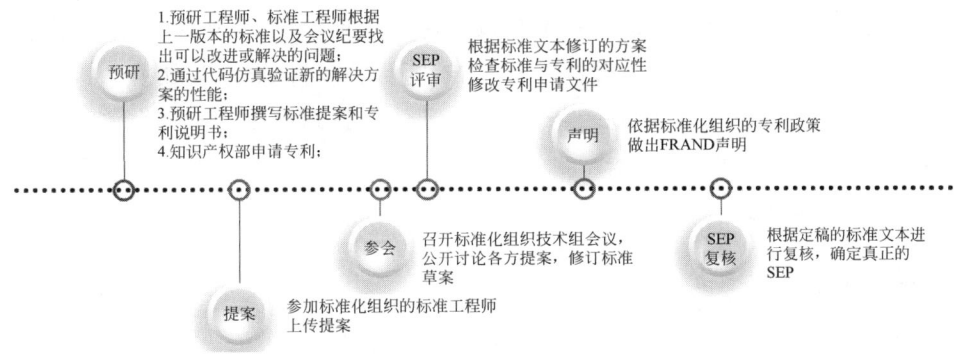

图 2　与标准专利团队工作相关的各个节点

总而言之，标准专利团队内部，需要有明确的人员分工以及搭建好标准专利案件的管控流程。在标准专利案件的管控流程上，流程与普通产品专利的管控流程大体相同，不同之处可以考虑如下两点。

1. 专利申请时间

关于标准专利递交申请的时间一定要早于标准提案上传服务器时间的问题，主要涉及《专利法》第二十二条第二款有关新颖性的问题。在专利无效中，涉及标准的专利，提出无效请求者往往会找该专利对应的标准提案的几个关键时间点：第一个是标准提案上传服务器的时间；第二个是该提案公开的时间；第三个是涉及该提案的标准正式发布的时间。目前根据专利复审机关的通常做法，一般会以标准提案上传服务器的时间作为该提案公开的时间，不管访问是否需要密码，只要有其中一个时间早于专利申请日，都将是无效方提起该专利缺乏新颖性的理由，所以为了规避此种情况发生，申请人务必保证专利的申请日要早于提案的上传日。

2. 设定节点评估专利价值

由于标准专利申请内容与标准提案的内容强相关，因此专利本身的价值，很大程度取决于标准提案是否被标准组织采纳。如果采纳，那相关的标准专利申请/授权专利将很大可能成为标准必要专利；反之，未采纳的专利技术，不会进入到标准，对应专利的价值度也就一落千丈了。所以，在管控流程中嵌入标准提案的

"是否采纳"状态,将大大提升标准专利价值评估的效率。

由于专利申请通常先于标准提案,因此,在专利申请时,标准提案是否被采纳尚未得知,申请初期是很难明确"是否采纳"状态的。那什么时候适合呢?答案就是:标准会议结束后。每次标准会议之后,通常参与组织的研发人员,会统计当次会议中各个提案的采纳数据,标准专利团队即可根据这些数据,将对应的专利申请进行状态备注,从而获得专利价值评估的基础参数之一。为了能够及时更新数据,可以在流程中嵌入标准会议的大概时间,并根据这个时间的结束点来触发对应的更新任务。

(二)标准专利申请

在标准专利申请实务的工作上,需要关注以下内容。

1. 申请文件撰写要合规

标准专利申请为了方便与标准的对应,申请人往往主观上希望独立权利要求具有较大的保护范围,然而,客观上很可能出现保护范围过大的情况。此时,新创性可能难以克服,加上如果实施例单一,则不足以支撑较大的保护范围。

关于标准专利申请文件中实施例过于单一的问题,主要涉及《专利法》第二十六条第四款关于权利要求得不到说明书支持的问题。如果实施例单一,容易导致权利要求得不到说明书支持。一旦专利授权后,此缺陷则容易成为该专利无效的理由。根据不同程度,还可能导致另一个问题,那就是标准提案因融合、妥协发生的修改,导致专利的内容不足以支撑覆盖到标准中新修改的方案,由于说明书没有真实记载足够的实施例以及周全地考虑到各种变化,即便是主动修改或者优先权修改,都可能无法挽救。此时该标准专利可能成为一个没有实质意义的专利。因此,对于标准专利申请的说明书撰写,应尽可能布局多一些实施例(如3个以上),防止产生得不到说明书支持的问题,同时也为后续审查流程提供更多的修改契机,克服专利稳定性问题甚至对标问题。在实际操作中,实施例的补充,可以参考标准提案的更新过程进行,在提案的不同阶段与发明人进行沟通,可以有效获取到不同的实现方案。例如,在提案前与发明人沟通相关提案方的可能替代方案,并在申请前完成补充;或者,在提案后与发明人沟通标准采纳的方案,并确认是否可以通过主张优先权的方式来补充相关实施例。

此外，标准专利申请中还经常出现权利要求技术方案不清楚以及技术特征描述不清楚的问题。关于权利要求技术方案不清楚以及技术特征（包括专业术语）不清楚，在说明书中未进行定义或详细描述的问题，涉及《专利法》第二十六条第四款关于权利要求书不清楚的问题。按照一般的理解，专利的权利要求书应该使本领域普通技术人员在不阅读说明书的条件下，能够基本读懂权利要求书所保护的技术方案，但在实务操作中，权利要求往往撰写得过于上位，导致权利要求各步骤或模块之间缺乏必要的逻辑性，不管是在字面上还是在逻辑上或技术本质上都脱离了与现实的关联性，变得相互独立，或者完全是技术特征的罗列，各要素间缺少必然联系，最终导致权利要求不清楚。对于权利要求不清楚的问题，可大可小，但是基本上可以通过在说明书中增加对技术术语的解释，以及在说明书中包含各权利要求的对应实施例等方式得到解决。

2. 答复审查意见须慎重

关于在主动修改、被动修改或答复审查意见时修改超范围的问题，主要涉及《专利法》第三十三条关于权利要求修改超范围的问题。按照规定，无论是主动修改还是被动修改，或者是答复审查意见时，对专利申请文件的修改一般都不得超出原说明书和权利要求书记载的范围。

标准专利在涉及主动修改时，在实务操作中申请人可能会为了照顾专利和标准的对照关系，宁愿冒着专利被驳回的风险，也会对某些技术特征进行一定的修改，如对某个关键数值，原专利申请描述为该数值范围为 5~8，而标准中的值为 6~9，如果申请人将修改后的该数值表述为大于 6 小于 9，则会导致修改超范围，这种明显的失误在一般的专利答复意见时较为少见，但在标准相关的专利进行答复的时候则很可能会出现。事实上，对独立权利要求进行的修改，如果在无效中被确定为修改超范围的话，根据禁止反悔原则，这个专利基本等于无效了。这样的问题最好在专利申请时就提供解决方案。例如，多描述几个实施例进行支持，或者在答复审查意见时，将数值范围以开放式描述进行限定，如在得到字面支持情况下，改写成"该数值取值范围包括大于 6 小于 9 的范围"。

关于答复审查意见时自认的问题，主要涉及禁止反悔原则。在答复审查意见时对于审查员提出的某一问题进行答辩时，如要解决的技术问题、创造性等，必须谨慎，要充分考虑专利授权后的保护范围，以及对后续有可能存在的专利被无效的情况有所考量，因为所有这些观点的表述都构成在专利侵权判定以及无效过程中本专利的重要组成部分，尽量避免在未来的纠纷中出现对方能以子之矛攻子之盾的情况。

而对于标准专利家族进入其他国家申请的情况，也需要结合上述修改规范，尽量确保进入国家阶段的修改符合各个国家的修改要求，避免在国家审查阶段，因直接授权而使修改超范围导致专利无效的情况发生。

3. 无效防御技巧要善用

关于充分利用一些特殊的技术特征实现对专利无效防御的问题，主要涉及《专利法》第二十二条第三款有关创造性的问题。在专利无效过程中，创造性是一个很重要的攻击点，涉及标准的专利，有很多情况涉及现有标准的修订，或者是通过其他标准中同类技术问题的方案转用制定新的标准，其核心思想很可能并非全新的方案，这样有可能存在创造性的问题，为了有效应对有关创造性的问题，可以考虑将一些诸如特定数据、表格等特殊技术特征撰写在从属权利中，这样可以形成对创造性的有效防御。

在实际操作中，很多专利的专利权人并没有将真正最核心的发明点写在独立权利要求中，而是写在从属权利要求中。独立权利要求完全是申请日之前的标准中已经公开的技术方案或者是现有技术，但是由于独立权利要求的技术方案并没有在标准中有完全对应的文字描述，而是通过一些插图、流程图、表格的方式体现的技术方案，并且有可能是零星地分散在标准中的各个章节，对审查员来说，要将大篇幅的标准文件组合起来将其作为对比文件具有一定的难度。这种处理方式明显扩大了权利要求的保护范围，而核心发明点又埋藏在从属权利要求中，又能形成很好的防御，这种方式在实务操作中虽不值得提倡，但作为专利申请人来说，也不失为一种技巧。

四、对标准专利进行标准必要性评审

大部分企业对自己将要声明为标准必要专利的专利/专利申请会在内部进行标准专利对应性 PSM（Patent to Standard mapping）评估，由此可以避免对外公开过多专利细节，同时还可以准备好后续许可谈判的筹码。

PSM 的主要手段通常是制作 Claim Chart（简称 CC）。CC 中文翻译一般是权利要求对照表或者侵权对照表，就是将专利的权利要求特征与涉案的产品的技术特征进行比对。CC 反映专利权利要求所保护技术方案的各个技术特征与标准文档所描述的技术方案是否完全匹配，对于判定专利是否为标准必要专利起至关重要的作用。当然，这在专利许可中一般属于保密信息，很少有许可方愿意在没有签署 NDA（non-disclosure agreement）的情况下愿意提供 CC。对于许可方来说，CC 写得好至关重要，CC 也是许可双方谈判的基础。这里需要提出一个证据，一篇由 ROL Group 所发表的 *The Brokered Market in 2015 — Driving Off a Cliff or Just a Detour* 专利市场调查报告，该报告指出专利售卖方提供侵权对照表（Claim Charts）的专利交易，售价平均高出 34%，成交概率也高出 41%。该报告调查检视了 566 宗专利组合（patent packages），总计超过 6000 笔专利资产，其中有 EOU 的专利组合约占 1/3，售价较没有 EOU 的专利组合高出 34%（约 6 万美元）。此外，有 EOU 的专利组合，成交概率也高出 41%。ROL Group 认为买家会以侵权对照表作为交易决策的参考依据。

针对未获得授权的专利申请，通常进行 CC 的目的，是提高专利申请授权概率以及专利的权利要求对应到标准描述的概率。但由于此部分专利申请存在不确定性，通常可以采用较少的时间，仅确认当前专利申请是否有记载标准已经采纳的方案点。如果存在，则设定流程关注主动修改时机、OA 答辩时机即可，由此可以启动专利申请的权利要求的修改节点。如果标准在申请期间并没有封版，则可以尽量延长专利申请可修改的时间。针对已经授权的专利完成 CC 制作，目的是确认当前授权的权利要求是否与当前标准描述相符，如果不相符，则确认对应的连续案或分案，需要如何修改权利要求才可以对应标准。

进行 CC 对应关系的分析，首先，需要对权利要求进行分解，分解成若干技术特征后，在标准中寻找与技术特征对应的描述。对于方法类的权利要求，可以按步骤来分解技术特征；对于产品类的权利要求，可以按产品的部件特征和连接关系来分解到技术特征。

其次，一项权利要求中的所有技术特征都必须存在于分解后的技术特征中，不能随意丢弃一项权利要求中的部分技术特征，比如说由于在标准中找不到对应描述而丢弃权利要求中的前序步骤或尾声步骤，也不能为了和标准中的描述相对应而将两项权利要求中的部分技术特征相组合。

最后，在标准中寻找对应的描述时需要注意，一方面要尽量全面、准确地找出标准中和权利要求的技术特征对应的描述；另一方面，在标准中没有相应描述的部分特征，需要进行说明，如认为虽然标准中没有相应描述，但是从标准的上下文可以推导出，或者从其他标准的描述中可以推导出，该部分技术特征为实施标准中的技术方案必然需要使用的技术特征。

下面以华为诉三星侵害发明专利纠纷案的其中一个标准必要专利来说明具体的 CC 过程。

涉案专利权利要求 1

六项技术特征：

（1）一种传输控制信令的方法；

（2）其特征在于，包括：接收端接收发送端发送的；

（3）表示数据包大小或冗余版本的控制信令；

（4）所述控制信令中的同一字段的一部分状态表示数据包大小，所述控制信令中的同一字段的其余状态表示冗余版本；

（5）其中，所述控制信令还包括新数据指示（New Data Indicator，NDI）；

（6）当所述数据包是重传时，NDI 的值与所述数据包初传时的 NDI 的值相同。

权利要求 1	标准表述	分析	结论
1）一种传输控制信令的方法	TS36.212 5.3.3 节 5.3.3 下行控制信息 5.3.3.1 DCI 格式 5.3.3.1.1 格式 0 DCI 格式 0 用于 PUSCH 调度。 以下信息通过 DCI 格式 0 来传输：	上下位概念包含关系 *控制信息*：可以包括时频资源、调制方式、数据包大小、冗余版本（RV）等相关内容中的某些信息，揭示"控制信令" DCI 格式 0：用于上行调度 PUSCH：上行数据传输信道	对应
2）其特征在于，包括：接收端接收发送端发送的	TS36.212 5.3.3 节 5.3.3 下行控制信息 5.3.3.1 DCI 格式 5.3.3.1.1 格式 0 DCI 格式 0 用于 PUSCH 调度。 以下信息通过 DCI 格式 0 来传输：	相同含义的不同表达 下行控制信息的传输需要信息的发送端与接收端，其中，下行控制信令传输为基站向终端发送信令，由终端接收信令	对应
3）表示数据包大小或冗余版本的控制信令……	TS36.212 5.3.3 节 5.3.3 下行控制信息 5.3.3.1 DCI 格式 5.3.3.1.1 格式 0 DCI 格式 0 用于 PUSCH 调度。	概念表述完全一致 或者 上下位概念包含关系 控制信息：I_{MCS}，对应于控制信令，	对应

续表

权利要求1	标准表述	分析	结论
3）表示数据包大小或冗余版本的控制信令……	以下信息通过 DCI 格式 0 来传输： …… -调制编码方案和冗余版本---5 比特，如 [3] 中 8.6 节所定义 -新数据指示---1 比特 TS36.213 8.6 节 8.6 确定调制阶数、冗余版本和传输块大小 为了确定用于物理上行共享信道的调制阶数、冗余版本和传输块大小，UE 将首先： -读取在 DCI 中的 5 比特的"调制和编码方案和冗余版本（modulation and coding scheme and redundancy version）"字段（I_{MCS}），…… 8.6.1 确定调制阶数和冗余版本 UE 将使用 I_{MCS} 和表 8.6.1-1 来确定用于物理上行共享信道的冗余版本（RVidx）。 8.6.2 确定传输块大小 对于 $0 \leq I_{MCS} \leq 28$，UE 将首先使用 I_{MCS} 和表 8.6.1-1 来确定 TBS 索引（I_{TBS}）。然后 UE 应当根据 7.1.7.2.1 节的过程来确定传输块大小	可以包括时频资源、调制方式、数据包大小、冗余版本（RV）等相关内容中的某些信息 DCI：下行控制信息 TBS：传输块大小，即数据包大小； MCS：调制和编码方案 RVidx：冗余版本	对应

注：由于作为示例，仅对部分技术特征进行比对

根据上面的举例可以看出，完成 CC 流程需要充分理解专利的技术方案及非常熟悉标准，关键在于定位到方案对应的章节和梳理对技术方案的描述逻辑，当一个技术方案涉及标准的多个章节时，在逻辑描述上会导致较大的推理难度。不过，基于个人经验，从标准提案文件出发可以快速定位到标准对应章节。

CC 制作出初始版本后，只能算是完成了基础性的工作，后续的及时更新维护对于标准必要专利的形成也至关重要。专利的保护范围随着专利审查程序的改变，会由专利工程师更新 CC 中的相应部分；而标准制定中，标准文本中的技术方案的改变，则需要标准推动人员及时地反馈，由标准推动人员或者发明人及时更新 CC 中涉及的部分。通过上述方式，保持专利和标准的最新对应关系，从而尽可能促使专利和标准的状态稳定后，依然能够保持良好的对应关系；而对于完全不再可能对应的 CC，也能够及早进行结案处理，节省人力物力。

五、互联网公司围绕技术标准进行专利运营的后期问题

在专利披露方面，大部分标准化组织并没有明确谁的专利必须披露，哪些专

利称得上"标准必要专利",也没有明确在制定标准的哪个环节必须披露信息、是否全面披露、是否及时更新披露信息。因此,目前存在大量标准必要专利被过度声明的问题。对于标准必要专利被过度声明的问题,业界目前并无十分有效的方法。

在专利许可方面,标准化组织没有明确公平、合理、无歧视(FRAND 或 RAND)许可的含义、具体条款和限制条件,而对于 FRAND 或 RAND 原则如何适用于组合许可和交叉许可,如何对待免费许可,全球性的许可费率该如何确认等问题,目前仍然亟待解决。

在专利转让方面,竞争主管机构普遍认为,标准化组织应订立合同承诺,要求专利受让方依照当地法律继续履行原有的 FRAND 或 RAND 许可义务。个人认为,"标准必要专利"的转让应当用法律或行政手段要求在专利局登记并公开专利转让情况,增加"标准必要专利"转让的透明度。同时,标准化组织应制定指导方针,以确保发生破产程序时专利许可承诺的延续性。

在禁令救济方面,各国反垄断部门都十分关注。禁令救济应是"标准必要专利"遭遇侵权时的最后补救方法,但标准化组织未对许可方或受益第三方可寻求的法律补救方法设限。为避免或解决争端,防止反竞争行为,确保遭遇侵权的"标准必要专利"持有人获得合理赔偿,我们期待标准化组织明确,当被许可人拒绝遵从有关公平、合理、无歧视许可条款的独立裁定结果,或"标准必要专利"持有人没有其他索赔手段时,禁令救济方可适用。

最后,许可谈判及标准必要专利诉讼涉及实际操作层面,又是另外一个篇章的故事了。在此,谨希望在开启许可谈判和诉讼的篇章之前,用上文提到的避坑指南,帮助读者做出更充分的准备,如此,定能"让子弹再飞一会儿"。

知识产权权利管理

数量保证,质量制胜。
只有做到"人无我有,人有我优",才能在竞争中真正胜出!
知识产权人不能死磕法律思维,需要更广阔的认知能力!

海量商标管理中的宏观思维

周立国 曾就职于腾讯知识产权部,负责管理腾讯集团商标、版权、域名资产。

> 企业商标管理人员也不能死磕法律思维,必须具备更广阔的认知能力。对企业所处的商业大环境、对消费者对同类品牌的识别度、行业风险、产品特性等,都要去了解。

一、谁来管商标?

虽然有业务规模、企业属性、企业发展阶段等不同因素,但总的来说,依然建议稍有规模的企业由法律专业人士管理商标。商务及业务为需求侧,法律团队为执行侧。首先,商标的申请、注册、管理、法律对抗,都离不开《中华人民共和国商标法》等基础民事法律;其次,商标牵动后面的授权、维权、被授权、域名、版权、外观设计等,均是法律类事务。所以一个现代化的规模企业,由法律部门或人员管理商标是毋庸置疑的。

我国商标行政机构这几年强化了审查能力,降低了费用,提高了审查速度,这些行为为民族品牌的腾飞、中小企业创业提供了充分的便利,但同时也带动了商标抢注、商标投资的兴起,进而出现了更多的商标异议、无效、诉讼等法律案件。这给企业知识产权管理带来了新的挑战,也从一个侧面佐证了由法律专业人员管商标的必要性。

当然,企业商标管理人员也不能死磕法律思维,必须具备更广阔的认知能力。对企业所处的商业大环境、消费者对同类品牌的识别度、行业风险、产品特性等,都要了解。举个例子:当一个新品牌准备进行海外扩张时,语义、音译、宗教及民族习俗、历史问题……都可能成为羁绊，必须明察秋毫。无论多么优秀的代理机构或服务机构，都无法替代企业商标管理人员进行上述宏观思考，如果没有这些思维能力，就不是一个好的企业商标管理人员。

二、怎样才算保护好了商标？

（1）风险预判。常规理解就是商标能否顺利获得商标法保护。企业商标管理人员应该想得更远更广，品牌是否易被侵权，是否易于维权，是否易于国际化等，如果仅仅局限在眼前的需求，那就太狭隘了。

（2）确权层面。简单来说就是两个关键词：核心地域、核心类别——把自己的商标在这两个维度都进行了完整的确权，就算打好了最基础的地基。为了实现这个目的，要从商标诞生之初（无论是起名还是设计标识）就进行有效的同步法律分析，少走弯路。为了确保商标能顺利注册，必要时要提前发起一些商标撤销行为、商标收购行为清扫障碍；另外，在有些情况下要布局好周边产业，布局好防御性商标；有时候还要及时处理好著作权、域名或外观设计法律问题，共同为商标保驾护航。

（3）管理层面。企业内部权责清晰，对商标生命的各个节点做好管理，包括商标设计、商标申请、商标使用、商标管理等。要做好商标日常维护，续展监测、权利状态监测、近似申请监测等。

（4）使用层面：固定好使用证据（可用于防三年不使用撤销）；做好授权管理；做好维权。

三、怎样管好海量商标？

这个问题近年才在国内引起关注，以前可能只有商标代理机构才关注。因为早年国内大型品牌企业的商标保有量还是不够多，如今不少企业商标注册量破万，这就衍生了新的话题和市场。

（1）保密。这是所有知识产权从业人员的基本职业道德，数量越大越不能疏忽，该保密的一定要做到滴水不漏，守口如瓶。

（2）及时。在当前中国的商标大势下，"第一时间递交申请"不是一句口号那么简单，从各地商标审查协助中心大量的同日申请抽签活动就能看出来现在大家对商标资源的抢占多么积极。基于笔者个人观察，企业内部流程通常是影响商标及时申请的主要因素，必须想办法精兵简政，避免繁复的审批流程，给予商标管理团队足够权限，提早考虑商标布局问题。

（3）商标权属管理。当企业架构越来越复杂，各种关联企业如蜘蛛网一样，这时候就还需要考虑商标权的权利配置问题。简单粗暴型就是将商标权全部归属到某个核心企业下面；但实际情况可能很复杂，如某些境外投资行为，受当地政策管制需求而不得不考虑商标权本地化持有；某些子业务分拆后不得不同步进行商标权分拆；某些高风险业务可能危及企业整体商誉，也需要做好商标权的风险隔离；某些投资、收购行为，是否要进行商标权的移转？知识产权作为企业的核心命脉，某些场景下还会派生出一些很有意思的管理模式，如纯知识产权控制型企业。以笔者经验，这个问题也不是商标管理团队能单独决策的事情，需要公司管理层参考多种因素才来判断，常见的参考因素包括资产实控、税务优惠、风险隔离等。

对于某些复杂场景，通过商标共有、商标授权、商标代持等手段来解决问题的也很常见。但这些方式带来的法律风险千万不能忽视，国内近几年几个大的商标授权争议案件给大家的警示应该足够多了。在操作过程中需要精细分析，避免以后"踩雷"。

（4）监测。监测维度比较多，要看企业具体的需求进行合理的布局。常见的监测包括各国初审公告监测、续展监测、送达公告监测……有些还会对行业的商标动态、竞争对手商标动态、某个商品项目进行监测。一些竞争激烈的行业或企业还会针对他方的商标监测采取反监测措施，用心良苦。

（5）绝限日期。当一个企业拥有几万或十几万个商标、每年要处理成千上万件各类商标节点事务时，肯定每天都会有各种各样的绝限日，即要合理安排工作、精力、费用（预算控制），提前量（给代理机构足够时间反应），又要确保不超期。

（6）利益冲突管理。关联企业、合作伙伴、上下游供应链、敏感环节、敏感时间、敏感角色……大家可能都在同一品牌池下生存，各种衍生的知识产权难免有冲突或有瑕疵，作为企业商标管理人员，要想办法维持好这种生态，并不是什么情况都可以随意发起商标申请或法律行动的，知识产权纠纷背后有时隐藏的是商业问题，这需要知识产权从业者配合公司总体策略进行商标、案件布局。在有些情况下，商标是重要的商业利器，可以帮企业占据高地；有时又是双刃剑，杀敌一千自损八百；有时还可能是羁绊，恨不能注销了事。有些法律对抗也不能乱打，"兵势一交，岂能骤解"，不分出输赢又咽不下这口气，但打来打去两败俱伤，问题可能还得不到解决。

（7）费用管理。当代理机构多，并且账单多的无法进行简单人工核对时，必须采用工具进行协助，用商标工作管理软件进行核对，或外包给第三方公司进行核对，是可以考虑的减轻负担的办法。至于如何减少开支，则需要看各企业的具体情况了；并不一定所有事务都委托顶级代理机构来处理，储备好各种层级的代理机构，不但有利于分配不同事务，也有利于节约开支。

（8）代理机构管理。当企业商标需求大到没有一家代理机构能够独立完成委托时，就需要引进更多的代理机构，这里需要考察的维度很多，价格、经验、行业排名、长处短处、利冲排查、团队稳定性、执行力、理解能力……针对不同机构的不同特点，可以有针对性地进行委托，以达到性价比最优。在企业人员能力到位的情况下，一些涉外事务可以尝试直接接触境外代理机构进行委托，以节约费用、沟通成本。目前，随着市场细分，出现了一些很有意思的专业提供某类服务的知识产权服务机构，这也能帮企业减轻一定管理负担。

（9）内部权限管理。这是针对前述几个纵向问题的一个横向梳理，即大型企业内部前述几个管理问题的权限分布。核心企业与下属企业、关联企业之间对品牌的管治规则，各部门之间的权限分配，测信息的分享，商标法律行为的发起权限等，每个大型企业可能都得考虑适合自己的模式。常见的参考要素有：确保核心企业把控核心商标资产，关联公司能获得足够的权限处理相关商标事务，有充分的监督和监测。

（10）商标管理软件。当商标总量达到一定量级时，使用人工、电子表格肯定无法满足工作要求，必须使用计算机软件进行管理。此类管理软件国外已经有一些运营多年的产品，但大部分都是英文版的，操作界面也可能更符合西方人的习惯。国内也有一些产品，但基于笔者经验，此类软件市场定制化需求依然占很大比例，因为各个企业自身的商标管理习惯还真的很难整齐划一，各有各的细微特点，靠一款通用软件很难满足各企业的所有需求。考察此类产品时，主要参考功能模块包括：商标数据字段的采集能力和颗粒度；角色权限分配；（各国）商标流程支撑能力；账单处理能力；界面友善度；统计输出能力；审批流程等，更细的包括文档管理、工作语言、汇率处理……

四、以后怎么办？

随着大数据、人工智能（以下简称 AI）等介入商标行业，从商标起名、设计到商标审查、商标管理，都能感受到时代的变化。商标事务中一个一直以来的痛点就是人的主观因素较大，在商标近似审查、商标侵权判断时，A 商标到底与 B 商标是否构成近似？可能 100 个人有 50 个说是，50 个说否。一个商标审查员、一个商标代理人或法官，一辈子可能判断过几万、几十万个商标近似问题，但依然无法摆脱 50∶50 的场景。

商标申请量巨大，审查压力巨大，尤其是图形审查，可能真的需要技术能力的介入才能协助解决这个问题。在设计好算法的情况下，一个机器人可能一天就学习了几百万个案例，其经验值超越所有人类从业者。虽然这都是畅想，但商标近似判断能力多多少少是规则规律、工作经验、人类识别能力的积累，就像 AI 在围棋领域碾压人类一样，AI 很可能在商标近似判读上帮人类解决很大一部分问题。

企业管理人员可以大胆走在行业最前面，尝试通过新技术为自己的工作提供助力。让 AI 早期介入到商标起名、商标设计阶段，可以大幅提高商标注册通过率，降低商标注册风险，也同步降低了官方的执法负累。企业商标监测的体量也会随着企业商标总量的增加而呈几何级快速增加，有时候在时限内可能人工无法完成监测任务，这里也会需要 AI、大数据的配合。

总之，企业商标管理需求侧是商标法律及咨询行业未来发展的关键角色，需求带动变革，大家加油！

版权管理的道与术

王　冀　阿里巴巴集团法务&合规部高级法务专家，管理学博士，目前担任文娱事业群版权风险治理、版权资产管理和版权侵权监测业务负责人，曾任优酷网知识产权团队总监。首批全国专利信息利用师资人才、首批国家知识产权局骨干人才、北京市知识产权专家库成员、西安市知识产权专家库成员、温州知识产权学院客座教授。曾著有《专利信息分析实训》《专利分析——方法、图表解读和情报分析》两本专业著作。

> 文娱行业的版权管理工作应当贯穿整条业务链路，通过施加精细化的管理举措，在业务链路的每个环节创造直接业务价值。

版权虽然属于知识产权的子集，但是在文娱行业，版权管理相对于专利管理和商标管理具有较大的特殊性——"内容"是文娱行业的核心资产，管理版权就是管理"内容"的使用，因此，不像专利管理和商标管理偏重无形资产的管理，版权管理与主营业务紧密交织，管理的对象实打实的"有形可见"。

一、企业的全业务链路版权管理

文娱行业的版权管理，是以围绕业务链路为核心，以实现业务价值为目的，包含版权确权、信息管理、合规运营、授权管理、平台治理等环节的内容资产管理活动。因此谈版权管理之前，必须先了解文娱行业业务链路的特点。

如图1所示为文娱行业的业务链路，先看图1中左侧：企业通过采购或者制作（包含委托制作、自行制作、联合制作等）的方式获得节目的版权。获得版权后，通常有三种商业运作模式：第一种是自用，利用市场宣发手段营造节目在市场中的热度，唤起用户关注后，本企业独家播出；第二种是将版权分销给第三方获取版权费，或者分销部分版权给第三方，以供联合播出同时赚取部分版权费；第三种是基于节目IP开发和销售衍生品，当前市场中这种模式的成功案例相对较少。

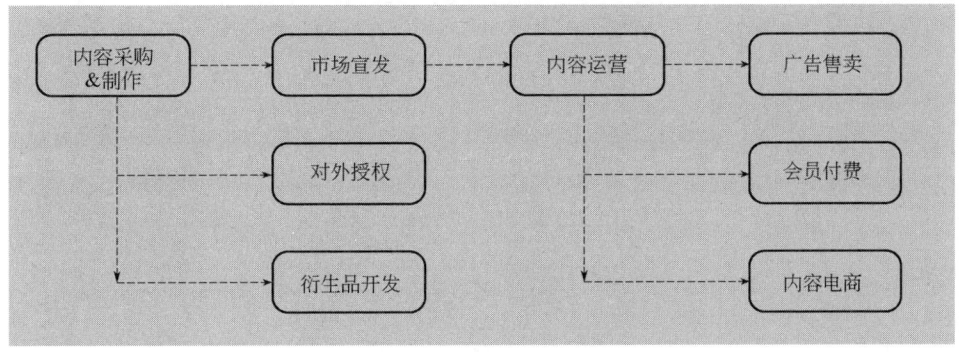

图1 文娱行业的业务链路

再来看看图1中右侧：企业利用宣发提升节目热度后，通过各种内容运营手段让节目尽可能触达更多的用户，如通过在微博营造热门话题、将节目切成短视频放到其他流量入口分发等，吸引用户来本平台观看。在节目播出时也有三种商业运作模式：第一种方式是在节目中投放贴片广告，既可以在节目正片的前中后部分插入广告，也可以通过技术手段在节目内容里无感地植入广告；第二种方式是引导用户购买会员卡，以使用户通过付费来获得免除观看广告、抢先看几集等会员特权；第三种方式是近两年比较热门的新模式，即利用节目为商品带货或者通过邀请节目主创开直播的方式获得打赏收入。

前文提到企业开展版权管理工作，需要贯穿上述整个业务链路，从而实现直接的业务价值。那么，到底可实现怎样的业务价值呢？通常来讲，不管处于业务链路中的哪个环节，一般可体现以下四个层次的价值：资产管理、资产经营、风险应对和业务对抗，如图2所示。

以内容采购&制作阶段为例进行说明，通过对合同约定的版权权利进行精细拆解和信息录入，可以提高公司的版权信息库全面性、准确性，从而体现资产管理的价值；通过对比分析过往同类合作获取版权的内容特点、权利范围和价格，管控当前合作的付款风险，保障企业利益最大化，从而体现资产经营的价值；通过在版权合同签署前审核版权链，排查版权权属纠纷，从而体现风险应对的价值；通过开展平台内用户上传内容的版权治理，保障合作方分成收益，协助业务争夺优质版权供应商，从而体现业务对抗的价值。

业务对抗	争夺供应商	客户侧版权形象树立	客户侧版权形象树立	侵权监测&投诉
风险应对	权利链审核	风险阻却&投诉应对	风险阻却	合同履约
资产经营	权利争取&数据分析	合规播控	经营型销售	经营型销售
资产管理	合同权利拆解	数据中心	数据中心	数据中心
	内容采购&制作	市场宣发&内容运营	对外授权&衍生品开发	广告&会员&电商

图 2 版权管理价值实现矩阵

再以对外授权&衍生品开发阶段为例进行说明，通过将版权权利范围转换成地域、时间、渠道终端、商品类型等颗粒度形式的数据并进行管理，形成版权数据中心，可以支持和敦促业务部门开展对外商业授权，从而体现资产管理的价值；通过主导或支持对外授予版权以获得商业收入，从而体现资产经营的价值；通过对过往对外授权数据做回流管理，动态修正版权权利范围，保障对外授权和衍生品开发的权利有效性，从而体现风险阻却的价值；通过建设专业化、产品化、规则化的版权管理机制和工具，向版权合作方展示本公司保护版权的态度和能力，从而体现业务对抗的价值。

由此可见，文娱行业的版权管理工作应当贯穿整条业务链路，通过施加精细化的管理举措，在业务链路的每个环节创造直接业务价值。

二、版权管理的道与术

文娱行业版权管理的对象是内容版权，本质上是要管理好版权在企业内部流转和运营的生命周期。版权的生命周期包括版权进入期、版权蓄水期和版权输出期。在版权进入期，管理的重点是规避版权采购中的权属瑕疵以及将合同中约定的版权权利如实地拆解为版权数据；在版权蓄水期，管理的重点是建设版权数据的管理系统，以及将版权数据和业务链路顺滑打通、推动版权权利的最大化使用和防止版权权利的超范围使用；在版权输出期，管理的重点是确保在有效范围内对外授权,以及将对外授权信息及时回流至版权管理系统以修正版权数据。

管理好版权在企业内部流转和运营的生命周期,务必需要抓住业务链路中版权流转的关键卡口,通常可以在以下几个环节加强卡口管理:版权入库、节目播控、用户上传、侵权投诉和对外授权。

(1)版权入库。版权入库是指配合版权合同签署,将合同中约定的版权权利全面、准确地转化为公司内部管理信息的环节。作为版权管理业务方,其职责包括审核版权方提供的版权链证明是否真实、完整,对版权合同中约定版权权利的条款进行拆解并将权利信息录入版权管理系统,变更版权管理系统中相应节目的版权状态,以及向各相关业务方发送版权入库完成通知。

(2)节目播控。节目播控是指根据版权管理系统中相应节目的权利信息,进行按期上线、地域范围控制(如禁止海外投放)、播放形态限制(如禁止投屏)、版权保护设置(如配置 DRM)等版权权利落地执行的环节。版权管理业务方在此环节的职责是确保版权权利如实落地执行,不变形不走样。

(3)用户上传。用户上传是指普通用户在网络服务提供平台上传节目视频的环节。版权管理业务方应秉持审慎的态度、尽到合理的义务,以保障用户上传的内容不侵犯第三方版权或者遵循版权合同中的相关约定。

(4)侵权投诉。侵权投诉是指第三方版权方发现网络服务提供平台存在侵犯其版权的节目视频后,向平台发起投诉并要求侵权视频下线的环节。版权管理业务方在此环节的职责是及时审核投诉权利的真实性和有效性,并对有效投诉指向的侵权视频进行屏蔽或者下线,甚至对侵权视频上传者进行惩戒。

(5)对外授权。对外授权是指企业向第三方转售、交换、许可版权的环节。作为版权管理业务方,其职责包括向业务方提供可对外授权的权利信息,交易完成后及时归拢对外授权明细,动态修正版权管理系统中相应节目的权利范围。

三、版权管理实务中的几项重点工作

(一)版权管理系统建设

版权并不是一项单一权利,形象地讲,版权更像是一个权利集合。根据现行《中华人民共和国著作权法》的规定，版权包含了十七项子权利，其中包括：（1）发表权；（2）署名权；（3）修改权；（4）保护作品完整权；（5）复制权；（6）发行权；（7）出租权；（8）展览权；（9）表演权；（10）放映权；（11）广播权；（12）信息网络传播权；（13）摄制权；（14）改编权；（15）翻译权；（16）汇编权，（17）应当由著作权人享有的其他权利。

除了法律规定，根据商业应用形态的不同，版权可以拆分出广告投放、衍生品开发、自由互动（如发弹幕、发红包）、分账模式、线下演出等维度的权利。此外，根据传播形态的不同，版权还可以拆分出授权周期、授权地域、是否独家、是否独播、是否首播（如全网首播、全媒体首播、网台同步、先网后台）、授权分辨率、授权平台、授权渠道、授权终端、授权载体（如公交车、飞行器、酒店）、播出形态（如点播、直播、轮播、下载）等多种维度的权利。

由此可见，版权需要拆解成如上所述的颗粒度进行管理，版权信息数据的精细化沉淀是开展版权管理工作的基础。如果企业的版权比较少，用一张数据表格进行线下维护可能就可以满足需要，但是在文娱行业，版权作为企业最重要的资产，有必要建设符合业务链路特点和法律法规要求的版权管理系统。

可能很多企业都有过建设知识产权管理系统的经验，但是传统的专利/商标管理系统往往是独立运行的信息化管理工具，而在文娱行业系统由于版权具有强烈的业务属性，因此版权管理系统应当定位于企业媒体资产系统的子集❶，必须内嵌到业务链路中，与财务结算、合同签署、节目播控、媒体资产管理等业务系统相耦合。

建设版权管理系统的底层数据库尤为关键。版权权利信息可以形象地比喻为"权利魔方"，前文提到的法律、商业应用形态、传播形态等权利维度将一项版权划分成X轴、Y轴、Z轴三个方向的多个权利块，版权底层数据库就是要将每个权利块准确地记录和表达出来。建设版权底层数据库的难点在于，不仅要通过拆解权利来对版权权利范围做加法，还要考虑版权对外授权会使版权权利范围产生做减法的效果，因此如何做数据结构设计是在版权管理系统设计规划阶段必须探

---

❶ 媒体资产，是指网站、电视台、广播电台、报社等媒体单位生产或者管理的，涉及音频、视频、图片、文字等方面的内容资产，内容资产中既包括内容数据本身，还包括描述内容数据的信息、版权、受众群等表征数据。

讨清楚的课题。

（二）版权合同权利拆解

日常签署的版权合同往往都使用"法言法语"，一般会通过概括性描述或者排除性描述来表达版权权利范围，但是这样的语言很难被版权管理系统直接识别。以下面的示例性版权合同条款进行说明。

在授权期限内，甲方授权乙方通过其视频播放技术平台在互联网、移动互联网上传播授权内容。

乙方负责在其运营和拥有控制权的域名（xxx.com）下网页及视频客户端，通过互联网、移动互联网（不包括机顶盒、电视终端、IPTV、互联网电视及与移动运营商合作的无线增值业务）向公众提供点播服务。

授权使用期限自20××年××月××日起至20××年××月××日止。

甲方授权乙方非独家的信息网络传播权、互联网及移动互联网点播权利。以上对乙方的授权不含下载、转授权和维权的权利。

授权地域范围包括中国大陆区域，不含港、澳、台。

…………

乙方有权在乙方平台、合作内容相关页面销售广告并独享其收益

…………

乙方播放甲方提供的合作项目时，不得破坏授权内容的完整性，未经甲方事先书面同意，不得插播任何内容（视频播放前后的贴片广告除外）；不得修改、增删和编辑甲方视频资料。

乙方不得对全部或部分授权内容使用任何已知的或未知的技术手段及工具进行模拟、复制或再次呈现，包括但不仅限于Flash、3D动画、Server Light、AR、VR、客户端计算机游戏等表现方式。

…………

乙方不得对根据本协议获得的权利进行任何形式的分许可、转委托或者转让、合作播出、品牌合作等。

上面的示意性合同条款明确表述了乙方获得的版权权利为信息网络传播权，不包含修改权和改编权，授权渠道不包含OTT（OTT是"Over The Top"的缩写，指基于互联网的视频及数据服务业务，亦称为"互联网电视"）、IPTV等，限制了下载、转授权等使用形态，同时约定了授权周期、授权地域、广告售卖等权利。

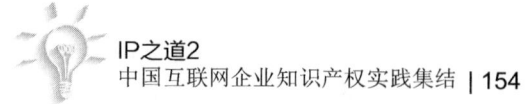

这样的概括性描述或者排除性描述，是不能直接被版权管理系统底层数据库利用的，需要转化为规范的权利信息数据。

版权管理业务方应当具备专业能力，将上述合同条款所约定的版权权利拆解为规范数据项并录入到版权管理系统中，或者建立机制推动版权合作商务团队录入上述规范数据项，版权管理业务方承担复核准确性的职责。由于版权合同定制化程度很高，合同条款难以模板化，并且由于技术进步和行业发展，产生了越来越多的新型版权合作模式，因此拆解版权合同权利的工作难点在于需要不断提升管理人员对版权行业发展态势的理解和对法律合同条款解读的能力。

（三）版权风险识别和治理

作为文娱行业的网络服务提供平台，每天都要应对用户上传内容带来的版权风险。用户上传的内容大致可以分为三类：第一类是用户自己拍摄或制作的视频，这种情况版权风险往往较低；第二类是用户基于现有作品的视频片段、图片、音乐片段进行的二次创作作品，这种情况比较复杂，也存在一定版权侵权风险；第三类是用户对现有作品进行剪切或者对剪切作品进行重新编辑，这种情况往往涉及侵犯版权。

应对版权风险时，网络服务提供平台目前主要依据"避风港原则"和"红旗原则"来处理。"避风港原则"来源于美国1998年制定的《数字千年版权法案》，其基本含义是：对于网络服务提供平台在其链接、存储的相关内容涉嫌侵权，如果其能够证明自己并无主观恶意，并且及时删除侵权链接或者内容，则其不承担赔偿责任，故"避风港原则"又称为"通知+删除"规则。简言之，"避风港原则"主要应用于互联网侵权领域，适用的对象是网络服务提供平台，即当网络服务提供平台接到权利人关于网络服务平台存在侵权内容或者侵权信息的通知时，必须采取合理措施，否则与侵权内容的提供或上传者（实际侵权人）承担连带责任。如果采取合理措施的，就无须承担责任。与"避风港原则"相对应的概念是"红旗原则"，即如果网络服务提供平台上的侵权内容是显而易见的，但网络服务提供平台假装看不见而没有采取合理措施，则应当承担侵权责任。简言之，"红旗原则"规定了网络服务提供平台如果未采取合理措施的法律后果是承担连带责任。

版权管理业务方日常对于版权风险的治理动作包括逆向治理和主动治理两个方面。逆向治理是指针对版权方有效投诉所提供的侵权链接，及时做出屏蔽处理，从而避免侵权内容进一步传播；主动治理是指为解决版权侵权顽疾或达成版权合作目的，在平台内部主动识别侵权内容并进行屏蔽处理的专项治理行动。前者的优势在于平台方投入成本低见效快，劣势在于不能预先防治；后者的优势在于通过治理在前来提前防止侵权发生，劣势在于平台方需要投入大量的人力和技术成本，上述两方面的治理动作相互补充，缺一不可。

在日常工作实务中，仍然存在很多疑难情况。版权方投诉的作品可能会出现重名情况，如《狸猫换太子》包含电影、电视剧、豫剧、评剧等多个版本的作品，如果投诉方仅提供作品名称和少数供参考的侵权链接（其本意是希望下线用户上传的无版权豫剧作品），则平台方难以主动识别哪些视频为投诉方作品所对应的侵权视频，因此主动治理工作并不容易开展；再例如，投诉方投诉的标的是音乐，要求网络服务提供平台删除所有引用该段音乐的视频作品，这时平台方可能很难识别哪些视频中包含侵权音乐的片段，这就增加了逆向治理工作的难度。面对上述情形，法律人必须秉持有热爱技术的心，需要寻求利用业内前沿的音视频指纹、模式识别等技术作为辅助，不断提升版权风险识别和治理工作的能力上限。

四、结论

版权管理是一项与业务链路紧密联系的工作，管理的本质在于管理版权在企业内部流转和运营的整个生命周期，管理的依据是《中华人民共和国著作权法》和规制版权传播、使用、平台责任的一系列法律法规，管理的目的是在业务链路的每个环节创造直接业务价值。

除了依赖法律法规的发展沿革，版权管理工作未来还将强烈依托技术进步，无论是版权信息管理，还是版权风险治理，都会随着版权技术的发展而大幅提升工作效率，最终可能颠覆工作模式。版权管理人应当兼具法律和技术两种领域的知识结构，始终保持着对行业发展趋势的好奇心，敢于审视现有版权管理工作的短板，通过优化管理规则和采纳先进技术两种手段并举的方式不断推动版权管理工作的提升和发展。

商业秘密保护和管理痛点剖析及思考

李丹意 深圳市紫光同创电子有限公司法务负责人，曾先后任职于精英知识产权集团、北京市中银（深圳）律师事务所，其在知识产权与商业秘密保护、管理领域拥有丰富的经验。

> 公司商业秘密体现的就是一种核心竞争力，是能够让一个公司成为行业领先者的知识和能力，是一种"人无我有，人有我优"的能力，而商业秘密就是法律赋予公司维护竞争优势最有力的工具。

商业秘密保护和管理是一个古老又年轻的话题。说它老，是因为它很早就萌芽产生了，最早可以追溯到奴隶社会时期。说它年轻，是因为直到现在，不论国内外，商业秘密保护和管理的理论研究和司法实践都存在极大的争议。这也是为什么国内商业秘密法律保护发展了这么多年，也没有通过立法设立商业秘密保护法，而一直将其纳入《反不正当竞争法》中进行规制和保护。

商业秘密对于高科技行业的重要性不言而喻，尤其是像笔者所在的以研发为主的半导体公司，但实践中却鲜有公司在商业秘密保护和管理方面，有与之发展相匹配的保护及管理措施。公司商业秘密体现的就是一种核心竞争力，是能够让一个公司成为行业领先者的知识和能力，是一种"人无我有，人有我优"的能力，而商业秘密就是法律赋予公司维护竞争优势最有力的工具。然而，"第一"总是让人来研究和超越的，就像各种纪录总是用来被打破的一样，似乎是一个历史规律，所以侵犯商业秘密的行为就无时无刻不在发生。加上现有立法对商业秘密保护的缺失，以及司法实践对商业秘密保护的举证要求过高，公司的商业秘密保护和管理往往不管不行，管又不知道从何处管起。

一、商业秘密保护和管理的痛点

（一）商业秘密的定义

如前所述，目前商业秘密保护法还未出台，商业秘密的定义出自《反不正当竞争法》第九条：本法所称的商业秘密，是指不为公众所知悉、具有商业价值并经权利人采取相应保密措施的技术信息、经营信息等商业信息。从定义的外延来看，商业秘密指的是信息，与其他传统的知识产权（专利权、商标权、著作权）不同，公司内的任何信息，只要满足定义涵盖的三个条件，即秘密性、价值性和保密性，都可以作为公司的商业秘密。

（二）公司内部商业秘密保护和管理中的痛点

从已经公开的案例看，70%以上的商业秘密的泄露都来自公司的前员工，而商业秘密保护的悖论是：能产生核心竞争力的商业秘密被用于公司运营中，公司就不能将商业秘密与员工相隔离，商业秘密的使用需要公司向员工公开，否则无法产生核心竞争力。而这就存在员工时刻有离职并带走公司商业秘密的风险，这点可以从已经公开的司法判例的数据得到论证。

公司的核心竞争力来源于商业秘密，其为公司提供了竞争优势的机会，是拉开公司与竞争对手之间差距的主要原因，而这种差距又极大地依赖于公司商业秘密的保密性和价值性。而你读到此处的时候，可能你公司的商业秘密正处于被窃取或泄露的危险中，而且这种危险是巨大并且持续增加的。而且实际上，大部分公司的商业秘密保护处于"裸奔"状态，公司管理层没有意识到危险，也没有应对这种突发危险的措施和能力。

（三）司法实践中商业秘密保护和管理的痛点

从无讼网案例库中历来案例的数据来看，商业秘密案件总量虽然不大，但在不正当竞争纠纷中所占的比重较大（图1），从案例分布情况来看，商业秘密案件集中在北上广深等经济发达地区（图2），从结案方式来看，商业秘密案件撤诉很高，直接判决的较少。从司法案例看出，相比其他类型案件，商业秘密案件虽然量不多，但是审理难度大、周期长，这是处理商业秘密案件各方的普遍认识。《反不正当竞争法》的立法保护相对比较原则，相关的司法解释远远解决不了层出不穷的新难题，因此，法院在适用法律面临很多疑难且有争议的问题，都是司法实践中所面临的疑难问题。不为公众所知悉的举证责任、刑事案件中损失的认定，其中还涉及保护公司利益与离职员工自主择业权的平衡问题，都是商业秘密保护面临的困难。

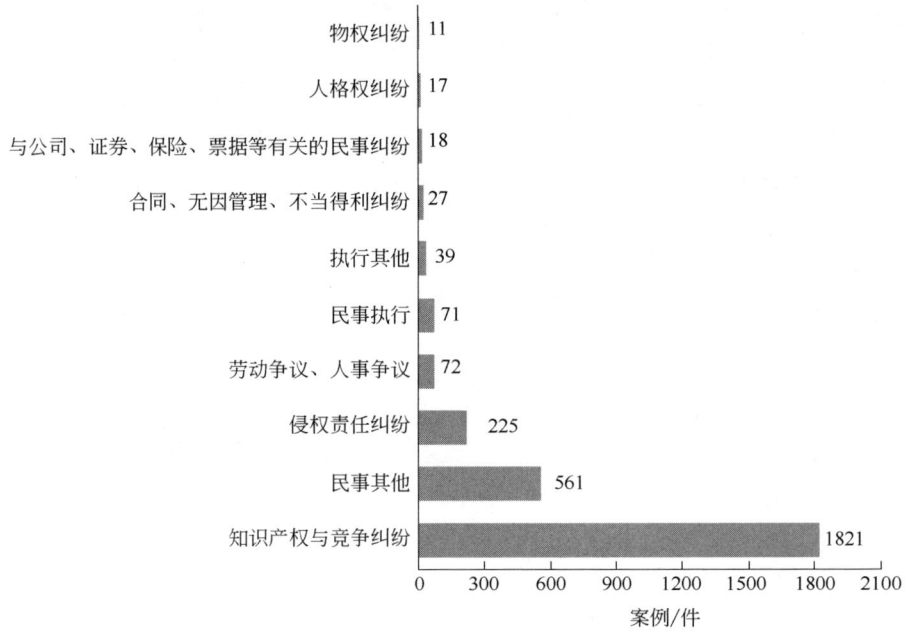

图 1　商业秘密保护案例案由分布

（数据来自无讼网）

1. 秘密点不明确

审理商业秘密纠纷案件，法官首先需要查明的就是原告主张被侵犯的商业秘密的内容，即秘密点。而实践中，很多原告直接将一大堆的技术文档、设计图、合同等提交给法院，法官需要花很大的精力引导原告将其秘密点概括出来，如果原告不能准确概括其秘密点，那么就会增加审判的难度，甚至有可能无法概括其秘密点，不能确定保护范围而导致诉讼无法进行下去而撤诉。

2. 无法证明秘密点"不为公众所知悉"

"不为公众所知悉"是商业秘密保护的法定要件之一，对于秘密性的内涵，实践中不论法官，还是律师的观点基本是一致的，但是对于"不为公众所知悉"的判断标准就各执一词，争论不断。"不为公众所知悉"属于消极事实，原告一般很难证明，根据"谁主张谁举证"的原则，原告通常因举证不能而败诉。在 2019 年修订的《反不正当竞争法》中，"不为公众所知悉"的举证责任作了较大修改，商业秘密权利人仅需提供初步证据，证明其已经对所主张的商业秘密采取保密措施，且合理表明商业秘密被侵犯，此时举证责任将倒置给被告，由其证明权利人所主张的商业秘密不属于《反不正当竞争法》规定的商业秘密。也就是说，权利人只需要证明商业秘密法定要件中的"采取保密措施"，再合理表明商业秘密被侵犯的后果，涉案商业秘密"为公众所知悉"将由被告承担举证责任。由此，原告对秘密性的举证责任将大大减轻。

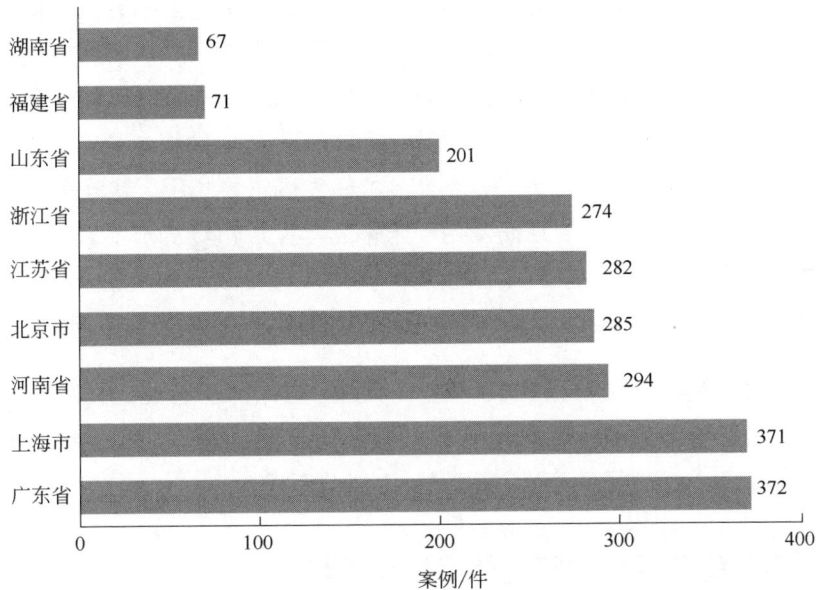

图 2　商业秘密保护案例分布

（数据来自无讼网）

3. 无法证明采取了合理的保密措施

公司在经营管理中采取的保密措施多种多样，通常采取入职签署保密协议的方式，但是这种保密措施在实践中存在较大的争议。因为很多公司与员工签署的保密协议中的保密要求过于宽泛、笼统，仅仅写明员工在职期间及离职后应当保守公司的商业秘密，而没有明确需要保密的具体内容及范围。一般这种情况，法官是很难判定原告主张的商业秘密到底属于一般性的保密条款，还是保密要求中的商业秘密，也无法判定员工已经通过保密措施，知悉了公司的商业秘密的秘密点，所以也无法认定员工带走所掌握的相关信息并使用，具有主观上的恶意。因此，仅凭公司与员工签署的保密协议中原则性的约束，不足以认定公司采取了必要的保密措施。无法证明公司对商业秘密采取了合理的保密措施，是导致很多商业秘密侵权案件败诉的原因。

4. 无法证明侵权造成了损失

处理商业秘密纠纷案件通常存在民刑交叉的问题，如果商业秘密权利人要对侵权人采取刑事立案措施以保护公司的商业秘密，法定要件之一是需要证明商业秘密权利人因为侵权人的侵权行为而遭受损失达到 30 万元以上。一旦商业秘密权利人无法证明自己的损失达到 30 万元以上，公安机关通常不会立案侦查。实践中权利人很难证明，导致很多商业秘密泄露而权利人无能为力，因为权利人在知晓其商业秘密被带走、被恶意披露，该行为不会立即造成损失，甚至较长一段时间内都不会对其原有业务造成立竿见影的效果，而该行为造成的损失通常在好几年，甚至更长的时间才会显现出来。例如，新产品的研发的进展情况，被竞争对手通过不正当手段获取，本来权利人规划研发用于未来三年投放市场的产品，三年后权利人准备投放市场前，发现其竞争对手已经先于权利人将类似产品投放市场了，权利人前期投入的人力、物力等巨大投入，在权利人知悉时可能是无法证明的。

有鉴于此，笔者总结自己在公司进行商业秘密保护及管理过程中的一些心得和技巧，让读者看到后对于公司发展的不同阶段，能迅速抓住商业秘密管理及保护的重点和要点，将公司的商业秘密保护、管理起来。

二、商业秘密保护和管理的目标和建议

公司内部进行商业秘密保护和管理，首先要确定一个目标，即根据公司不同发展阶段，需要做到何种程度。对于中小型公司仅需做到"管住入口"和"堵住出口"即可。

（一）管住入口

1. 商业秘密管理制度建设

商业秘密管理制度的建立是公司进行商业秘密保护和管理的依据和基础，是

约束公司员工、保护商业秘密的主要手段之一。怎样的制度既可以达到保护商业秘密的目的,又不影响公司各项工作正常开展,而且还能降低公司保密成本呢?再完善的制度和保密措施,都不可能确保公司的商业秘密一定不会被泄露或窃取,而且越完善的制度意味着管理成本也越高,《反不正当竞争法》只要求公司采取了与之商业秘密内容相符合的合理措施即可。因此,笔者认为对于中小型的公司,商业秘密制度只要涵盖信息、载体、区域、渠道、人员、措施这几大内容,即要解决哪些是涉密信息、涉密信息储存在哪里、涉密载体存放在哪里、涉密信息流通的渠道是什么、能够接触到涉密信息的人员,同时,商业秘密管理制度必须在公司公示。

2. 保密意识宣导

商业秘密保护文化对于公司来说是极为重要的,这种文化需要确保有效的自上而下的目标交流和自下而上的需求沟通。[1]商业秘密的保护不仅需要靠健全的商业秘密管理制度、完善的保密措施,更重要的是建设公司的商业秘密保护文化,提升员工的保密意识,通过保密意识及法律知识培训及考核,增强员工自觉保守商业秘密的意识。只有将文化、制度、保密措施与员工的保密行动结合起来,才能筑成公司坚不可破的保密墙。笔者所在的公司在商业秘密管理制度推行前,先获得管理层的支持,跟管理层进行商业秘密管理制度的研讨会,确认公司在不同发展阶段商业秘密保护和管理的目标计划,然后再对全公司进行保密意识及法律责任培训。从上而下的意识宣导,让保密观念深入到每个员工的心中。

3. 商业秘密管理切入点

通常,以研发为主的高科技公司的商业秘密主要有技术资料、工艺技术、销售信息、采购信息、财务信息等。而研发部门以技术资料、源代码及工艺技术居多,梳理起来工作量也相对更大,职能部门涉及的商业秘密相对较少,且没有技术资料、工艺技术复杂,梳理和管理也相对简单。因此,建议可以先从职能部门开始梳理和管理。通过先梳理职能部门的商业秘密,总结的方法论及经验又可用于后续梳理和管理研发部门的商业秘密。

---

[1] 马克·R.哈里根,查理德·F.韦加德. 商业秘密资产管理——信息资产管理指南[M]. 北京:知识产权出版社,2016:75.

4. 物理设备管控

物理设备管控就是加强公司软件和硬件建设，加强物理设备管控的目的是，做到涉及公司商业秘密的内容"只进不出""只上不下""访问留痕"。具体到公司商业秘密保护和管理工作中，对于软件和硬件建设的要求需要达到，涉密信息能进来，未经审批不能随意流出，公司电脑或服务器上的涉密信息能上传，未经审批不能随意下载、复制或拍照，对涉密信息的访问必定留痕，能做到这三点，对于大部分中小型企业就足够。因为不论追究泄密者民事责任，抑或刑事责任，都有较为充分的证据。至于更高的保护要求，对于物理设备管控的要求就会更高，因为篇幅的限制在此不展开详细论述。

（二）堵住出口

堵住出口可以理解为防止商业秘密泄露，以及发生泄漏后公司可以采取哪些救济措施。这里说的泄密途径很多，总结起来主要有权利人自己的员工泄露和外部人泄露两种。如何有效堵住泄露口，有预防措施和救济措施两种方法可供参考。

1. 预防措施

预防措施，就是在商业秘密还未泄露之前，找到疏漏点并及时堵住。说到疏漏点就要谈到商业秘密的分级管理了，通常可以根据涉密信息的重要程度，将公司所涉及的所有商业秘密分为三级：绝密、机密和秘密三类。那么难题就来了，怎么先确定公司的哪些信息属于公司的商业秘密？这就需要先对公司的涉密信息进行清查、分类和确定是否属于公司的商业秘密。

（1）潜在商业秘密的清单。相比盘查公司固定资产而言，盘查公司有价值的信息（无形资产）就是一件难度较大的事，因为没有任何账簿、发票记录该无形资产，它可能仅仅是作为一种信息存在于公司的服务器上，公司的电脑中，甚至员工的大脑中。但不论以什么形式存在，总有员工知道该种信息，那么我们要做的就是组织培训，先告诉这些知道的员工，什么是商业秘密，哪些信息可能属于公司的商业秘密？这一步完成之后，让掌握这些商业秘密的员工将其所掌握的商业秘密清单列出来，收集公司潜在的商业秘密，然后由公司的管理层审阅并确定清单上的信息，将不属于公司商业秘密的信息删除，逐渐精确和缩小公司商业秘密的范围。

（2）潜在商业秘密的分类。盘查出了潜在的商业秘密清单，如同固定资产有了清单一样，公司可以按照对固定资产的管理一样，对这些信息进行分类管理。不同于固定资产分类的单一性，商业秘密信息具有多样性的特征，如何有效进行分类，又可以有效管理，推荐一种比较有效的商业秘密管理分类，对潜在的商业秘密按照"产品"的"主题+类型"的方法进行分类，比如芯片的设计方案、芯片的营销计划、手机的生产工艺等。这种商业秘密分类的方法叫"SFP分类法"❶。这样分类的好处在于，能以少量的主题、类型和产品形式对大量的商业秘密进行有效的细分管理。比如集团公司有15个部门，其中有40种有价值的商业秘密信息，用于指导15款不同类型的产品，那商业秘密的种类就有9000个SFP，可以将如此多的商业秘密进行有效分类，因为员工对于公司的信息类型及生产和销售的产品都很熟悉，就不需要对员工就9000种分类的使用进行培训，降低管理成本。

（3）真实商业秘密的确定。通过清查和分类后所得的商业秘密，需要经过公司管理层的评估和确定，那怎么评估和确定一个商业秘密到底属于绝密、机密和秘密呢？有一种方法可供参考，可以简单称为六要素五分制法（表1）。

表1　六要素五分制

序号	判断要素	分值				
		5分	4分	3分	2分	1分
1	在公司从事的行业外，该信息被知晓的程度					
2	在行业内，该信息被员工和其他有关人员知晓的程度					
3	公司为保护该信息的秘密性所采取的安全措施程度					
4	该信息对公司和其竞争对手的价值					
5	公司在研发该信息时付出的人力和物力					
6	该信息被他人获知或复制的难易程度					

六要素五分制的评价方法直观易懂，通过这种方法公司可以快速、高效地将分类好的商业秘密做好分级，然后对属于商业秘密的信息进行明确标识，警示公司内部员工及外部人员该信息涉密，并采取与之密级相对应的保密措施。

---

❶ 马克·R.哈里根，查理德·F.韦加德.商业秘密资产管理——信息资产管理指南[M].北京：知识产权出版社，2016：83.

但是需要注意的是，商业秘密的分级组合不是一成不变的，比如芯片的销售预测方案，在该产品未投入市场之前它的分级可能定位绝密等级，知晓的人员范围肯定也是很小的，但是一旦该产品成功投放试产，那该商业秘密的等级可能就会下降到秘密等级。相应地，之前秘密级的商业秘密也可能会上升到机密或绝密级的保护程度。

（4）全链条协议。全链条协议指的是公司与员工从入职到离职都要签署保密协议，以及公司与客户达成交易前需要签署保密协议，达成交易后签署商务协议在协议正文中都要设定相应的保密条款。保密协议一般是公司与知晓公司或即将知晓公司商业秘密信息的人或公司签订的，约定的内容主要有保密的内容、范围、期限、违约责任和争端解决方法等内容。对于掌握公司商业秘密的重要人员的离职，公司可通过离职洽谈会重申保密义务、签署保密承诺书或者签订竞业限制协议的方式，以确保员工离职后继续履行保密义务。从实践案例来看，签署竞业禁止协议对于公司商业秘密的保护具有很好的效果，竞业禁止协议对于公司商业秘密不被非法公开，或者被非法公开后可以作为重要证据，有力打击违反保密义务，侵犯商业秘密的行为。

（5）流出监控。

① 商业秘密流出、访问留痕。如前所述，商业秘密虽然很重要，但是只有用于公司经营才会产生价值，因此不可避免地会被公司员工所知悉。知悉商业秘密的员工因为业务开展的需要，不得不将商业秘密信息带出公司，为了防止商业秘密被泄露或非法使用，对于流出公司的商业秘密必须进行审批、登记，确保商业秘密流出做到有证可查，责任到具体人。

访问留痕是通过在公司服务器上安装相关的访问控制软件，对凡是访问过商业秘密信息的人员信息通过日志的形式全部记录下来，以备查询，不论有权访问还是无权访问，访问留痕对于证明商业秘密何时被何人侵犯具有很强的证明力。因为商业秘密侵权案发周期长，因此，记录访问日志及服务器上有关商业秘密的形成、使用、存储活动都应当被长期保存，而不是定期删除，否则会导致有些关键证明被误删。

② 员工离职访谈、清理、取证机制。根据实践案例的统计，商业秘密侵权纠纷案件 70% 左右是由于员工离职引起的。因此，员工离职一个月前后是

他复制、披露或使用公司商业秘密最危险的时间,尤其是员工因为工作不顺或者被解雇等非正常原因离职的,要防止其带走公司的商业秘密,因为他基于工作经验,不会跳脱自己的工作范围,很可能直接加入竞争对手公司,而商业秘密在那里大有用武之地,可以助其升职加薪。因此,人力资源部进行在离职洽谈中要包含商业秘密的内容,可以让法务部针对该员工接触到的商业秘密内容做一份承诺书,主要内容可以包含:第一,离职后对于知晓商业秘密的保护义务;第二,离职后不会将知晓的商业秘密公开或自用,或为自己或他人利益而使用;第三,离职前已经将属于公司的商业秘密全部归还公司,自己不留有公司的任何商业秘密信息,并要求其签署该承诺书。签署承诺书的意义在于,防止发生商业秘密侵权纠纷时,离职员工抵赖说"我不知道这是我的义务",或"我不知道这是公司商业秘密"的情况。签署了承诺书只是重申离职员工对有保守公司商业秘密的义务,以及将商业秘密归还公司的义务。而如果他拒绝签署承诺书,则在未来可能发生的商业秘密侵权中可以证明其心虚,具有不良企图,可以加强法官的内心确认。清理、取证,则是在员工离职之后,通过一定的技术手段扫描其电脑,尤其是离职前一个月左右的时间重点访问和关注的信息,是否存在上传或复制的记录痕迹,清理其邮箱是否存在外发涉密信息邮件,如有,做好相应的取证措施。切勿在员工离职之后,立即将其电脑格式化给新进员工使用,这样可能会导致很多重要的证据丢失殆尽,对后续可能发生的商业秘密侵权诉讼造成不利影响,甚至由于关键证据的丢失,直接导致整个诉讼的败诉或无法继续进行下去而撤诉。

2. 商业秘密泄露的救济措施

(1)紧急措施。对于公司有严重怀疑的离职员工,且在离职后经过清理其电脑,发现充分的窃取商业秘密的证据,并对相关证据予以取证,则可直接向公安机关报案,以侵犯商业秘密罪或者非法侵入计算机系统罪对其进行刑事立案,最大限度地降低其泄露公司商业秘密的可能。

(2)调查计划。如员工离职后短期内未收集到充分的证据,则可以委托专业的调查公司,在法律允许的范围内对其进行调查,基于现代社会的压力,大部分人离职后基本会在一个月内奔赴新的工作岗位,而对于那些技术岗位则可能更快,甚至可能在离职第二天就进行入职体检等入职准备工作。调查细节就不展开阐述,一旦调查公司发现有较为充分的证据，就可以通过刑事立案的方式对其进行刑事拘留，根据笔者的经验，未系统学过反侦察的普通人，在被刑事拘留后一般都会一五一十地将自己的所作所为全部说出来，那么由此形成的书面讯问笔录就是很有力的证据，即便最终达不到侵犯商业秘密罪的立案标准，其在未来很长一段时间内也不会将知晓的属于公司的商业秘密泄露出去，因为他必须考虑由此产生的法律后果。

（3）谈判许可。前面两点主要针对的是离职员工带走商业秘密的救济手段，对于竞争对手非法获取公司商业秘密的救济手段，可以区分情况采取民事或刑事或谈判许可的形势予以处理。平等的商业主体一般很难通过一次诉讼或一个案件就能将竞争对手直接打趴下，而且在公司欲将竞争对手置于死地时，竞争对手可能会想方设法存活，这时爆发的力量有时是我们难以想象的。商业秘密纠纷如同专利侵权纠纷一样，专利侵权的通常思路是看能否无效对方的专利，商业秘密纠纷同样如此，权利人的秘密点不稳定也可能会被对方找到属于"公众所知悉的信息"，进而直接打掉商业秘密的基础——秘密性。因此，公司在调查到了较为充分的证据时，在诉讼过程中可以通过谈判许可要求对方支付授权许可费用的方式保护公司的商业秘密，为其非法获取他人公司商业秘密的行为买单，实现商业秘密保护和管理的目的。

最后提一点，流入公司的商业秘密的管控同样极为重要。流入的商业秘密，一方面来自商业秘密许可；另一方面来自聘用竞争对手的离职员工，在某种程度上，违反流入公司的商业秘密《保密协议》，或者违法使用和披露公司负有保密义务的商业秘密，甚至比自己公司的商业秘密泄露的后果更严重。这一点在"鲁西化工赔偿陶氏化学 7.49 亿元商业秘密纠纷案"中体现得淋漓尽致。因此，公司同样需要对流入的商业秘密进行严格管控，以确保不会因此承担法律责任。

上述思考是笔者在工作中总结的一些心得体会，并且跟调查公司的相关人员进行深入讨论论证确实可行，且在实践中已经多次采用，对于公司保护商业秘密取得了积极的反馈作用。希望上述措施及建议对公司法律同仁进行商业秘密保护和管理具有一定参考和借鉴意义。

利用大数据提升企业商标全链条管理能力

许立举　毕业于武汉理工大学，先后任职于富士康、群创光电、宝时得科技、智慧芽，现任北京梦知网科技有限公司知识产权副总裁，具有 21 年的知识产权实务与管理经验。

> 一个企业要获得成功，可能的决定性因素在市场人群的精准定位、服务和体验的特色、运营和管理的能力，然而以上提及的成功要素，从法律范畴看，在整个商业社会中，大部分是承载在企业的商标价值上的。

随着中国品牌升级，越来越多的企业对商标的重要性有了更新的体会，特别是近年频频出现的商标纠纷大案，让越来越多的企业家、创业者认识到企业发展、商标先行的道理。

随着供应链和营销体系越来越成熟和模块化，一个企业要获得成功，可能的决定性因素是市场人群的精准定位、服务和体验的特色、运营和管理的能力。然而以上提及的成功要素，从法律范畴看，在整个商业社会中，大部分附加在企业的商标价值上。企业给自己的产品和服务取了一个独一无二的名字，并将其注册为商标，通过客户定位、服务设计、运营管理，将企业的价值转换为商标的价值，形成了品牌。我们很惊喜地看到，越来越多的企业开始重视作为品牌载体的商标管理，也有越来越多的公司会独立配置专门的企业商标管理岗位。企业商标管理岗位到底应该管什么，以及如何进行高效的商标管理，就是本文要探讨的问题。

一、什么是企业商标全链条管理能力？

企业商标全链条管理到底应该管理什么？在笔者所接触的大部分企业中，企业商标管理人员常常由法务部或者知识产权部兼顾，业务重点在于商标的申请确权，即确保业务部门指定的产品和服务名称可以获得注册。在这种状态下，大家的日常工作就是对接业务部门要申请的商标名称，自行检索或委托第三方代理机构进行检索，确定申请类别，预测通过率，跟踪申请结果，归档并进行基本流程管理。

在商业时代，如果企业商标管理人员仅仅局限于确权工作的话，远远未能体现出这份工作的价值和意义。

从商标的生命周期来看，整个商标的管理工作应该分为确权、交易、保护和资产化环节。

（一）确权

笔者认为除了大家日常所理解的检索查询、注册、复审、无效、撤三、无效答复、撤销答复这样日常的基础业务外，确权更加应该进行主动的风险监控。

这里的风险监控至少包括以下4个方面。

（1）盲期公开的风险。大部分企业商标管理人员及第三方代理机构在商标递交之后，就坐等商标初审公告通知书或者商标驳回通知书。然而实际上，即使商标局大力缩短了商标审查周期后，商标申请到初审或驳回也需要6~9个月，在这段时间，不少公司的产品或服务已经推向市场或者至少对部分投资人和客户进行了公开，由于事前商标查询盲期的存在，还是会出现原本认为大概率能申请下来的商标其实无法注册。为此，对于新申请的商标，在申请后的一周、二周、一个月的时间内进行补充查询十分必要。一旦出现注册风险，应该第一时间做出应对方案。

另外，目前大客户企业都明白需要对商标进行一定程度的监控，以掌握动态，减少风险，但是绝大部分企业主要关注的是企业的核心商标，在监控数据源上，也更多关注初审公告数据，即监控每一期公告数据中与本公司核心商标相同或相似的商标，以此提出异议，避免被其他公司"傍大腿"。

（2）潜在侵权风险监控。关注公司所有的商标（特别是还未注册成功的商标，而非核心商标）是否会侵犯目前初审公告商标的权利，就算我们没有立场去异议初审公告的商标，但如果我们了解该风险，就可以尽早打算。

（3）潜在被侵权风险监控。作为商业监控的一种，企业商标管理人员更应该去发现比对整个申请数据库（而非仅仅是初审公告）中与本公司相同或相似的商标公开，虽然这些商标大概率因为在先相同或相似商标的存在导致无法授权，但是绝对可以从中窥视出潜在竞争企业的信息。笔者曾经通过商标监控发现当时公司原离职的销售总监在外注册了一个公司，售卖与当时公司高度雷同的产品，如果不是通过更广泛的商标监控，是难以发现的。

（4）竞争对手的监控。针对特定的竞争对手商标进行监控也是非常有必要的，除了获知竞争对手的各种商标申请近况、法律状态变化外，更加重要的是，打通工商数据，探究和深挖竞争对手关联企业，获取竞争对手全面的商标申请情况。除此之外，还可以考虑主动出击，通过商标转让的方式，对竞争对手的核心商标设置注册障碍，将商标竞争真正升级为商业竞争。

（二）交易

广义的交易可以理解为转让和许可。企业商标管理过程中，既有可能会出现从第三方购买商标，也有可能将闲置的商标进行处理。为了配合企业的不同经营模式，如设立合资公司、开发加盟商或渠道商，或者成为他人的加盟商或渠道商，这些都有可能涉及商标的许可与被许可。

以从第三方购买商标为例进行说明，商业产品的更新迭代越来越快，很多企业的新品发布已经等不及商标的注册，对于新品的主名称与原已注册品牌主名称相同的情况，如"华为云""华为电视"与"华为"之间的情况，企业无须等待新品名称注册成功即可开展业务。但是对于新品名称与已注册品牌不同时，为了提升商业运营效率，相比让业务部门绞尽脑汁想名字，还不确定 6~9 个月是否能注册下来，快速、高性价比购买市场上成熟的好商标不失为一种更好的选择。

在商标市场上进行商标选标时，必须考虑的问题和环节至少有以下 4 个方面。

（1）如何最大限度地整合可交易商标资源？国内至少有四五十家商标交易网站，每一个网站中可交易商标的数量都是有限的，如果仅仅在一个网站中进行比较，企业很难找到符合要求并且性价比高的商标。

（2）如何识别商标转让方的合规性，规避商标转让过程中的法律风险？随着国家对囤标行为的打击，不少权利人的商标转让会在转让登记阶段被驳回。如何识别权利人的身份，确保其是适格的持有人，是保障后续商标转让成功的关键。另外，转让期间是否有可能会出现商标撤三、无效的风险，是否存在相同或相似商标、同一商标不同类别的未转让风险，这些都是在确定标源时必须认真调研和思考的工作。

（3）如何进行商标价格的谈判？商标由于不具备统一的衡量标准，同一个商标针对不同的性质的买家报价差异悬殊，如果自身为大企业，直接与商标转让方进行谈判，一定会导致对方坐地起价。大部分商标转让方为小微型企业，如何与这些小微企业谈判，避免被高价收割，这也是一门社会学技巧。

（4）如何减少商标转让不成功的损失？整个商标转让过程长达 6 个月，绝大部分的企业在签署商标转让合同、支付首款后，就会投入使用。万一商标转让失败，如何减少损失也是企业商标管理人员必须事先思考的问题。首先要思考的是，如何确保公司业务依然可以持续下来。在商标转让的同时，要求对方出具单方不可撤销的独占实施许可合同是一个可选的方式。其次，还需要考虑如果决定更换商标，如何减少经济上的损失？如前所述，大部分商标持有人均为小微企业，针对大额的商标款很有可能没有偿还的能力，因此在交易时，选择可靠有实力的行业大平台就是一个保障事后权益的好方式。

（三）保护

保护的力度决定企业对商标的投入效果，如果大量的商标被侵权而无法获得保障，企业也会对商标的制度失去信心。因此，在企业被侵权时，确保有能力第一时间打击侵权方；以及在企业被诉侵权时，确保有能力减轻企业责任，是对企业商标管理人员的巨大考验。

保护从狭义的分类来看分为司法途径和行政途径。相比于国内庞大的申请基数，目前无论是行政执法还是司法执法数量都很小。不可忽视的是，随着公众的知识产权法治意识的提升，行政执法和司法执法的数量在快速增加。司法途径的优势在于司法流程通常较长，经过长时间多层级法院的审判，准确性相对较高。行政途径的优势在于快，执法部门一旦立案，执行起来相对于司法途径更迅速，缺点是准确性较低。

（四）资产化

大部分企业对"商标资产化"的概念感觉比较陌生，认为将商标作为一个资产看待的过程和手段就可以称为"商标资产化"。资产化通常包括商标的质押、融资、资本化等，无论是质押，还是融资、资本化，其前提是商标的价值评估。

也许大家偶尔会见到、听到不少大额的商标、融资和资本化的新闻，除了少数头部消费企业因企业大量的商誉已经聚集到核心商标名下，可以获得单纯的商标（无须其他抵押物）质押贷款外，对于大部分企业而言，高价的质押、融资、资本化背后一定是企业和实控人的信用担保、有形资产担保。在这种情况下，大部分商标价值评估是为了满足资产化过程中的合规性要求。

如果公司规模较大，企业商标管理人员多向法务总或者是公司副总裁级别汇报的话，日常工作中积累一些资产评估公司资源，在企业贷款时做好合规性配合即可。如果企业商标管理人员有机会直接向 CEO 汇报，那么多关注各商业银行的知识产权质押融资的政策，以及一些政府平台的知识产权融资租赁政策，在企业现金流短缺时，这些通道都有助于解决企业的资金问题。

二、大数据等技术在企业商标管理中到底可以做什么？

描述完当下企业商标管理的全生命周期——确权、交易、保护、资产化周期后，摆在企业商标管理人员面前的就是——如何高效地做好商标的全生命周期管理？

商标数据在数据结构上属于结构化数据，在业务场景上，均是从一个固定的数据库中以一个相对稳定的规则进行数据的挖掘、梳理和筛选，对于这一类对象和场景，对其进行数字化管理绝对可以说是最佳路径，没有之一。

我们可以在一些具体的应用场景中窥视大数据技术如何帮助企业进行商标管理。

（一）查询的智能化

目前企业商标管理人员花费大量的时间收集需求部门意向注册的商标，向供应商发送需求，审核供应商的商标查询结果。整个过程耗时长、工作琐碎。按照目前中国事务所代理人以及商标申请量计算，每个商标代理人的商标处理带宽是有限的，每天能处理的商标查询数量也是有限的，可能导致大量时间投入后，结果反而不具有客观性和稳定性。

大数据查询系统就不一样了，它们有相对稳定的判断算法，可以根据历史商标驳回数据去校验算法。更加重要的是，电脑的运算速度是人脑不可企及的，效率更高。

现在智能化的查询系统，可以一键给出任何一个商标在 45 大类约 755 小类的注册概率。如果使用上批处理功能，一键给出 100 个，甚至 1000 个商标在每一个小类的注册概率也是很容易的。这样就轻而易举地将需求部门、企业管理者甚至代理人从重复的商标查询工作中解放出来。

（二）监控的自动化

一个企业若能专门设立一个企业商标管理岗位，表明这个企业对商标是重视的，也意味着企的商标数量通常是可观的。这种情况下，如果企业商标管理人员简单地要求供应商通过人工的方式逐一对比自有商标与初审公告及新公布的商标，这个工作量是巨大的。所以大部分公司都会退而求其次，仅仅关注公司的主商标。然而，商标的价值常常不是由企业自身决定，而是由整体市场需求决定，针对公司每一个商标进行监控非常必要。

目前的大数据工具可以针对任何一个企业的全部商标状态进行一键监控。

（三）深度商业信息的挖掘

商标不仅仅是一个法律概念，通过商标窥视商业已经成为一个资深商标管理者必须具备的能力，即利用商标大数据技术快速发现行业各类商业情报。

然而越来越多的竞争对手变得更加"聪明"，通过子公司、下属公司甚至无关公司进行商标主动布局或攻防布局。如何从整体上把控每一个商品项/服务商商标，就是大数据技术的一个简单应用。

对于一个手机公司的企业管理者而言，可以通过"商品/服务项"中包含"手机"的字眼筛选出所有的历史商标，然后通过类别、法律状态、申请年份的筛选缩小范围，再通过申请日期、初审日期、注册日期、闲置转让、评审文书等角度进行更精准的排序查看。这样的方式可以让企业商标管理人员快速掌握近期在"手机"商品项上的相关玩家。

概括而言，商标数字化过程可以给企业商标管理带来如下好处。

（1）快速提升效率。通过AI+大数据工具，原本烦琐、重复的数据收集及整理、分析工作被快速替代，效率提升百倍以上。作为企业商标管理人员，日常工作中大量的工作时间被节省下来，可以思考更多对企业有长远价值的不可替代性工作。

（2）减低管理成本。当商标从确权、交易、保护和资产化都被数据化后，我们明显地看到可以大幅度减少人力，减少人与人之间的低效沟通。更加重要的是，在越来越多的查询分析业务上，大数据工具的准确度很高，工具使用后可以提升授权率，减少后续风险规避的解决路径。

（3）关注全局概念，扩宽业务边界。在没有大数据工具的时候，我们很容易局限于单个具体案件上，有了数据工具后，我们更容易建立全局观念。知识产权人都知道，在企业里，单纯的知识产权人基本上止步于知识产权总监或者法务总监，若想突破总监这一天花板，基本上都在横向突破自己的业务能力，如从知识产权法跨越至企业大法务，或者是从知识产权管理跨越到大质检管理等。

笔者认为，如果企业知识产权管理者充分理解企业商标管理不仅仅包括确权的法律事项，还包括交易、保护、资产化等后续业务，充分利用商标大数据工具能够帮助我们完成深度的信息挖掘，让企业商标管理从单纯的法律视角扩宽至商业视角，那么企业商标管理人员的职场地位就会直线上升，一定能突破职场天花板。

第IV部分

维权、争议解决与诉讼

每一个冲突的洞察都意味着一个战略机会!
诉讼不是目的,目的是用性价比最高的方式解决问题。

国内外电商知识产权保护现状及平台规则分析

张 琳 智慧芽资深专利分析师，专利代理师，知识产权中级职称。5 年以上海外专利代理+知识产权咨询从业经验，主要负责情报管理、风险管控、专利布局、产业导航等工作。

> 通过在国家层面制定知识产权保护规范性文件，以及在企业层面建立电商平台知识产权保护规则，有效地促进了我国电商领域的知识产权治理。

一、我国电商领域知识产权司法现状

电商行业在我国的蓬勃发展，打破了地域限制，从各方面提高了商业活动的效率，对于推动我国构建国内外双循环相互促进的新发展格局具有重大的推动作用。全国司法概况如下。

针对知识产权犯罪的打击力度进一步加强。2019 年，检察机关共批准逮捕涉及侵犯知识产权犯罪案件 4346 件 7430 人，同比分别上涨 31.5%、24.3%；提起公诉 5433 件 11 003 人，同比分别上涨 21.9%、32.2%。其中，批捕假冒注册商标罪、销售假冒注册商标的商品罪、非法制造、销售非法制造的注册商标标识罪等侵犯商标权类犯罪 3925 件 6648 人，起诉 4919 件 9979 人；批捕侵犯著作权罪、销售侵权复制品罪等侵犯著作权类犯罪 266 件 480 人，起诉 226 件 503 人；批捕侵犯商业秘密罪 44 件 63 人，起诉 41 件 90 人；批捕数罪或他罪中含侵犯知识产权犯罪 111 件 239 人，起诉 247 件 431 人。❶

---

❶ 数据来源：《2019 年度检察机关保护知识产权典型案例》。

知识产权案件数量逐年增高，通过司法途径提高知识产权保护的效果显著。我国法院针对知识产权的司法保护正逐步增强，最高人民法院发布的《中国法院知识产权司法保护状况（2019）》白皮书显示，2019年人民法院共新收一审、二审、申请再审等各类知识产权案件481 793件，审结475 853件（含旧存，下同），比2018年分别上升44.16%和48.87%。知识产权案件数量的大幅增加，反映出我国的社会主体通过司法途径依法维护知识产权的意识不断增强。

我国典型电商平台中，与阿里巴巴、淘宝和天猫有关的涉知识产权案件及侵权案件均最多。从总量上看，2017—2019年与阿里巴巴、淘宝和天猫有关的审结的案件数量远远大于其他电商平台，其案件数量超过30 000件（图1）。这主要是由于阿里巴巴、淘宝和天猫是中国乃至亚洲最大的电商平台，且其平台内有着数量众多的第三方平台内经营者，这也就导致阿里巴巴、淘宝和天猫产生的涉知识产权案件最多。

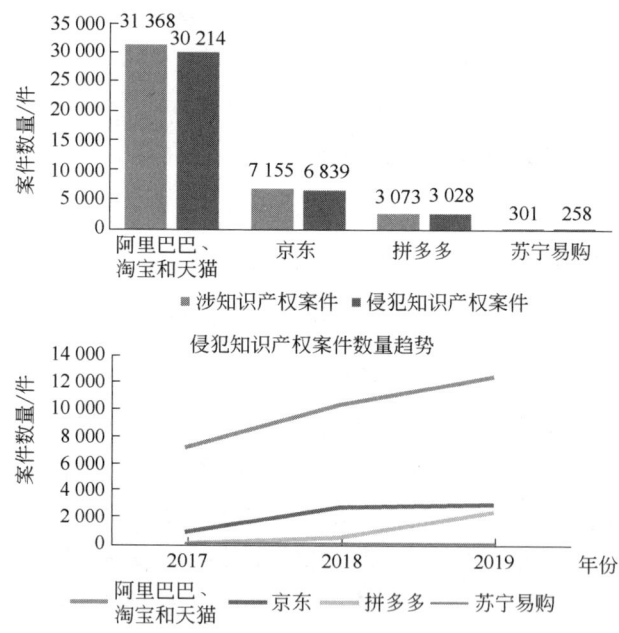

图1　2017—2019年典型电商平台知识产权案件❶数量

（资料来源：中国裁判文书网）

---

❶ 本报告的知识产权案件均为民事案件，且为当年审结的案件。

阿里巴巴、淘宝和天猫和京东平台涉著作权案件数量较多，拼多多平台涉商标权案件较多。从图2看，阿里巴巴、淘宝和天猫和京东平台涉著作权案件数量的占比均超过一半，拼多多平台的案件主要是商标权领域案件。可见，对于不同的电商平台而言，其主要涉及的知识产权纠纷的类型并不相同。

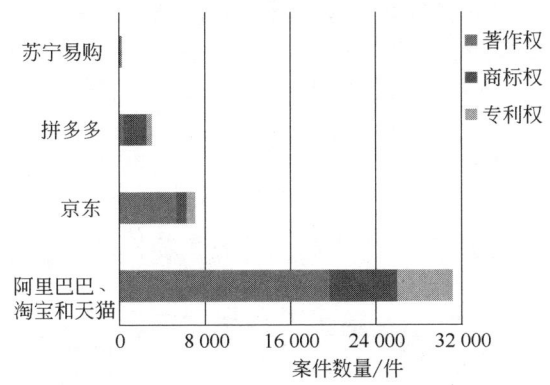

图2　2017—2019年典型电商平台不同知识产权类型案件数量占比

（资料来源：中国裁判文书网）

（一）典型电商平台涉专利权案件概况

阿里巴巴、淘宝和天猫涉专利权案件数量较多，拼多多平台涉专利权的案件数量增长较快。从总量上看，阿里系平台涉专利权的案件数量远多于其他平台，其余平台的案件数量相对较少。值得注意的是，就2019年的案件数量而言，拼多多平台的案件数量超过京东平台的案件数量。从增速上看，增速最大的为拼多多平台，其次为苏宁易购平台和阿里巴巴、淘宝和天猫，京东平台每年的案件数量变化不大（图3）。

（二）典型电商平台涉商标权案件概况

阿里巴巴、淘宝和天猫和拼多多平台涉商标权案件数量较多，且二者的案件数量增速较快。阿里巴巴、淘宝和天猫涉商标权案件为6293件，2017—2019年阿里巴巴、淘宝和天猫的案件数量逐年增多，年增幅分别为11.89%和51.71%。案件数量排名第二的为拼多多平台，其案件数量超过2000件。值得注意的是，2019年拼多多的案件数量激增，2019年的案件数量约为2018年的4.4倍，可见，随着拼多多平台的快速发展，平台涉商标权案件数量也快速增多。京东平台和苏宁易购平台涉商标权案件数量较少，案件数量的年增幅也相对较小（图4）。

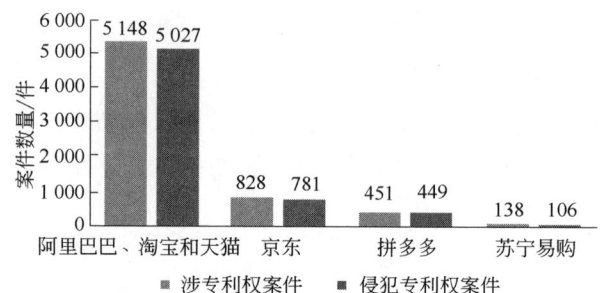
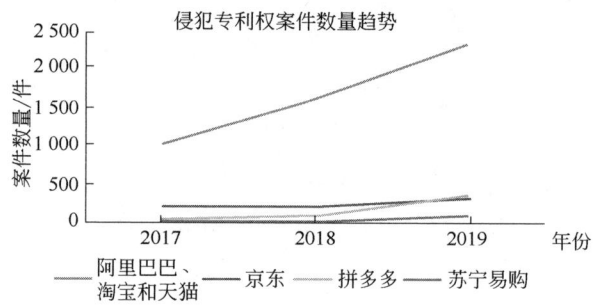

图3 2017—2019年典型电商平台涉专利权案件数量

（资料来源：中国裁判文书网）

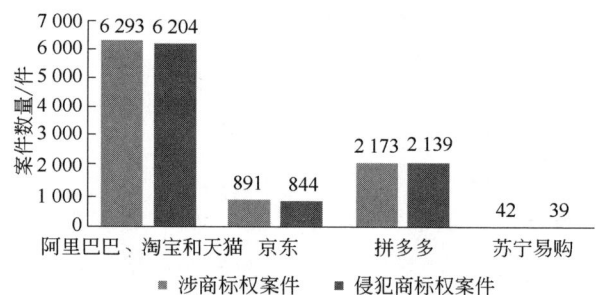
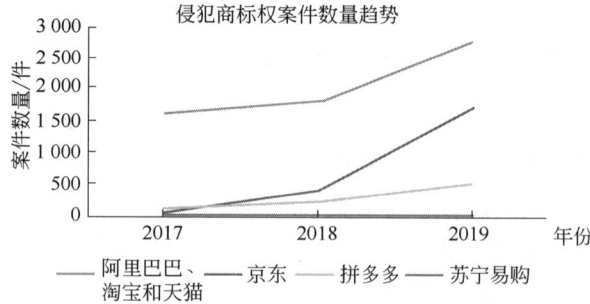

图4 2017—2019年典型电商平台涉商标权案件数量

（资料来源：中国裁判文书网）

（三）典型电商平台涉著作权案件概况

阿里巴巴、淘宝和天猫涉著作权案件数量远多于其他平台。对于2017—2019年这3年的著作权领域案件而言，主要的案件数量集中在阿里巴巴、淘宝和天猫和京东平台，其中以阿里巴巴、淘宝和天猫为主，阿里巴巴、淘宝和天猫的案件数量几乎为排名第二的京东平台的案件数量的4倍。拼多多平台和苏宁易购平台的案件数量远小于前两位的平台，数量均不超过500件。另外，阿里巴巴、淘宝和天猫和京东平台案件数量趋于稳定，京东平台的数量在2019年有小幅下降。拼多多平台的案件数量增加较快，2019年的案件数量超过2018年的3倍之多（图5）。

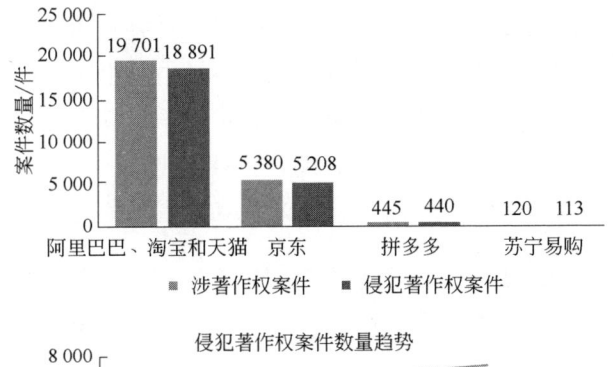

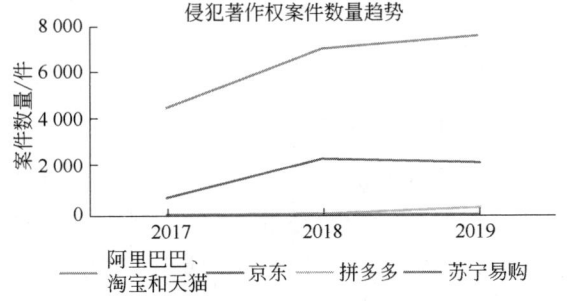

图 5 2017—2019 年典型电商平台涉著作权案件数量

（资料来源：中国裁判文书网）

二、电商知识产权保护现状

随着电商在当代国民经济中地位和作用日益突出，中国的立法部门、行政部门、司法部门，以及以阿里巴巴、苏宁、京东等为代表的主流电商平台，不断总结经验，持续提升治理能力和水平。

（一）我国电商领域知识产权治理体系

电商领域与知识产权保护具有密切的联系，当前我国已在国家层面、企业层面建立了相对完善的电商领域知识产权治理体系。通过在国家层面制定知识产权保护规范性文件，以及在企业层面建立电商平台知识产权保护规则，有效地促进了我国电商领域的知识产权治理。

1. 电商领域知识产权法律规定及执行机制

针对电商领域的知识产权保护，我国已构建相对完善的法律法规体系，并且法律法规的执行力度进一步加强。2020年12月，中共中央在印发的《法治中国建设规划（2020—2025年）》提出，要完善保护知识产权等方面的法律法规，实行知识产权侵权惩罚性赔偿制度，激励和保护科技创新。这些要求的提出，对于进一步完善电商领域的知识产权法律法规体系具有重要的指导意义。

（1）立法现状。2021年正式施行的《中华人民共和国民法典》的侵权责任编中，对于网络侵权的方方面面都作出了详细的规定。知识产权领域的重要部门法《中华人民共和国专利法》《中华人民共和国商标法》和《中华人民共和国著作权法》也已修订完成。其中，在现行《中华人民共和国商标法》中，首次将惩罚性赔偿制度引入我国知识产权法律体系中，在现行《中华人民共和国专利法》和《中华人民共和国著作权法》中，同样强调了针对侵权行为的惩罚性赔偿制度。这些新规定的实施，强化了对侵权行为的打击力度，对于侵权行为高发的电商领域而言，无疑是有力地提升了知识产权保护力度。此外，我国还颁布了《中华人民共和国电子商务法》对电商领域的知识产权保护予以专门的规定，这也进一步完善了电商领域的知识产权法律体系。可见，我国知识产权法律体系已较为完善，已通过加重侵权责任来进一步提高知识产权的保护力度。

（2）司法保护。最高人民法院通过发布《关于全面加强知识产权司法保护的意见》（以下简称《意见》），有助于各级司法机关形成加强知识产权司法保护的统一共识。在《意见》中，提出要完善电商平台侵权认定规则，大力缩短知识产权诉讼周期及有效提高侵权赔偿数额等要求。这些要求的落实，将切实增强司法保护的实际效果。除此之外，最高人民法院还发布了《最高人民法院关于涉网络知识产权侵权纠纷几个法律适用问题的批复》，以及首次专门针对电商领域知识产权保护的《最高人民法院关于审理涉电子商务平台知识产权民事案件的指导意见》，通过司法规则来平衡电商交易各方的利益，遏制电商平台的恶意投诉现象，让"通知—删除"规则发挥更加积极的制度价值。在具体案件的审判指导上，最高人民法院通过发布与知识产权相关的指导性案例来对下级法院进行指导，以及在《中国法院知识产权司法保护状况》中通过筛选出精选案例的方式，并归纳出具有一定指导意义的法律适用问题等形式，有效地提高了各级司法机关在具体审理案件时的业务水平。此外，最高人民法院和最高人民检察院还联合发布了《关于办理侵犯知识产权刑事案件具体应用法律若干问题的解释（三）》，该文件的发布对于完善知识产权保护法律体系、统一法律适用标准、规范侵犯知识产权犯罪案件办理、营造良好创新法治环境和营商环境具有重要意义。我国最高司法机关通过发布各种规范文件及公布具有指导性意义的案例等形式全面提高知识产权的司法保护力度。

（3）行政保护。当前，我国正全面加强各级政府部门的知识产权执法机构对知识产权的行政保护。2020年12月，国家知识产权局发布了第一批知识产权行政执法指导案例，该指导案例使得我国政府的知识产权行政执法业务指导工作迈入了新的台阶，有助于知识产权执法机构统一执法标准，提高办案水平。此外，在全国打击侵权假冒工作领导小组办公室印发的《2020年全国打击侵犯知识产权和制售假冒伪劣商品工作要点》（以下简称《要点》）中，提出要加强互联网侵权假冒治理，打击网络侵权盗版，组织开展"剑网2020"专项行动，开展电商领域专利执法维权，指导和督促互联网企业特别是网络交易平台落实主体责任，建立完善长效治理机制等要求。《要点》还提出要推进进出口侵权假冒治理，统筹进出口双向监管，严厉打击跨境制售侵权假冒商品违法犯罪行为等涉及跨境电商领域的相关要求。2020年8月，《国务院关于修改〈行政执法机关移送涉嫌犯罪案件的规定〉的决定》公布，进一步明确了知识产权领域行政执法机关向刑事司法机关移送涉嫌犯罪案件的标准和程序。

上海市在2020年12月公布的《上海市知识产权保护条例》中，提出上海要完善知识产权跨部门跨区域执法协作，建立区域知识产权快速维权机制等措施；江苏省2020年8月印发的《关于强化知识产权保护的实施意见》提出要充分发挥行政保护的高效性，形成江苏知识产权快保护的高效率；浙江省2020年9月印发的《关于全面强化知识产权保护行动计划（2020—2021年）》提出要针对知识产权保护过程中的痛点、难点、堵点,推进实施强化知识产权保护行政执法行动等行动;广东省在 2020 年 7 月印发的《关于强化知识产权保护的若干措施》中提及针对省内知识产权保护难点、痛点问题,提出了打击侵犯知识产权犯罪三年专项行动等 8 项重点任务和具体分工方案。

2. 电商平台的知识产权管理规则

电商平台的知识产权保护迈入新台阶。2020 年 11 月 9 日,由市场监督管理总局、国家知识产权局共同牵头制定的《电子商务平台知识产权保护管理》国家标准正式发布,该标准结合我国电商领域发展实际,充分借鉴电商平台知识产权保护已有经验,对推动加强电商平台知识产权保护工作具有积极意义。

(1)阿里巴巴。阿里巴巴已经建立体系化的知识产权保护规则。针对权利人保护建造的阿里巴巴集团知识产权保护平台,截至 2019 年年底,已能对 96% 的知识产权投诉在 24 小时内进行处理。在打击假货方面,通过成立打假联盟,与知识产权权利人、执法机关一起联合打假,2019 年阿里巴巴已联合全国 31 个省(自治区、直辖市)的 439 个区县的执法机关和阿里巴巴打假联盟一道致力于假货源头打击。在高新技术运用方面,阿里巴巴首次披露的打假核心技术——知识产权保护科技大脑,将人工智能技术运用到知识产权保护中。在创新保护机制方面,阿里巴巴针对图书、视频、原创商品等推出了不同类型的知识产权解决方案,如图书版权保护计划、视频版权保护计划、打造原创保护平台等。

(2)京东。京东在知识产权保护方面,有较完善的保护体系。在事前防范方面,京东通过严格开展商家资质审核、提高准入门槛,并通过层层把关,防范京东平台上出现假冒商品。在运营监管方面,京东制定了 3 项制度,即积分管理制度、主动巡查制度和神秘购买制度。在违规处罚方面,京东一旦发现第三方商家销售假货,将立即对该商家实施永久关店的处罚。此外,京东还通过"京盾系统"对高风险产品进行监控,通过"鹰眼重图系统"保护京东平台商家的图片不被侵犯。2019 年 6 月,京东集团与中国文化传媒集团正式签署知识产权合作协议。2019 年 12 月,京东与中国文化传媒集团联合推出"氢舟"数字资产产权服务平台,利用区块链对知识产权进行保护。"氢舟"是数字资产知识产权确权、维权、交易的一站式服务平台,可以将数字资产产权流转中的全链条服务整合到一个平台上,搭建起完整的服务体系。2020 年 8 月,知识产权发展研究中心与京东数字科技集团达成战略合作,共同对知识产权课题开展联合研究,其中涉及知识产权保护方面的合作。

（3）拼多多。拼多多作为电商领域新入场者，迅速建立了知识产权保护体系。目前，拼多多建立了拼多多知识产权保护平台，协助知识产权权利人进行知识产权维权。在内部管理上，拼多多形成了一套"1+2+3"治理机制来对侵权的商品进行处理。2019年12月，拼多多创设的"假一赔十"消费者赔付金制度，被最高人民法院纳入中国互联网司法十大典型案例之首，肯定了平台在自治打假方面所做的规则创新。

通过加强对外合作，加强知识产权保护，2019年"6·18"前夕，拼多多与各级市场监管部门携手实施"塔防行动"，严厉打击"借一键代发之名销售假冒伪劣"的现象，严控其他传统"假货高地"电商平台，特别是批发类电商平台对新电商平台的溢出效应。2019年11月，拼多多与中国出版协会签署《知识产权保护合作协议》，在完善知识产权保护合作机制，协助处理盗版侵权行为和促进电商图书销售等领域展开深入合作，共同推动出版行业健康、有序发展。2020年4月，拼多多还与上海市知识产权局签署协作备忘录，在包括知识产权侵权第三方认定服务以及知识产权领域社会共治等方面进行协作。

（4）苏宁易购。苏宁易购与外界合作较多，促进了平台内的知识产权保护。2016年，江苏省知识产权局与苏宁易购合作，建立了江苏省首个电商平台知识产权保护系统——苏宁易购知识产权保护中心。苏宁易购知识产权保护中心可以为专利、商标、著作权权利人提供全流程、便捷、透明的知识产权举报投诉服务，复杂案件还可移交中国（江苏）知识产权维权援助中心进行处理。2020年，江苏南京市知识产权局与江苏苏宁易购电商有限公司签订了电商领域知识产权保护合作协议，进一步提高对知识产权的保护力度。2021年，在广东佛山市市场监督管理局指导下，广东佛山市知识产权保护中心与广东佛山苏宁易购签署《电子商务知识产权纠纷侵权判定咨询机制合作协议》，目的是快速调解苏宁易购电商平台知识产权纠纷案件。

3. 社会监督共治

我国当前正加速推进社会监督共治体系的进一步建设。在中共中央办公厅和国务院办公厅发布的《关于强化知识产权保护的意见》中提出要加强社会监督共治，构建知识产权大保护工作格局。国家知识产权局为探索开展社会监督共治工作，先后在部分地区开展知识产权仲裁调解试点、专业市场维权援助工作站建设、首批知识产权仲裁调解机构能力建设试点等工作。

各级政府也与电商平台进行合作，推动政企合作的进一步深入。2020年浙江省市场监管局（知识产权局）与阿里巴巴集团签订战略协议，双方深化政企合作，共同推进电商领域知识产权保护。合作的主要方面有：浙江省知识产权局支持阿里巴巴打造行业领先的知识产权保护机制、双方共同建设中国电商领域专利执法维权协作调度（浙江）中心以及双方共建电商平台知识产权纠纷在线调解平台。上海市知识产权局与上海寻梦信息技术有限公司（拼多多）签署知识产权协作备忘录，将在知识产权注册申请服务、知识产权侵权第三方认定服务以及知识产权领域社会共治三大方面，围绕15项具体工作开展深层次协作，助力上海建成亚太地区知识产权中心城市。

电商平台积极为知识产权权利人维权进行协助。例如，通过阿里巴巴集团建立的阿里巴巴知识产权保护平台，知识产权权利人能够对在该集团旗下电商平台淘宝网、天猫、1688、速卖通和阿里巴巴国际交易市场上发生的知识产权侵权的商品和行为进行一站式的投诉。京东、拼多多等电商也已制定相应的知识产权指引，并提供知识产权维权服务来帮助知识产权权利人进行维权。可见，我国的电商平台在协助知识产权权利人维权方面，已经建立较为完整的维权体系。

（二）国外电商知识产权保护规则

1. 美国电商知识产权保护规则

在美国政府1997年发布的《全球电子商务政策框架》中，提出了关于电商的知识产权保护的法律问题，强调应建立电商知识产权数据库，并就专利标准、商标纠纷、域名分配等建立以市场为基础的统一规则。❶1998年发布的《数字千年版权法》则在全球历史上首次确定了"避风港"规则（相当于我国的"通知—删除"规则），该规则规定了一些关于网络服务提供商能够免于承担版权侵权的责任。值得注意的是，《数字千年版权法》规定"避风港"规则仅适用于版权侵权，对于商标侵权和专利侵权，则无法适用。《数字千年版权法》实施多年以后，众议

---

❶ 华树春. 美欧日电商领域知识产权保护实践经验与启示［J］. 金陵科技学院学报（社会科学版），2016（4）.

院提出的《禁止网络盗版法案》的相关规定提出互联网网站可能会因为其网上的用户实施侵权,导致暂停提供网络服务,这个法案加重了互联网平台的侵权责任,极大地影响了互联网网络平台的经营,导致该法案因互联网企业的反对而终止审议。❶

行政保护是美国电商知识产权保护的重要手段。2020 年 1 月 31 日,美国总统特朗普签署了一项针对假冒商品售卖者和作为中间商的电商平台的行政令,旨在大量减少进入美国市场的假冒商品的数量。另外,根据美国《1930 年关税法》,美国国际贸易委员会可以对进口贸易中的不公平行为发起调查并采取制裁措施,不公平行为包括进口产品侵犯美国知识产权的行为,此即为"337 调查"。在"337 调查"中,涉案企业一旦被下达排除令,会导致涉案产品无法出口到美国,严重影响企业的经营。

在 2019 年,我国企业涉及的"337 调查"案件数量,超过当年案件数量的一半。资料显示,2019 年美国国际贸易委员会共发起了 47 起美国国际贸易委员会"337 调查",其中有 27 件涉及我国企业,其中涉及专利侵权的案件数量为 24 起。在这 27 起案件中,涉及的中国企业有 117 家,属于浙江的企业有 21 家。需要注意的是,在 2019 年,行政法官共对 38 起涉及中国企业的"337 调查"案件做出初裁,其中有 10 起案件的初裁结果为缺席被告的案件,共涉及 30 家中国企业,浙江的企业有 8 家。❷从数据上看,浙江的涉案企业中,有近一半企业缺席,导致丧失抗辩机会,这也使最后的裁决结果对企业不利,进而导致产品无法进口到美国。因此,在中美贸易摩擦日趋激烈的背景下,如何提高我国企业应对美国"337"调查的应对能力,以减少我国企业的损失,有着非常重要的意义。

2. 欧盟电商知识产权保护规则

欧盟在 1999 年发布的《电子签名指令》和 2000 年发布的《电子商务指令》明确了电商市场侵权责任,规范了电商竞争秩序。❸在《电子商务指令》也有类

---

❶ 冷黄龙. 电子商务平台经营者在电子商务知识产权侵权中的责任研究 [D]. 南昌:华东交通大学,2019.
❷ 资料来源于国家海外知识产权纠纷应对指导中心发布的《2019 年美国"337 调查"研究报告》.
❸ 轩淑淑,冷黄龙. 国外电子商务知识产权保护的经验与启示 [J]. 山西经济管理干部学院学报,2019.

似于美国"避风港"规则的相关规定。在 2004 年发布的《欧洲知识产权执行指令》中明确知识产权人可以向司法机关请求实施侵权的网络用户停止侵权,这也使互联网平台针对特定的用户负有监督义务。❶需要指出的是,欧盟规定的"避风港"规则,可以适用于版权、商标权和专利权的侵权纠纷,这相对于美国的规定而言,扩大了适用的对象。2018 年欧盟通过的《数字化单一市场版权指令》,加重了互联网网站对平台内容是否侵犯版权的审查义务,要求服务提供商在发布用户上传的内容前,就其中涉及的受版权保护的作品得到作者的授权。在海关执法方面,欧盟的《欧盟知识产权海关保护条例》简化了涉嫌侵犯知识产权货物的销毁程序,并且引入小规模托运假冒货物的特别销毁程序,以此能够迅速销毁侵权货物。

总而言之,在电商领域中,"避风港"规则已成为普适性规则,但各个国家、地区的具体规定有差异。我国电商法也有关于"避风港"规则的相关规定,相关的规定与欧盟相似,该原则也能够适用于著作权、商标权和专利权的纠纷。未来,在"避风港"规则的基础上,如何完善电商平台的侵权责任认定,以及通过调整服务平台的注意义务以实现知识产权权利人与服务平台之间的利益平衡,进而提高电商领域知识产权保护力度将是世界各国立法的重点。此外,通过加强知识产权的行政保护来进一步提高知识产权的保护水平也已成为各国的共识。

---

❶ 冷黄龙. 电子商务平台经营者在电子商务知识产权侵权中的责任研究 [D]. 南昌:华东交通大学,2019.

中国互联网软件专利诉讼实战案例与焦点问题剖析

林炮勤　智圈知识产权创办人，广东省知识产权保护协会及深圳市知识产权专家库专家，曾任职于腾讯、富士康及美的集团知识产权部。

刘光华　欢聚集团（Joyy）知识产权总监，广州 IP 茶社发起人、联席主席，曾任职于富士康和腾讯知识产权部。

> 获得知识产权保护的技术才是市场经济认可的创新，体现为知识产权的创新才是真正有意义的创新，唯有知识产权保护才能为创新建立竞争壁垒，互联网作为一个综合性的创新体，在建立更加良性和有序的互联网产业环境中，软件专利的诉讼扮演着重要角色。

目前，推动互联网发展的，是全球范围内广泛而深刻的技术跨界创新，以移动互联网、物联网、大数据、云计算、人工智能、区块链、5G 等为代表的新一代信息技术日渐普及，催生了新一轮的互联网产业革命。

新经济增长理论和当代世界经济发展趋势表明，知识产权已日益成为重要的生产要素。获得知识产权保护的技术才是市场经济认可的创新，体现为知识产权的创新才是真正有意义的创新，唯有知识产权保护才能为创新建立竞争壁垒。强化知识产权保护，是中国由传统制造模式转向高质量创新发展模式的内在需求。中美之间最终体现为知识产权博弈的形势，成为中国知识产权发展的外在推力。

互联网是一个综合性的创新体，其融合了基础性技术创新、应用型技术创新、商业模式创新、运营模式创新、内容创新等方方面面，而在知识产权上的体现，则是专利、著作权、商标、域名注册量的大幅增长。然而，相对于著作权、商标方面的大量诉讼，互联网软件专利侵权诉讼案件样本非常少。这种分布形态，在《中国上市公司知识产权侵权诉讼年度数据报告（2020）》中可见一斑。据报告统计，专利案件在知识产权侵权诉讼案件中占比仅为 3%，这也从一个侧面反映出专利诉讼的相对活动度低的现状，即中国互联网技术创新的火热与专利诉讼的冷清形成了强烈的反差。

一、互联网软件专利诉讼的动机

知识产权诉讼行为本质上是一种经济行为，其目的在于赢得商业竞争上的优势地位，或者获得知识产权的变现机会。在促成专利交易或达成商业合作的目标下，专利诉讼仅仅是一种中间手段。概括而言，目前互联网专利诉讼的动机有以下三种。

（一）新旧势力的"修昔底德陷阱"

互联网的发展在技术上依赖于网络服务等基础设施，互联网新贵必然要挑战现存的巨头，互联网的创新成果对原有市场利益结构的破坏，必然会引发既得利益群体的阻击，"修昔底德陷阱"不可避免。

诺基亚和戴姆勒之间的专利摩擦，就是典型的例子。诺基亚要求戴姆勒在内的多家车企支付诺基亚的导航系统、汽车通信及自动驾驶汽车等的技术专利费。而戴姆勒则认为，诺基亚的专利使用授权系统要求汽车供应商按照产品单独支付专利使用费用使用了不正当手段收费，涉嫌垄断。从这个案例中可以看出，汽车和手机通信行业，原本泾渭分明，然而在互联网+汽车的新产业形态下，二者却产生了交集和冲突，这种冲突在互联网技术广泛渗透的情况下，将变得越来越常见。

回顾互联网的发展历史，在脸书上市前期，互联网前辈雅虎起诉其侵犯 10 余项专利；推特上市时，IBM 指责其侵犯三项专利；谷歌也在 2004 年上市前因专利纠纷被迫分给雅虎 270 万股。美国互联网新贵向前辈缴纳"专利通行费"似乎已成为一种惯例。而正是在此背景下，北电网络在申请破产保护后，对其拥有的 6000 余项专利进行拍卖,经过五大阵容共 20 轮的竞拍,最终被苹果领导的"摇滚明星"联盟以 45 亿美元的天价获得,这既是专利价值的体现,也从另一个侧面反映出新贵们对专利领域"修昔底德陷阱"的极大担忧。

(二)直接竞争对手之间的较量

狙击手能对有价值的目标进行精准打击,往往是战争制胜的关键。而在贴身肉搏的互联网市场竞争中,专利也扮演着狙击手的角色。

搜狗与百度围绕输入法的一场专利大战,被称为"中国互联网知识产权专利第一案"。搜狗先后在北京、上海等法院,起诉百度侵犯其 17 项专利权,索赔金额高达 2.6 亿元。而百度立即进行反击,起诉搜狗侵犯其 10 项专利权,索赔金额 1 亿元。双方之间的专利无效和专利诉讼你来我往,可谓互联网领域教科书级别的专利商战课。这场大战谁输谁赢,未有定论,然而我们从品牌战略的"两强相争法则"进行分析,这场专利大战至少维持了输入法两强竞争的格局。实力相当的竞争对手之间的专利诉讼,其意义往往在诉讼输赢之外。

字节跳动的 TikTok 在美国也遇到了本土竞争对手 Triller 的狙击,这起诉讼发生于美国总统唐纳德·特朗普宣布将禁止 TikTok 在美国运营业务,字节跳动与潜在收购方进行谈判,寻求出售 TikTok 的部分资产的关键时刻,这个时机的把握,Triller 的商业目的不言而喻。

在互联网的商业竞争中,不论是关键时刻的突击,还是有组织的规模性团战,专利诉讼正在被越来越熟练地使用。

(三)专利运营主体的专利诉讼

在 NPE(Non-Practicing Entity,非专利执行实体)的专利诉讼上"栽过跟头"的人都会咬牙切齿地称其为"专利流氓"。然而,NPE 并非生来就带有原罪,需要拆开分析。目前,典型的 NPE 可分为三种类型:研发型 NPE、投机型 NPE、防御性 NPE。

其中,研发型 NPE 包括高校、研究所、个体发明者,他们对技术研发进行投入,但缺乏产业化变现的能力,所以出售或许可专利成为其变现的主要方式。投机型 NPE,主要以专利买卖为由进行专利运营,一旦买卖不成则以专利诉讼为武器进行威胁打击,以此获得高额利润。投机型 NPE 本身不进行任何研发,因此企业对其难以通过反诉的手段进行反击，除了赢得诉讼，别无好的选择，这也是多数公司在面对 NPE 的诉讼时，最终选择和解的原因，这一类 NPE 为市场上最被痛恨的一种。而防御性 NPE 通常为有抵抗投机型 NPE 需求的主体通过联盟的形式发起的，其共同出资抢占有价值的专利，以防止落入投机型 NPE 之手，从而最大程度减少联盟内主体的被诉风险，保障业务经营的自由性。

美国的科技巨头可谓深受投机型 NPE 的诉讼之苦，因此防御性 NPE 的背后往往有科技巨头的支持撑腰。据美国知识产权服务公司 RPX 的报告，2020 年第一季度，NPE 在美国发起的诉讼量创下 2015 年以来的新高。这里的原因，在于 2015 年之前的几年，美国专利制度对"自然法则，物理现象和抽象的观点"不属于专利法可授权客体，即"101 条款"的审查原则进行了调整，导致大量的软件专利被无效，从而降低了 NPE 的热情。而在近几年这些 NPE 对于美国专利审查的规则已经适应，因此 NPE 的专利诉讼，大有愈演愈烈之势。

中国专利运营的模式尚处在发展初期，不管是哪一类 NPE，尚处在探索阶段。值得一提的是，在科斗电子科技和掌阅科技的专利纠纷中，法院一审认为，李某文、李某武敲诈勒索其他三家公司的证据不足，不构成敲诈勒索罪。对于掌阅科技，之前要求的 50 万元也不构成敲诈勒索。原因在于被告人从四家公司获取的专利许可费和补偿费无法确认是以"非法占有"为目的，也无法证明其威胁、要挟的行为，足以使被害人产生恐惧心理并被迫处分财产。但是其后来向掌阅科技要求的 10 万元中，存在两名被告人恶意串通，虚构倒签的独家许可合同，并以此合同勒索的现象，的确是专利侵权"碰瓷"行为。另外，两名被告人威胁掌阅科技如不达成和解、支付财物，就向证监局举报的行为，是将举报权兑换成财产权进行勒索，有明显的非法占有目的。最后法院一审判决：被告人李某文犯敲诈勒索罪，判处有期徒刑 4 年 6 个月，罚金 5 万元。另一被告人李某武也被认定为敲诈勒索罪，判处有期徒刑 2 年，罚金 2 万元。

科斗电子科技的不当维权行为被认定为敲诈勒索，这一结果在专利圈引发了广泛的讨论，寄希望于利用法律所赋予的专利垄断权获取超额利润，却使用了并不高明的非法手段，让人唏嘘。

目前国内正在全力营造知识产权强保护的氛围，司法也需要通过专利诉讼案件的判决对焦点问题进行明确指导，因此可以期待中国专利运营在未来会更加趋于规范理性和活跃。

二、互联网软件专利诉讼的焦点问题

互联网软件创新以网络系统、算法逻辑和信息处理流程为基础，以应用程序为载体，以图形用户界面为交互窗口，以存储介质进行固化，以应用市场下载等作为分发途径。

互联网软件的开发和应用，其全流程包括研发人员的创新性解决方案、程序员的代码编写及调试测试环节，并以应用市场的下载或硬件预装等形式进行分发，应用程序的市场推广进行运营，到最后由用户下载在设备中进行使用。从用户侧来看，应用程序的实现后台完全是"黑盒"，软件在通过网络进行传播的过程完全以数字化的形式表现为无形性。相比于硬件产品，软件的开发和使用，其无形性和参与主体的多元性更强，这导致软件专利的诉讼出现了一系列的问题。

（一）互联网软件创新如何保护

软件创新需通过立体的方式进行知识产权保护。例如，以发明专利保护计算机程序在抽象层面的技术解决方案，以软件著作权保护程序的具体表达——计算机程序本身，以GUI外观设计专利保护交互的设计，以商标保护软件产品的品牌。

涉及计算机程序的发明专利申请的权利要求可以写成一种方法权利要求，也可以写成一种产品权利要求。也就是说，应从"动态"和"静态"两个方面进行保护，而这种"动态"和"静态"在创新上应基于相同的基础，在保护的目标上体现出一致性。方法权利要求保护的内容是动态的过程，如数据处理流程、系统交互流程等；产品权利要求保护的是静态的结果形态，将方法以某种形式进行固化和体现，如装置和存储介质。

《专利审查指南》对于不同形式的权利要求撰写提出了具体的要求，特别是对装置权利要求中的各组成部分与计算机程序流程的各个步骤或者该方法权利要求中的各个步骤完全对应一致做出了规定，并且指出由这样一组程序模块限定的装置权利要求应当理解为主要通过说明书记载的计算机程序实现该解决方案的程序模块构架，而不应当理解为主要通过硬件方式实现。这种规定实质上体现出涉及计算机程序的发明专利，无论形式上是方法还是产品，其保护的内容在本质上是具有一致性的。这种一致性可以理解为"对应性"和"实质替代"性。软件专利方法和装置权利要求的解释，对于侵权行为的认定及管辖、取证等都有重要的意义。

（二）软件专利侵权行为的认定

依照《专利法》，"发明和实用新型专利权被授予后，除本法另有规定的以外，任何单位或者个人未经专利权人许可，都不得实施其专利，即不得为生产经营目的制造、使用、许诺销售、销售、进口其专利产品，或者使用其专利方法以及使用、许诺销售、销售、进口依照该专利方法直接获得的产品"。就方法专利而言，未经许可的侵权行为包括使用专利方法，以及使用、许诺销售、销售、进口依照该专利方法直接获得的产品两类。软件方法专利侵权案例，极少涉及讨论依照专利方法直接获得的产品，主要原因在于软件产品以什么样的形式存在，并没有相应的解释。软件方法专利的侵权行为，更多在于讨论方法的"使用"情形，哪种主体是使用者，具体是哪种使用形式。

我国对新产品制造方法的发明专利规定了举证责任倒置，其适用的要件为：一是该方法为制造方法；二是该制造方法的对象为新产品。而软件类方法专利目前没有判例认定为属于制造方法，不存在产品延伸保护的问题。而且，也要求制造方法对应的产品为新产品，就新产品的认定而言，根据《最高人民法院关于审理侵犯专利权纠纷案件应用法律若干问题的解释》第十七条规定，产品或者制造产品的技术方案在专利申请日以前为国内外公众所知的，人民法院应当认定该产品不属于《专利法》第六十一条第一款规定的新产品。

北京市高级人民法院在（2011）高民终字第1126号判决书也认为，"'新技术'不等同于'新产品'，上述法律规定所指专利方法，应当是产品的制造方法，而涉案专利涉及的'虚拟演播室系统本身是一种计算机操作系统与硬件设备的结合，并不是'新产品'，涉案专利方法不是一种制造产品的方法，而是一种操作方法，所以本案不存在是否为'新产品'的问题，也就不适用上述法律规定的举证责任倒置原则"。如果软件方法专利不适用举证责任倒置，那么就会对原告的侵权取证能力提出更高的要求。因为关于涉案专利方法中软件的后台实现逻辑通常掌握在被告手中，原告很难证明后台实现逻辑落入涉案专利的保护范围。当然，原告也可以通过技术鉴定、数据抓包等技术手段去分析后台实现逻辑的具体方式，但这些技术手段实现的技术难度相当大，并且也会大幅提高维权成本。

软件方法专利的使用行为如何认定，一些典型的案件给出了回应。

在格力诉美的侵犯其"按照自定义曲线运行的空调器及其控制方法"发明专利一案中，关于美的公司是否是被诉侵权方法的使用者，美的公司主张，用户是被诉侵权产品"舒睡模式 3"的使用者，美的公司实施的是制造行为，而非使用行为，因而未实施侵权行为。广东省高院认为，制造具有"舒睡模式 3"功能的空调器的行为，包含了使用被诉侵权方法的行为。"舒睡模式 3"是一种控制空调器按照自定义曲线运行的方法，美的公司制造的空调器要实现这一功能，就要通过相应的设置、调配步骤，使空调器具备实现按照自定义曲线运行的条件，从而无可避免地使用到控制空调器按照自定义曲线运行的方法，因此美的公司是使用者。广东省高级人民法院在软件方法使用的认定上进行了突破，回避了"用户使用"的认定，而是通过推理制造过程中必然使用了侵权方法，从而认定侵权行为。当然，仅认定被诉侵权人在测试被诉侵权产品过程中实施专利方法构成侵权，还不足以充分保护专利权人的利益，测试行为并非销售获利的直接原因，也无法通过责令停止测试行为来制止侵权产品的制造和销售以及专利方法的使用。

在敦骏公司诉腾达公司侵犯其"一种简易访问网络运营商门户网站的方法"发明专利一案中，腾达公司认为，涉案专利保护的是一种网络接入认证方法，腾达公司仅是制造了被诉侵权产品，但并未使用涉案专利保护的技术方案，并且涉案专利方法并不是产品制造方法，根据该方法并不能直接获得任何产品（包括被诉侵权产品），涉案专利的保护并不能延伸到产品，故原审判决判令腾达公司"立即停止制造、许诺销售、销售涉案的路由器产品"并不正确。最高人民法院二审认为，"如果被诉侵权行为人以生产经营为目的，将专利方法的实质内容固化在被诉侵权产品中，该行为或者行为结果对专利权利要求的技术特征被全面覆盖起到了不可替代的实质性作用，也即终端用户在正常使用该被诉侵权产品时就能自然再现该专利方法过程的，则应认定被诉侵权行为人实施了该专利方法，侵害了专利权人的权利"。

最高人民法院进一步说明："这些方法专利在实际应用中，往往都是以软件的形式安装在某一硬件设备中，由终端用户在使用终端设备时触发软件在后台自动运行。因此，被诉侵权人完全可以采用上述方式，在未获得专利权人许可的情况下，将专利方法以软件的形式安装在其制造的被诉侵权产品中，甚至，还可以集成其他功能模块，成为非专用设备，并通过对外销售获得不当利益。从表面上看，终端用户是专利方法的实施者，但实质上，专利方法早已在被诉侵权产品的制造过程中得以固化，终端用户在使用终端设备时再现的专利方法过程，仅仅是此前固化在被诉侵权产品内的专利方法的机械重演。因此，应当认定被诉侵权人制造并销售被诉侵权产品的行为直接导致了专利方法被终端用户所实施。"

最高人民法院在该案中的阐述，清晰地刻画了软件方法专利的特点，并将方法专利侵权与产品侵权在本质上的同一性进行了论述，该案为软件方法专利的诉讼建立了非常好的样本。然而，对于谁是方法专利的直接侵权者，是直接或是共同侵权，该案并没有直接下定论。

（三）软件专利侵权管辖的问题

互联网的本质在于连接，而且这种连接还是基于网络的跨越物理边界的连接。例如，涉及本地设备与服务器、本地设备之间、不同服务器之间的交互等。多数情况下，互联网软件专利涉及多端或多个主体。如何确定管辖成为软件诉讼的一个争议点。

《最高人民法院关于审理专利纠纷案件适用法律问题的若干规定》规定："因侵犯专利权行为提起的诉讼，由侵权行为地或者被告住所地人民法院管辖。侵权行为地包括：被诉侵犯发明、实用新型专利权的产品的制造、使用、许诺销售、销售、进口等行为的实施地；专利方法使用行为的实施地，依照该专利方法直接获得的产品的使用、许诺销售、销售、进口等行为的实施地；外观设计专利产品的制造、许诺销售、销售、进口等行为的实施地；假冒他人专利的行为实施地。上述侵权行为的侵权结果发生地。"

根据上述法律规定，一般情况下侵害方法专利纠纷案件，应由以下法院管辖：①被告所在地；②专利方法使用行为的实施地；③依照该专利方法直接获得的产品的使用、许诺销售、销售、进口等行为的实施地。

权利人通常会从以下几个方面来主张管辖法院。

1. 软件所有者、提供者、运营者所在地

一般来说，软件所有者、提供者、运营者在住所地使用方法专利的情形最为常见和普遍，也最为司法机关所接受，但该住所地与专利方法使用行为地实质上不属于对等的概念，专利方法使用行为地的地域范围更大。软件的所有者可由软件著作权的登记主体来确认，软件提供者可由运营网站的 ICP 备案信息来确认，运营者可由应用市场等分发渠道上架的主体来确认。但实际中，这几个主体往往是不同的，可能归属于不同的管辖法院。

2. 侵权软件服务器所在地

考虑到服务器端的相关方法专利具体系在服务器中运行和实施，可以对被告的服务器所在地进行确认，并以服务器所在地作为专利方法使用行为的实施地确定管辖法院。在最高人民法院（2012）民三终字第 3 号裁定中，原告腾讯公司通过"Ping"命令获取"hao.360.cn"网站的 IP 地址，并在相关网站上查询得到该 IP 地址的物理地址位于广东省内，证明实施被诉侵权行为的服务器位于广东省辖区，两被告在将"360 扣扣保镖"软件上传并存储于 www.360.cn 网站、设置成可供用户下载的状态时应当预见到因该软件发生纠纷时由中转服务器所在地法院管辖的结果，据此认为服务器所在地法院具有管辖权。但在目前互联网领域广泛使用 CDN，采用"Ping"命令得到的 IP 地址是动态的，且这些 IP 地址应是其中转、租用的服务器地址，并不具有唯一指向性。

3. 软件下载安装地

就软件下载安装地作为管辖连接点而言，最高人民法院（2012）民三终字第 3 号裁定中曾认为："本案有证据表明，广东省辖区内用户可以在 www.360.cn 网站上下载并安装、运行'360 扣扣保镖'软件，因此，广东省属于被诉侵权行为的实施地。"但该案纠纷的不同之处是不正当竞争纠纷，能否直接适用于专利侵权纠纷案件还存在一定的争议。尤其是，在广东省高级人民法院（2017）粤民辖终 598 号裁定中，原告广州市动景计算机科技有限公司在广州对"今日头条"软件进行了下载、安装及运行并以此主张专利方法使用行为地在广州，但没有得到法院的支持。同时，江苏省高级人民法院也持与广东省高级人民法院相类似的观点，其在（2017）苏民辖终 209 号裁定中指出，单纯在线下载相应 App 软件的行为不属于上述规定的专利产品制造、使用、许诺销售、销售等行为，故单纯下载 App 软件的手机所在地不属于侵权行为地。如果将单纯在线下载 App 软件的行为地视为侵权行为地，就会造成在互联网覆盖的区域，在线下载 App 的智能终端所在的任意地点均可作为侵权行为地，进而会造成管辖法院的任意指定，这与法律规定管辖制度的目的相违背。

4. 软件开发者、软件平台提供者所在地

北京知识产权法院在 2018 年 3 月 29 日作出的（2015）京知民初字第 01731 号民事判决中，引用了（2017）京民终 13 号民事判决，认为被告百度公司在输入法软件产品中使用涉案方法专利的全部步骤，进而认为可以合理认定百度公司必然通过设置、调试等步骤使百度手机输入法具有该功能，从而会无可避免地使用到专利方法。因此，北京知识产权法院确认百度公司使用了涉案专利方法。同时认为，该案是涉及计算机软件类的专利侵权案件，而计算机软件作为专利权客体的载体，其特殊性决定了涉及计算机软件类的产品在销售、许诺销售行为上与传统专利产品存在不同的表现形式。百度公司在互联网上向不特定的他人展示被诉的百度手机输入法产品并提供下载渠道，直接或间接谋取利益的行为应属专利法意义上的销售及许诺销售的行为。判决被告百度公司立即停止使用涉案专利方法，并立即停止发行及向第三方提供使用涉案发明的百度手机输入法产品。

软件专利诉讼在管辖方面依然还存在一定的争议，原被告双方在管辖方面的极力争取，主要还是对审判尺度统一的期待，现在最高人民法院知识产权法庭统一审理发明和实用新型专利等上诉案件，从机制上解决了制约科技创新的裁判尺度不统一等问题，提高了知识产权审判质量效率，加大了知识产权司法保护力度，切实提升了司法公信力。

（四）互联网软件专利权利稳定性问题

普遍的观点认为，软件专利的稳定性较硬件专利要弱，这一观点是否正确，需从两个方面来探讨。软件专利的总体授权率，以及进入无效程序的软件专利被无效比例。

从总体授权率的角度，在诸如图像处理、语音识别和搜索领域等偏底层技术的领域，专利授权率并不见得比硬件领域来得低。例如，据公开渠道查到的资料，科大讯飞（语音处理领域）的专利授权率达 60% 左右。因此，与其说目前的软件专利存在授权率低的问题，不如说其更多地体现为授权比率分布不均的问题。

综合来看，目前互联网创新有两个层次，一是基础性创新，二是渐进式的微创新，即应用层创新。前者投入大，参与主体少；后者参与门槛低，但参与者众多。在这里，投入的大小反映了技术研发的难度，参与者的多寡，反映了该领域相同或相近似创新产出的数量。

在软件专利领域，授权率较低的领域主要在应用层创新，如与商业活动相关、交互或用户体验相关的应用型专利。这类专利创新度不高，在授权审查阶段，极易被认定缺乏新颖性或创造性。即便获得授权，在后续的维权阶段中，被无效的概率也比较大。具体体现在：第一，无效阶段对专利权利有效性的挑战，力度必然是超过授权审查阶段的，任何的瑕疵都会成为被攻击点，如软件专利在无效时，通常会面临《专利法》第二十六条第三款、第二十六条第四款、第三十三条的严格挑战，案件撰写的质量往往决定案件的生死。第二，无效阶段在现有技术的搜集上，范围更广，相较于审查员主要集中在专利文献的检索，无效方作为同行业者，对技术公开的情况更为熟悉，尤其是在技术专家参与的情况下，能够充分地、深层次地挖掘一些现有技术。从互联网的无效案件可以看到，通常决定性的对比文件除了公开的专利文献外，还包括大量的开源技术社区、论坛、公测版本等出处。

总之，互联网专利的稳定性首先取决于发明创造本身的强度及所处领域的竞争强度，其次取决于审查的标准以及对于软件专利保护的态度。优质的专利才能立于不败之地，从而为诉讼建立扎实的基础。

三、结语

中国在完善知识产权制度、构建立体保护网络、加大违法行为惩戒力度等方面出台诸多举措，形成"严保护、大保护、快保护、同保护"的格局。《中华人民共和国民法典》第一千一百八十五条也规定了惩罚性赔偿条款，明确"故意侵害他人知识产权，情节严重的，被侵权人有权请求相应的惩罚性赔偿"。在此背景下，中国知识产权诉讼呈爆炸式增长，知识产权侵权的判赔额度屡创新高。随着中国互联网行业人口红利的见顶，之前依靠商业模式创新、流量获取、资本加持的竞争环境将发生根本的改变，高质量的创新、高质量的专利、高质量的审判，将建立一个更加良性和有序的互联网产业环境，软件专利的诉讼也将在其中扮演重要的角色。

如何应对 NPE——技术产品型企业国际化过程中绕不开的专利坎

郭振鹏 原旷视科技知识产权部总经理，曾任职于华为、京东方等企业。

> 企业遭遇 NPE 时，要遵守客观事实，回答最核心的两个问题：
> （1）是否用到 NPE 的专利，也即自己产品用到的方案是否侵犯了对方的专利权；
> （2）NPE 的专利是否稳定。

一、引言

应该说，应对 NPE 是一个老生常谈的主题，凡是业务上走向国际化（主要是美国）的企业都会面临 NPE，这是一个技术产品型企业国际化道路上在专利领域绕不开的坎。本文希望分享一些经验，有助于企业 IP 从业者开展工作。同时，因为应对 NPE 是一个系统化、长周期的工作，限于篇幅，本文主要分享应对 NPE 的策略。

二、什么是 NPE

NPE 是指拥有专利，但是不实施专利，主要通过专利收取许可费的实体。之所以 NPE 成为一个专利领域的热点词汇，主要原因是 NPE 不自己实施专利技术，而是收许可费，盯着技术产品型企业及用到技术产品型企业产品的企业；并且，被盯上的企业和 NPE 在谈判的时候没有筹码，地位比较被动，NPE 往往又比较强势，因此常常会引起诉讼，NPE 顺理成章成为专利圈的热点。

NPE 的简称是一个中性词语，业内还有一个负面的称呼是 Patent Troll，中文经常翻译成"专利蟑螂"，这个词语充分表达了企业 IP 从业者对 NPE 的情感态度。

一般来讲，企业 IP 从业者对于 NPE 是没有好感的。笔者刚入行不久就遇到 NPE 问题，那个时候因为没有和对方谈的筹码，在许可协商上处于比较被动的地位。后来，在一次座谈中，大家对 NPE 提出很多负面看法，有专家对此问题发出一个反问：一个实体拥有专利，为什么不能用专利去获得收益？为什么行使正当权利而被称为"专利蟑螂"？此后，笔者逐渐开始更客观和全面地看待 NPE。如果 NPE 在行使专利权的时候，没有恶意，没有滥用权利，实际上对方就是在行使法律规定的正当权利，他人无可指摘；并且，对于充分发挥专利价值、促进创新还是有一定积极意义的，对于高校和研究机构如此，对于不得不变卖 IP 资产的企业也是如此。

三、NPE 的分类和特点

全世界范围内和 NPE 沾边的实体数量众多，几乎涵盖了各个领域，情况各异，并没有统一的分类方法。笔者根据应对经验和 NPE 的特点，对 NPE 进行了分类。

（一）第一类：资本/基金运作类——高智发明

高智发明（Intellectual Ventures，下文简称"高智"）是前美国微软高管牵头成立的一家充满资本性和采用基金模式运作的 NPE，简单地说就是人"狠"钱多（此处人"狠"是指人专业，段位高）。早期花大价钱购买大量专利，当拥有海量专利后，很多美国高科技公司纷纷加入高智成立的专利运营基金中。一方面这些公司需要投钱或专利进入基金；另一方面，高智用自己的专利及高科技公司投入的专利进行运营，这些公司可以获得相应收益。通过这种方式，高智快速扩张，专利数量迅速达到数万件。

这一类 NPE 的特点是高举高打，专利数量巨大，前期主要和业内实力强劲的大公司合作，特点就是"三多"，人多、专利多、钱多。

（二）第二类：企业转型类——InterDigital

InterDigital 也是业内出名的 NPE 实体，这几年和大公司有多个诉讼，比较出名的是华为和 InterDigital 的纠纷，从最早零几年接触，到诉讼，到和解，到许可协议到期，到现在继续诉讼、谈判……其还和中兴、联想等都有诉讼。InterDigital 实际上最早是做产品的公司，世界上第一个无线通信网络就是其做出来的，技术实力很牛，后来因为各种原因，产品做不下去，不断收缩为专利运营公司，但专利实力还是很不错的。有诉讼为证，华为在 2019 年第二次对 InterDigital 发起了诉讼，起诉目的是希望法院确定许可费用，注意，不是打不侵权，也即华为承认其有一定专利实力，但是不同意其提出的许可费用。

其实诺基亚也是一家类似的 NPE，当诺基亚主业务大幅收缩的时候，其通过 IP 获得了高额收益。当然，诺基亚和 InterDigital 的不同在于，诺基亚并没有放弃所有的产品业务，而 InterDigital 几乎只有技术和 IP 的许可和运营。

这一类 NPE 的特点就是技术、专利实力非常强，对业务、产品理解也非常深，对这个领域的企业也非常熟悉，在某一个具体领域内，业内企业都绕不开其专利，只有协商具体费用一条路可走。

（三）第三类：SEP 类专利池——Sisvel

Sisvel 是一家总部在意大利的公司，因为业务广泛，在全球欧美日中都设有分公司或者分部，运营着多个领域专利池。例如，DVB-T（Digital Video Broadcasting-Terrestrial，地面数字电视广播）和 MP3（MPEG Audio Layer-3，一种音频压缩技术标准）、LTE（Long Term Evolution，第 4 代移动通信技术标准）等多个技术标准领域的专利池，同时运营着非标准类的专利池。为什么称 SEP（Standard Essential Patent，标准必要专利）类专利池 NPE 呢？因为该类型 NPE 主要运营这些标准必要专利组合，当然，其也运营非标准必要专利的专利组合，但是非标准必要专利相关的专利组合往往又是事实上的标准必要专利，用户其实也没得选，不得不用这些专利组合，因此可简单称为 SEP 类的 NPE。

这一类 NPE 的特点是在专利的许可上有丰富的经验，成熟的套路，明码标价（许可费用的谈判空间有但不大），打击专利侵权的手段强硬且多样化。

（四）第四类：高校、研究机构类——半导体能源研究所（Semiconductor Energy Labs，SEL）

这一类的 NPE 主要代表是美国高校。美国高校之所以能把专利运营做到风生水起，主要是三个原因：一是美国技术实力强，很多技术被广泛应用，高校有很多非常牛的基础技术；二是美国知识产权意识高，高校申请专利保护的意识非常强，也愿意花费很多钱去保护专利，去维权；三是《拜杜法案》（《拜杜法案》由美国国会参议员 Birch Bayh 和 Robert Dole 提出，1980 年由国会通过，其鼓励大学展开学术研究并积极转移专利技术，促进小企业的发展，推动产业创新）是制度支撑。美国有很多大学都有类似技术转移办公室的机构，承担的是技术和 IP 上的转移、转化、转让职责，其中 IP 方面就与 NPE 非常类似了。比较出名的如斯坦福大学的技术许可办公室、威斯康星校友研究基金会等。

这一类 NPE 的特点是技术实力非常强劲，依据强大技术实力产出了价值非常高的专利，在专利谈判上并不强势，诉讼较少，许可费用相对较低。SEL 发起的诉讼寥寥可数，但已经属于诉讼比较多的这一类 NPE 了。

（五）其他类

除了以上五类之外，还有大量的典型的 NPE，也就是拥有 IP，以 IP 运营为生的企业。这一类数量巨大，满足了 NPE 的通用特点，而无其他有意义的独特之处，在此不再赘述。

四、应对策略

如何应对 NPE，这的确是一个头疼的事情，头疼的原因无外乎有二：

一是 NPE 不生产产品，被 NPE 盯上时企业没有或很少有和对方交易的筹码，因为企业自己拥有的专利无法用来起诉对方；

二是企业往往觉得 NPE 的要价特别高（笔者认为某些 NPE 还是比较厚道的，但是大部分 NPE 的要价都会让企业觉得比较高）。

但是，也不是说就不能和对方谈，只能被动地接受对方条件。下面给读者分享一下个人应对 NPE 的实际案例及针对业内案例的思考，希望能对企业 IP 在应对 NPE 的时候有帮助。

首先，遇到类似事情，还是要遵守客观事实，回答最核心的两个问题：

一是是否用到 NPE 的专利，也即自己产品用到的方案是否侵犯了对方的专利权；

二是 NPE 的专利是否稳定。

（一）应对情形一

如果上述两个问题中有一个问题的答案很明确，可以直接判断为"否"，那么恭喜你，基本上不用有那么多压力了。

例如，如果不侵权，可以直接告诉对方不侵权的理由。一般而言，NPE 都要考虑投入产出比，其发现这个项目有难度而且贵公司有专业的人，就会知难而退。

再如，如果对方专利不稳定，可以提供对比文件给对方，善意提醒对方权利不稳定；一般情况下，NPE 可能就知难而退了。

但是，虽然发生概率低，但是万一在不侵权或专利不稳定的前提下，这个 NPE 仍然纠缠不清的话，那你就别花费时间在这个事情上，一方面通过邮件正式告知你的态度和理由；另一方面，只能随他去，他起诉你就在法院应诉，如果专利权不稳定就提起专利无效即可。注意，我的观点是，对于上述两个问题，写清楚自己的观点及理由还是比较重要的，一方面要让对方知道我们的专业判断；另一方面也不要让对方形成误判，如果 NPE 认为你所在企业不重视，就是不愿意支付费用而发起诉讼，虽然最终对方起诉不能获胜，但是会浪费你很多时间和费用成本。

【案例 1】有一个小型 NPE 曾主动和我们联系希望进行专利许可，该专利涉及一种应用，在中国有一定市场规模，但是其他国家尤其欧美因为应用发展非常缓慢，所以没有市场。我们分析其专利的时候，发现其中国专利未要求最早的美国专利的优先权，而是在这件美国专利公开后才进行的布局，因此这件美国专利是要作为在后中国专利的对比文件的，同时，后续的全球专利布局中的方案改进点也特别小。

基于此，我们很遗憾地告诉对方，其中国专利虽然授权，但是存在明显瑕疵，我们并不需要获得其专利许可。当然，也正因为此，实际上我们也没有去分析自身的方案是否侵权，我们很有信心对方的专利权非常不稳定，没有必要再投入精力做更多的产品和专利的比对。

该 NPE 心中也有数，也就没有再找我们谈许可。

注意，从风险控制角度讲，为了避免对业务产生影响，如果对方仍然纠缠，当然可以不理会，但是还是要准备好相关说明材料，必要时可以请外部律师制作好法律意见分析书，以备对方通过客户施压时，可以第一时间向客户做出充分且有力的解释说明，以减少对业务的影响。

（二）应对情形二

如果上述两个问题的答案为"是"，则事情相对也简单一些，因为只能坐下来和对方好好谈。谈许可方式，谈许可费用。毕竟，客观事实是你所在企业的确用到了或者将要用到这些专利，按照法律，是要支付相应对价成本的。但是，怎么谈还是有很多方法，而且不同场景、不同具体情况有不同谈法，很难分类归纳，只能分享实际案例供参考。

【案例2】之前遇到过一家 NPE，其只拥有美国专利，也向我所在公司提出了许可要求。我们分析发现，当前我们并没有使用其专利技术，但是未来使用的可能性较大。同时，我们未来有可能使用该技术专利的产品还未进入美国，因此我在和对方会谈的时候提出：

（1）当前我们产品不使用对方技术专利（客观事实描述），但出于表明我们友好且尊重知识产权的态度，如果对方发现我方有使用，请提供对比分析给我们（实际上对方无法提供），双方再可启动许可协商；

（2）该专利只在美国申请，我们相关产品还未进入美国；

（3）如果未来我们产品计划进入美国，且有计划要采用该专利技术，则双方再启动许可谈判为好。

针对这个 NPE，之所以当时还比较客气是因为未来真有可能使用其专利技术。NPE 所拥有的专利的稳定性经分析后我方认为尚属较为稳定的状态，所以还是和对方当面诚恳的会谈了一次；如果技术产品专家判断我们当前没用到且未来也不会用到其专利技术，我们可能就会简单的回复我们未使用甚至不回复对方。

在会谈现场，这家 NPE 完全同意我方观点。

再后来，对方也未再找我公司，我们也没再关注我们产品是否真的使用该技术专利以及是否进入美国。原因我猜测是因为即使我们公司产品进入美国，早期产品销量也会比较少，而对方专利还有 3 年就到保护期限，也就没再关注我们公司。

【案例 3】一家有科研机构背景的 NPE 找我们谈合作，此家 NPE 的技术专利的确较强且较为基础，我们组织专家进行分析后，观点有二：

（1）对方专利包中的专利是某技术方向的基础专利组合，稳定性也比较好；

（2）虽然当前未采用，但我们采用该技术方向的可能性较大，而如果未来采用该技术方向，这些专利组合是绕不开的。

因为对方也知道我们当前并未使用这些专利技术，所以对方明确表示：

（1）当前可以先不谈许可；

（2）但是如果现在谈，对方会给很大优惠，如果我们使用后再谈，则没有优惠。

我们内部也反复讨论过两个关键点：

（1）我们未来使用的可能性虽然大，但是不敢说是 100%，是否需要现在就和对方谈许可？

（2）对方承诺的优惠是真能兑现还只是提前画"饼"？如能兑现，现在谈是合适的；如不能兑现，则对我方不利。

最终，我们决定当时就启动许可谈判，当然，也因为很多不确定性而设计了相对复杂的，但是对我们来说还是有利的许可方式：

（1）设计了一次性付费且封顶的许可费用方式和按照销售额计算的许可费用方式，且约定只有在我们采用该专利技术后才需要付费；另外，我们拥有许可费用方式的选择权，也即在我们使用该许可技术后一段时间内，我们可以选择采用其中一种许可费用方式；

（2）对于许可费率，我们设计了递减的模式，也即随着时间推移，许可费率会逐年降低；

（3）要求对方承诺我们享受最惠的许可费用，如果未来有公司签署的许可费用比我们低，对方应主动通知我方适用更低的许可费用进行合作。

需要明确，正是因为我们当时没用对方的专利技术，且我们是第一家愿意和对方签署许可协议的企业，所以对方才同意我们提出的很多条件，如果没有这些前提条件，一般NPE不会和企业谈这么复杂的许可方式。

（三）应对情形三

实际上，前两种应对情形都还算是比较好处理的，因为两个问题的答案都比较清晰，处理思路或者方向非常明确。比较麻烦的是针对此两个问题的答案都不肯定，这个时候，很难有通用的具体的应对方案，但是还是可以有一个应对思路，举以下两个例子作为说明。

【案例4】曾经遇到一家NPE，我们认为其专利技术还可以，被判定侵权的可能性较高，但是稳定性方面的确还有得争辩，当时的应对策略就是告知对方，如果和对方达成许可协议，就必须说服产品部门承担许可费用，我司的知识产权部是无论如何都不会承担的（且也承担不起），所以需要对方拿出真凭实据证明侵权的可能性及专利的稳定性，否则无法达成许可。这样做的好处是可以和对方确定友好协商的基调，同时，让对方有个预期，双方既不会撕破脸，也不会很快达成协议。

在后续的多轮谈判中，我们一方面向对方说明我方不侵权，同时主要攻击对方专利的创新性。后来双方就是否侵权，以及专利权是否稳定这两个问题反反复复讨论了好几轮，其中几次对方提出专利已经授权，所以不再进一步讨论创新性事宜，我们答复关于创新性方面，产品技术专家认为专利所涉及的技术都是公知的，如果说服不了产品技术专家，知识产权部无法在内部推进许可；我们甚至开玩笑说，干脆咱先打个无效，让第三方来给出创新性的结论，最终法院确定专利有效，那么公司内部的产品技术专家就无话可说了。当然，这只是一个玩笑，但是也表达了我们对专利稳定性的态度。再后来这家NPE后续就对我们不那么上心，断断续续的联系着。我们判断，一是对方对专利稳定性还不是那么有自信，二是和我们谈比较麻烦，所以宁愿花时间和其他公司谈。当然，这个事情到此时并没有最终被解决，对方还是会记着我们，但是，市场变化很快，技术变化也很快，如果推迟几年解决问题，由于外部因素发生变化，也许会出现对我方更有利的局面。

【案例5】我们还遇到过一家NPE，对方在多个国家布局有专利，其中在美国专利布局较强，其他国家专利布局则较弱，且还存在一些瑕疵。

我们分析后，考虑到美国专利制度保护比较严格，且其美国专利又比较强，所以提出先签署美国专利许可协议再谈其他国家专利许可的意见，但是对方坚决不同意，我们判断对方担心我们不愿意签署其他国家的许可协议。而我们真实的想法是每一个国家的许可费用应该区别对待，且其他国家的许可费用应当远低于美国，因此我们希望解决完美国专利许可之后，再尽量压低其他国家的许可费用，最终达成压低全球总许可费用的目的。我们的依据是专利法都是国内法，一个国家的法律只能约束到对应国家，作为企业不必一次性谈全球许可，被许可人应当有选择的权利。

双方就此问题展开多轮协商，迟迟不能达成一致，对方有时候也会威胁我们，我们倒是很简单，向对方表明可以起诉，在那个国家起诉，就解决那个国家的专利许可问题。然而，由于美国对故意侵权判罚更严格，我们为了避免对方未来在法庭上主张我们明知用到专利而懈怠许可谈判的情况，就时不时地发邮件和对方联系，表明希望就美国专利许可进行协商的态度。

从以上个人碰到的案例看，专利许可涉及的因素多且复杂，很难有统一的解决方案，但是不管怎样，两个"核心问题"仍然是解决NPE专利许可的基础，在此基础上可灵活地协商而达成一致。

下面，再分享一些业内有意思的应对NPE的方法思路。

【案例6】中彩联是由彩电集团TCL、长虹、康佳、创维、海信、海尔、上海仪电资产集团等九家股东共同投资组建的一家专利运营公司，其在代表国内彩电企业和外部的NPE（主要是"SEP类专利池"）许可中发挥了重要作用。其和几个外部比较厉害的NPE谈判中，在许可费用上拿到了较好的折扣，给国内企业实实在在带来了好处。

中彩联可以拿到折扣的原因有二：

（1）如果NPE同时和国内几家彩电公司谈许可，则其费时费力，我们假设半年谈好一家公司,仅仅九大彩电公司就需要四年半,而通过中彩联的话,谈判确定的许可费用,国内九大彩电公司都会遵守,对 NPE 来说,就可以省时省力的同时获得多家企业的许可费用;

(2)对于国内彩电公司来讲,从法律上肯定要获得相关专利许可才能正常经营,自己谈往往很难获得折扣,而通过中彩联出面,就更加容易通过联盟的力量获得更好的谈判筹码,从而最大限度压低许可费用。

从内心深处,笔者认为这是国内为数不多的通过联合、联盟方式给权利人和企业带来双赢的案例。它成功的关键不仅仅是找到了几家彩电企业的共同诉求,关键是找到了多家彩电企业和 NPE 的共同利益点。

【案例 7:RPX】RPX 成立的目的是开展专利防御性服务。企业通过缴纳会费加入 RPX,然后 RPX 利用这些收益去市面上收购某些领域有威胁的专利,收购之后,会员自然而然获得许可。应该说,RPX 很好地抓住了企业应对 NPE 的难点:小企业没有足够实力应对,大企业有实力但是一方面耗时耗力,另一方面如果最终缴纳许可费,则费用也会较高。

RPX 就是抓住了不同企业之间应对 NPE 的共同利益点,所以成立之初就获得了高速发展,很多大型企业也加入了 RPX,后来还在纳斯达克成功上市。

【案例 8:LOT】LOT(License on Transfer)也是一家为解决 NPE 而生的企业,其成立于 2014 年,当前有很多大公司加入 LOT,其商业模式其实也很简单,只要缴纳金额很低的会员费,就可以成为其会员,会员要履行一项义务:会员的专利如果某一天转给一家 NPE,则其他会员已经获得了这些被转让专利的免费许可,该 NPE 不能用这些专利去向 LOT 中的会员主张权利!

LOT 的发展速度也很快,主要原因在于其模式能解决大企业对 NPE 的部分痛点:很多大企业之间互相担心对方把专利出售给 NPE 而对自己造成麻烦,但大企业之间很难就此达成共识或者签署协议,通过一个第三方平台,简简单单就此达成约定,减免后顾之忧。

下面再结合个人的从业经验,就两个常见的问题做一些分享。

第一个问题:有没有应对 NPE 的终极方案?

有，但谈不上终极方案，只能说是应对 NPE 的最后举措，或者说不得不为之的手段，这种手段大都在被许可方认为 NPE 要价太高，实在不愿意接受的时候采用，当然，采用这些方案还是有门槛的，简单地说，就是需要"有钱有人"。

咱们先上案例。

【案例 9：某 H 公司和某 I 公司】作为实力很强劲的 NPE，某 I 公司却已经被某 H 公司起诉了两次，一次是 2013 年，某 H 公司在深圳起诉某 I 公司，第二次是 2019 年年初，某 H 公司又在深圳起诉某 I 公司，两次起诉的诉求都是认为某 I 公司违反了公平合理无歧视的许可原则，希望由法院来确定许可费率/费用。简单地说，某 H 公司和某 I 公司之间就许可费用/费率未达成一致，但是从法律上某 H 公司还是要获得某 I 公司的许可，因此某 H 公司选择主动发起确定许可费用/费率的诉讼。

第一次是某 H 公司和某 I 公司谈了很多年没有谈拢，某 H 公司认为，与三星、苹果相比，某 I 公司向某 H 公司拟收取的许可费用过高，因此发起诉讼，希望由法官来确定最终费用，最后广东省高级人民法院进行了判决，确定许可费用低于 0.02%，业内认为某 I 公司的实际报价为 2%，可见，通过走司法程序，许可费用价格低了 99%。第二次是因为第一次的许可协议到期后，双方又没有就许可费用达成一致，因此某 H 公司在 2019 年年初发起诉讼，在 2020 年 4 月双方达成和解。

走法律途径解决就是双方解决分歧的最后举措，对企业来说是这样，对 NPE 来说其实也是这样。某 H 公司和某 I 公司的事件特别明显，在 2013 年，双方的分歧无法达成一致，先后在中国和美国发起多起诉讼：某 I 公司在美国发起专利侵权诉讼和"337 调查"，某 H 公司随即在深圳市中级人民法院提起诉讼，深圳市中级人民法院一审判决后，某 I 公司又在美国发起新的专利侵权诉讼以及"337 调查"，同时又针对深圳市中级人民法院一审提起上诉到广东省高级人民法院，某 H 公司则向国家发改委举报某 I 公司涉嫌垄断，后某 I 公司又针对广东省高级人民法院二审提起再审。

【案例 10：某 H 公司、某 Z 公司 Vs 某 C 公司】这是 2020 年才出判决的案子，某 H 公司和某 Z 公司分别在英国最高法院就某 C 公司诉某 H 公司和某 Z 公司案提起上诉，英国最高法院在 2020 年 8 月发布终审判决。某 H 公司、某 Z 公司和某 C 公司的最主要分歧在于，某 C 公司拥有一大批涉及通信的标准必要专利，并在全球很多国家布局，其希望和某 H 公司、某 Z 公司达成全球的专利许可协议。因为其和某 H 公司、某 Z 公司没有就此达成一致意见，所以某 C 公司就在英国分别起诉了某 H 公司和某 Z 公司，其中一项诉求就是如果某 H 公司、某 Z 公司不接受其全球的专利许可，则某 C 公司就利用四件英国专利在英国禁止某 H 公司、某 Z 公司的产品销售。而某 H 公司、某 Z 公司认为，某 C 公司利用英国专利在英国法院寻求全球专利许可是不合理的，英国法院也无权来判决涉及其他国家的专利许可事宜。英国最高法院最终驳回了某 H 公司、某 Z 公司的请求，其认为英国法院有权利就全球的专利许可在英国寻求司法救济，其主要理由是因为这些专利是标准必要专利，其专利权人在 ETSI（European Telecommunications Standards Institute，欧洲电信联盟）做出不可撤销的 FRAND（Fair, Reasonable and Non-discriminatory，公平合理无歧视）许可承诺，因此英国法院对全球许可有管辖权。

该案涉及的法律问题复杂，本文不就法律问题展开论述，也不对判决结果发表观点，只是想通过这个案情，告诉大家，NPE 和企业的最后手段都是法律诉讼，如果双方谈不拢，那就只能通过诉讼，由法官来决定。当然，也要注意，即使走法律途径，也不代表双方就不能谈，打诉讼的目的是解决争议，谈判的目的也是解决争议，打也好，谈也好，边打边谈也好，只要能解决争议就好。

第二：如何说服公司内部缴纳许可费？

该问题在早几年解决起来很麻烦，因为国内企业整体来看知识产权保护意识不强，同时利润也普遍偏低，如果再缴纳许可费，更活不下去了，毕竟，许可费多交一分就少一分利润啊。

而随着行业发展，公司对知识产权的认知程度以及接受程度也变得越来越高，另一方面现在业内案例也越来越多，在这样的条件下这个问题就变得相对容易一些了。我分享一个切入点以帮助同行去说服公司的管理层。

NPE 没有产品，所以除了 IP 就和产业界没有更多的联系，其非常有积极性和某个领域内所有的公司谈许可，如果其收到的许可费的金额是相对一致的，则只要它向其他主要竞争对手也收取许可费，则对本企业的竞争力是没有影响的。而如果本企业的 IP 团队强，可以拿到更低的许可费，则公司产品反而会更具有竞争力。因此，关心付出多少钱，还不如关心付出的钱和竞争对手比是高还是低为好。

例如，我在某一个 NPE 许可项目中，就拿出其他竞争对手的许可情况来做对比，表明我们虽然缴纳了费用，但是比我们竞争对手缴纳的要少，而且，竞争对手缴纳了许可费，也就意味着这个 NPE 的专利实力很强，已经"说服"了竞争对手，这都有助于说服公司管理层支持专利许可谈判的事宜。

再如，我在前面第 3 个案例中，也提到我们设置了最惠条款，原因除了因为我们谈的早，的确怕后来人谈出更低费用之外，其实也是为了确保 NPE 在后续谈许可费用的时候，许可费用至少相对一致，以免他人付出的许可费用相对低而实质上削弱了我们产品的竞争力。

客观来说，和 NPE 谈判也有很大的斗智斗勇的空间，但是无论如何都要从两方面入手：一方面是紧紧围绕专利权是否稳定，是否侵犯了专利权两个客观问题来做文章；另一方面，专利许可也是一种业务，可以把很多商业的策略用到许可协商中。

跨界创新——智能网联时代汽车行业如何应对通信标准专利？

赵大武 2003 年起从事知识产权工作，先后任职于富士康、爱普生等大型跨国企业以及专利代理机构和知识产权运营机构，对知识产权全流程业务均有丰富的处理经验，经手的维权案例曾列入全国年度十大知识产权案件；2018 年底加入小鹏汽车，全面负责公司知识产权业务。

> 通信标准专利的问题，归根结底还是汽车制造商与通信标准专利持有者之间的利益争夺问题，汽车行业除了"花钱"和"斗争"之外，将跨界的问题交给跨界者来解决也许是一个不错的选择。

一、汽车行业与通信标准专利持有者之间发生了些什么？

（一）"汽车发明者"官司缠身

2019 年，有"汽车发明者"之称的戴姆勒，先后被诺基亚和夏普以"侵犯移动通信标准必要专利（Standard Essential Patent，SEP）权"为由提起了侵权诉讼，其中被诺基亚起诉了 10 项移动通信 SEP 侵权，被夏普起诉了 5 项。

在被起诉后，戴姆勒除应诉外，还向欧盟反垄断监管机构提起了针对诺基亚的投诉，投诉内容包括：

（1）诺基亚技术专利许可费过高；

（2）诺基亚涉嫌滥用市场垄断地位；

（3）诺基亚和违反 FRAND（Fair, Reasonable And Non-Discriminatory）原则。

经过一年多的司法程序，戴姆勒近期接连收到两个坏消息：2020 年 8 月 18 日，德国曼海姆地方法官做出判决，戴姆勒侵犯了诺基亚持有的一件移动通信技术 SEP（专利号 EP 2981103）的专利权；时隔不到一个月，德国慕尼黑一家法院在 9 月 10 日判决，戴姆勒侵犯了夏普的一项 LTE 技术 SEP（专利号 EP 2667676）。两个法院判决的理由都是戴姆勒未经专利权人的授权而使用了对方的专利技术，虽然两个判决目前都尚未生效，戴姆勒依然面临着对方在提供抵押并申请禁令情况下的禁售风险。

（二）汽车行业的"颠覆者"被 NPE 围猎

像苹果颠覆手机行业一样，特斯拉绝对是汽车行业的颠覆者。自从 2020 年 7 月特斯拉的市值突破 2000 亿美元，超越丰田高居全球汽车企业之首以来，特斯拉的市值在短短两个月不到的时间内又再次翻倍，突破了 4000 亿美元的大关。对于特斯拉如此凶猛的势头，很多人都表示无法理解。

然而，特斯拉早已被 NPE 作为重点围猎对象。根据专注于打击 NPE 专利滥诉行为的美国 Unified Patents 公司最新统计显示：2020 年上半年，特斯拉是所有汽车企业中，遭受 NPE 专利诉讼最多的公司，共计 4 家 NPE 发起了 5 起诉讼。而这 5 起诉讼中，有 3 起涉及 3G/4G 通信标准专利。

无论是戴姆勒这类传统汽车制造商，还是造车新势力的领头羊特斯拉，似乎都避不开通信标准专利的问题。那么汽车行业是怎么跟通信标准专利扯上关系的呢？

二、车联网：汽车行业与通信标准专利的交集

特斯拉能够稳坐全球车企第一市值的宝座，最重要的原因无疑是其在智能网联汽车这条赛道上一骑绝尘的地位。然而，到底什么才是智能网联汽车呢？较为官方的定义是这么说的：智能网联汽车，是指通过搭载车载传感器、控制器、执行器等硬件装置及对应的智能化软件和计算平台，融合无线通信技术与网络技术，从而具备复杂环境感知、智能化决策与控制功能的新一代汽车。从字面意思来看，智能化和车联网是它区别于传统汽车的两大主要特征。

随着软件定义汽车的概念逐渐深入人心,软件在智能网联汽车中的地位越来越重要。从早期引入的车载导航和多媒体娱乐系统,到近年来出现的利用手机App远程控制车辆、云服务等新功能,乃至目前最热门的包括高精地图和自动驾驶系统在内的车辆控制系统,智能网联汽车的软件体系对车内与车外的数据传输需求越来越大,要求也越来越高。随着智能网联汽车配套技术的逐渐成熟,车联网已经成为实现智能化所需的硬件中不可或缺的一部分。因此,即使是戴姆勒、宝马和大众等传统车企,也都在大力推进智能网联汽车业务。

在车联网的概念中,根据联网的方式又划分为车内网、车际网和车载移动互联网三个板块。其中,车内网以 CAN/LIN 网络等非常成熟的技术为主,主要负责车内硬件之间的数据传输;车际网相关的技术虽然一直在发展,但实际应用尚未成熟;车载移动互联网主要负责车内与车外的数据传输,作为车载移动互联网的核心组件是车载智能终端(俗称 T-Box 或者 TCU,Telematics Control Units),里面包括了 OBD、CPU、GPS、4G 甚至 5G 芯片等诸多模块,其中涉及诸多无线通信技术。简单地说,TCU 就是汽车内部和外部连接的中枢,也是汽车零部件与通信技术 SEP 的交集所在。

自工业革命以来,汽车逐步成为现代工业王冠上的明珠、前沿科技的集大成者。如今,智能网联汽车更是汽车行业的先锋:通过耳目一新的数字仪表盘和中控大屏提升驾驶体验、通过酷炫甚至可编程的矩阵式 LED 车灯满足个性化需求……当然,这一系列的功能,都离不开"智能"和"网联"技术的支持和此类技术与车本身的融合。说到"网联",能成为 SEP 的专利在通信技术中自然是不可或缺的,那又是什么原因导致其在汽车行业引发了如此多的纷争呢?

三、通信标准专利在汽车行业的许可模式探讨

(一)汽车行业纵向许可模式

正如前面提到的,汽车行业涉及的技术领域极为广泛,但是此前专利侵权诉讼相对较少,这一切主要归功于汽车行业中一直以来推行的专利许可模式。

一台普通的汽车,通常由一万多个不可拆卸的独立零部件及数万个可拆卸的零部件组成,涉及的供应商至少有上百家。因此,在汽车行业的专利许可通常采

用纵向许可,以降低整车制造商的侵权风险,同时也可以避免整车制造商陷入大量的风险评估工作。简单来说,零部件供应商支付专利许可费并获得专利许可后,将该许可披露在和整车制造商签署的零部件采购合同中,并在合同中阐明采购合同总价中已包含其向专利权利人支付的专利许可费。在这种模式下,整车制造商无须再和专利权利人之间发生专利许可关系,更无须按整车销售价格来计算专利许可费,因而专利许可成本在零部件采购阶段就已经完成分摊,对于后期整车价格的影响微乎其微。

戴姆勒作为汽车行业的"带头大哥",在推进智能网联汽车的业务时,同样坚持以纵向许可模式解决通信 SEP 的问题,这一做法显然也是大多数汽车制造商的代表性意见。2019 年 12 月初,在上海举行的亚洲汽车知识产权会议中,参会的丰田、本田及日产三家日本车企的代表对于通信 SEP 问题的看法也基本一致,大家也都希望能以汽车行业传统的许可模式来解决专利问题,不希望汽车行业重蹈手机行业的覆辙。

(二)移动通信行业的横向许可模式

相比于汽车行业,无论是诺基亚与苹果的一系列专利诉讼,还是国内各大手机厂家向高通支付的"高通税",都早已让大家对移动通信行业的横向许可模式有一定了解。像诺基亚和高通这类拥有雄厚技术及大量移动通信 SEP 的专利权人,并不向联发科等其他芯片企业收取专利费,而是向移动终端制造商或代工厂进行许可。而且在许可谈判中,由于 SEP 的持有者处于产业链中的上游,在谈判中处于主导地位,移动终端制造商不得不接受以整机价格作为许可费的基础。例如,高通公布的 5G 手机专利许可使用费为手机价格的 2.275%~5%。

移动通信行业采取这种许可模式的主要原因,是通信专利巨头们认为通信功能是智能手机不可或缺的,而他们打造的 SEP 为行业繁荣奠定了基础。高通、诺基亚、爱立信等专利巨头按照各自的专利共享向智能手机厂商收取不同比例和价格的专利费。随着万物互联概念的兴起,通信专利巨头们自然希望将这种在移动通信行业推行已久的横向许可模式扩展应用到整个物联网的范畴来。然而,由于移动通信行业的标准专利持有人很多,所持有的标准专利数量不一、各自收取专利费的态度和标准也不同,导致移动通信行业的各种专利纠纷不断。

如何在物联网的时代避免这种状况的发生呢？一站式许可将在一定程度上解决该问题。

（三）一站式许可：Avanci 来了

Avanci 平台是由爱立信、高通、中兴通讯等五大 IT 巨头联合发起，致力于为物联网制造商以公平、合理和非歧视性（FRAND）的方式提供一站式解决方案的专利许可平台。目前，该平台已有 38 位专利权人，除了发起人之外还包括：诺基亚、夏普及西门子等国际知名企业以及国内的 OPPO、中国移动、大唐移动等通信企业。这些专利权人将拥有的全部 2G、3G 和 4G 蜂窝标准的专利组合加入 Avanci 平台。

相较于移动通信行业常见的以移动终端售价作为许可费率基础，或是通过谈判确定许可费率的许可费定价模式，Avanci 平台提出了一种新的许可模式，并宣称在该模式下联网汽车许可费价格永远不会上涨，同时还在其官网公布了联网车辆的专利许可定价，具体见表 1。

表 1　专利许可定价　　　　　　　　　　　单位：美元/台

许可内容	收费标准
仅限紧急电话	3
3G（包含 2G 和紧急电话）	9
4G（包含 2G、3G 和紧急电话）	15

从某种程度来看，Avanci 平台的许可模式确实带来了一定程度的便利，有利于减少纠纷。然而这个单方面的定价是否能被潜在的许可对象接受呢？相对于售价几百美元的智能手机来说，售价几万美元的智能网联汽车似乎更能承受专利费用，但实际状况却差强人意：从 Avanci 平台官网显示的信息来看，包括宝马、大众在内的多个汽车品牌已经被列入"被许可人"的板块；与宝马和大众如此爽快地加入了被许可人行列不同的是，作为德国汽车三巨头之一的戴姆勒和日韩汽车品牌似乎对 Avanci 平台的方案并不买账。要知道，从 2019 年的来看，宝马集团和大众集团的净利润都在 50 亿欧元上下，而戴姆勒集团的净利润则仅为 27 亿欧元，与上年相比下跌了 64.5%。难道是这个原因，导致戴姆勒开始像日韩汽车制造商一样注重成本？

四、汽车行业该如何面对通信标准专利

无论是汽车行业的纵向许可模式,还是 Avanci 平台的一站式许可模式,或者是像手机行业一样通过诉讼和谈判的方式达成横向许可,要解决通信标准专利的问题,归根结底还是汽车制造商与通信标准专利持有者之间的利益争夺问题。因此,要解决问题终归还得通过这几个途径,但不同的途径又有什么需要注意的问题呢?

(一)钱能解决的问题都不是问题

我们从图 1 中 Avanci 平台公开的被许可人就可以看出,目前接受 Avanci 平台一站式许可的品牌主要还是宝马、宾利、保时捷、劳斯莱斯等豪华品牌,一站式许可和固定费用的便利性对他们来说确实有一定的吸引力。

图 1　Avanci 许可平台上的被许可人

虽然 Avanci 平台目前仅能覆盖 70% 左右的 2G 到 4G 的标准专利,但是以此为基础进行评估,在每台车在通信标准专利方面的总许可费用成本还是可以大致估算。对于享受着足够品牌溢价的豪华品牌或是净利润丰富的汽车制造商来说,无疑是一个优选的方案。

(二)Avanci 平台的一站式许可模式推行并非一帆风顺

既然不甘心向 Avanci 平台缴纳"车头税",自然就要做好斗争的准备了。

戴姆勒作为汽车行业的老大哥,拒绝 Avanci 平台的一站式许可模式,坚持由其供应商处理许可费问题,这不仅仅是对行业惯例的坚持,可能同时也存在对成本的考量。在国际市场上,TCU 这个关键部件的供应商主要包括德国大陆集团

（Continental）、日本电装（Denso）、美国哈曼（Harman，已经被三星收购）、韩国的 LG 以及中国的华为等公司。其中大陆集团作为全球五大汽车零部件供应商之一以及戴姆勒的核心供应商，一直以来均全力配合戴姆勒提出的"由供应商处理专利许可事宜"的主张。

虽然 Avanci 平台宣称是以符合 FRAND 原则提供专利许可的，但是，当大陆集团找 Avanci 平台时却碰了一鼻子灰，Avanci 平台根本不想与大陆集团或是其他 TCU 供应商谈许可，或者即使可以谈，条件也是与整车制造商一样，每台 15 美元。15 美元对一辆车可能只是售价的千分之一甚至万分之一，然而对于整体成本不到 100 美元的 TCU 设备（一般大概 75 美元）而言，相当于成本的 20%，这显然不是一个合理的许可费率，大陆集团自然无法接受，更何况 Avanci 平台所持有的通信 SEP 并不是全部。但是，当大陆集团向 Avanci 平台要求提供收费依据时，Avanci 平台却拒绝提供，并表示要谈技术细节的话，需要去找联盟专利权人。由此可见，Avanci 平台的收费标准似乎并没有详细的定价依据。

大陆集团从 2018 年年初开始，向 Avanci 平台及其平台上的专利权人诺基亚、高通、Conversant、PanOptis 等公司寻求获得 2G/3G/4G 的 SEP 许可。然而，一方面是经过一年多的努力毫无进展，另一方面却以戴姆勒主要供应商的身份收到了戴姆勒被接连起诉的消息。大陆集团顿时压力倍增。为此，2019 年 5 月，大陆集团在美国德州北区联邦地区法院提起了反垄断诉讼，起诉 Avanci 平台及诺基亚等公司违反 FRAND 原则、拒绝许可 2G/3G/4G 的 SEP，希望以此取得合理的专利许可，而非高达成本 20% 的专利"剥削"。

坏消息似乎会传染，就在戴姆勒在与夏普的专利诉讼案败诉的第二天，2020 年 9 月 11 日，德州联邦法官 Barbara Lynn 驳回了大陆集团的反垄断诉讼，并在驳回该诉讼的裁决中表示，Avanci 平台是由高通、诺基亚、夏普等技术专利所有者组成的专利授权平台，与汽车制造商（而非零部件制造商）就授权协议进行谈判并没有违反反垄断法。其表示："专利所有者可以在不违反反垄断法的情况下，利用价格歧视最大化其专利价值。"

对于接连败诉的两起专利诉讼，戴姆勒已公开表示强烈不满并宣布将上诉。原因在于曼海姆法院的判决中确实存在与以往规则相冲突的部分：一审中，在诺基亚和戴姆勒都没有提供满足 FRAND 原则报价的情况下，法院就颁布了禁令。欧委会在五年前发布的华为/中兴 SEP 禁令规则里指出，SEP 专利权人应当首先提供满足 FRAND 原则的报价。近年来，德国法院在这种情况下一般首先判断权利人的报价是否 FRAND 原则，甚至不会评价标准实施者的反报价。然而，最近曼海姆和慕尼黑法院的立场在这个问题上已经发生了变化，德国法院又回到了较早的 orange-book 标准：首先看标准实施者反报价的方法。他们试图通过错误解读欧盟判例法来证明其判决的合理性，因而戴姆勒将不得不在上诉的同时，向上诉法院（卡尔斯鲁厄高等法院）申请暂缓执行一审判决中的禁令。

（三）跨界的问题交给跨界者来解决？

从目前的情况来看，以戴姆勒和大陆集团为代表的汽车制造商及其供应商们在通信行业跨界而来的专利许可纠纷中处于不利地位。其中有一个重要的因素，就是通信标准专利持有者们在技术上处于绝对主动的地位，也是戴姆勒发起反垄断投诉的主要理由之一。然而，汽车行业和通信行业一定要站在对立的立场吗？

在夏普和戴姆勒的首个判决出炉之前，通信巨头华为作为戴姆勒汽车车载通信芯片的供应商，在 2020 年 7 月与夏普签署了一份涉及"汽车零部件"的 SEP 许可协议，夏普授予华为在车载通信产品的完整标准必要专利许可，包括车载信息服务控制单元、车载通信模块和车载通信芯片产品，并免除华为车载通信产品客户的侵权责任。因此，夏普撤回了对戴姆勒所有装有华为车载通信产品车辆的诉讼主张，夏普所取得的禁令应该仅适用于戴姆勒产品中使用非华为提供的车载通信芯片的车辆。从这个角度来看，如果戴姆勒的车载通信芯片均采用华为的产品，就不用再担心夏普的诉讼问题了。

就像前面所说的，所谓许可方式之争无非是利益之争，当华为以汽车行业零部件供应商这一跨界者身份出现时，Avanci 平台想要凭借"专利上的绝对优势"和"双方诉求对立的立场"而推行简单粗暴的定价方案就出现了破绽。华为此举无疑是以夏普为突破点将 Avanci 平台撕开了一个口子，相信夏普在与华为达成协议后所取得的价值并不亚于 Avanci 平台给出的期待利益。

此外，华为已在另一个德国案件中起诉诺基亚，要求其提供相关 SEP 组件级的 FRAND 许可协议，该协议覆盖华为对向戴姆勒在内的汽车制造商销售的车载通信模块等组件。一旦华为取得该许可，诺基亚对戴姆勒的专利侵权诉讼，就再无任何理由牵连到"使用具有组件级许可的华为零部件"的汽车整车。有了夏普与华为的协议在前，华为与诺基亚的案件会以什么样的形式解决，我们拭目以待。

对华为来说，坚定站到了自己汽车行业合作伙伴的一边，以供应商的身份主动参与到戴姆勒的专利诉讼中，不仅表明了其开拓汽车市场的决心，也显示出其对汽车市场未来的期待。华为利用自己"既是专利权人、又是 TCU 厂商（如大陆集团）的车载通信芯片供应商"的双重身份，不仅打破了 Avanci 平台期望建立的垄断性许可机制，还在争取提供能够符合汽车行业惯例的许可方案。对于尚未加入 Avanci 平台的汽车制造商们，尤其是诸多已经与华为在车联网领域展开合作的国内车企来说，"让专业的人（华为）做专业的事（车载通信技术的专利许可）"，似乎是一个更好的选择。

此外，对于其他车载通信芯片供应商，如果无法像华为一样提供类似的方案，而是依旧像在手机行业一样仅负责通信芯片产品的制造和销售，那么其在通信领域的专利劣势将在车联网的市场竞争中进一步放大。

从品牌价值角度看商标、商号、域名的争议与解决

杨　淼　北京金山云网络技术有限公司知识产权副总监,北京市知识产权专家库专家,专注于互联网领域的知识产权工作。熟悉文娱、游戏、科技及云计算等类型公司的知识产权管理,曾获评"U40企业知识产权精英""中国杰出知识产权经理人"。

> 商标、商号、域名的争议和解决方案,从根本上是市场独占性的需要与法律资源越来越紧缺的矛盾,必须从品牌布局角度出发,协调各个部门,建立合理的确权和维权方式。

品牌组成元素中商标、商号、域名的争议问题,是一个老生常谈的话题。本文从企业日常工作角度出发,从命名、布局、协作等环节上,谈一些品牌价值运营和争议解决的实操技巧。

"品牌"是一个综合概念,是市场经营竞争与运作的必然产物,是一个企业整体形象的总和,其包括技术、质量、商誉、logo、名称、术语、口碑、记号设计及其组合,等等。而商标、商号、域名是企业形象最直接的代表,均在一定程度上享有专有权,受不同的法律形式保护,是品牌价值的最直接承载体,是品牌升值和赋能的必备因素。

由于我们日常工作中多处涉及或者使用到商标、商号、域名,甚至在公司建立之前就必须要优先考虑这些因素,这使商标、商号、域名的争议和解决变得烦琐复杂。那么如何用有效、合理的手段来解决这些问题呢?

一、对上沟通、管理，一切以布局为先

商标、商号、域名都有一个最大的共性，就是适用于"注册在先"原则，即在同等条件下，谁先注册谁先拥有。所以优先启动合理的申请、布局策略，选择一个合适的商号，有显著性的商标，有特色的域名，就会让我们的工作抢先一步。俗话说，"一步先，步步先"，一旦取得相应授权，就更容易提高品牌的知名度和附加值。

品牌策划的时候，为了确保更好的落地实施，减少中间环节和不可知风险，提高授权概率，就必须做好对上沟通，"听懂"公司发起人或管理层的规划与思路。

很多时候管理层决定品牌的时候，可能没有明确的商标或者商号的区分，一般只是希望品牌能做成什么样子，用一个什么名字，大体由什么构成之类的模糊指示。

针对这类指示，我们就要分析指导意见，用我们专业的工作，把各项内容做统一的查询及整理汇总，然后进行及时的汇报，要通过沟通、清晰地告诉领导，我们是采用什么形式进行品牌储备才能够满足他的要求，使成功概率最大，效果最好。

沟通最好的方式，建议选择PPT展示和举例沟通的方式。是商标商号统一？还是商标和商号分离？他们各自的优劣是什么？对应的行内竞品采用的是什么形式？同时，尽量不要使用只有自己能看懂的法律和专业词汇，尽可能让品牌呈现、保护方式和区分以实际案例展示出来。

当我们沟通清楚实质需求，确定好了方向，我们就要提前评估法律风险，尽力降低风险，但是要将风险最坏的结果如实反馈，让管理层有一个清晰、客观的认识，以便于管理层做更好的决策和补救措施。

接下来，我们要针对需求进行逐步解析及布局，在这个时候，我们也要适度提出需求，例如需要市场部配合设计、让产品线集思广益，等等。

核心策略——建议建立商标商号域名的一体化保护模式，让商标、商号、域

名一致,统一管控,这样企业在品牌宣传和后期价值维护方面会节省很多人力、物力。

当然,如果一体化很难实现,也不要勉强,我们要学会取舍。这个时候,我们第一步要确保商标的优先地位,然后,确定域名和商号的布局方式,逐级布局:

(1)商标。根据企业发展阶段的需要,确定是采用全面布局策略还是重点突破策略。如果商标名称查询结果较好,且预算充足,可以考虑多类别布局,全类或者扩张类别都不为过。如果预算有限,且名称尚在储备选择中,建议考虑重点类别优先储备,对重点类别争取重点保护和突破。当然,如果是科技型企业或者贸易型企业,建议兼顾储备国内和海外商标,且海外商标布局显得尤为重要。

(2)商号。根据企业整体业务模式,优先选定企业注册地,建议优先选省一级市场监督管理局,这样有利于预防国内地方工商系统内的商号重复及名称冲突。出于未来业务发展和分公司扩展行业的需要,建议在国内重点城市的工商局均进行登记注册,减少后期商号重复的维权成本。

(3)域名。根据品牌一致性的原则,建议优先储备公司名称的英文翻译、汉语拼音、简称或者代称等,优先注册.net、.com、.cn 等主域名,同时考虑储备同名的.io、.xyz、.site 等后缀域名。

二、目标一致、部门协作

品牌是企业内部重要的事务,初期接触品牌保护的部门,一般是法务部或知识产权部,一旦品牌保护的工作开始推进,所涉及的部门会逐渐增多。随着部门的增多,可能需要各个领导层的确认,这就使中间环节增多,产生各种阻碍。一旦这样,品牌整体推动工作就会很容易沦落为自下而上的逆行事件,在公司内受重视程度会越来越低,甚至会出现虎头蛇尾的情况。

那么,如何让品牌相关的商标、域名、商号等事务在公司内更受重视呢?

答案只有一个,就是跨部门协作,让多个部门一起参与进来,变成一场声势浩大的"保密串联"工作。但也要注意，品牌工作的前期，千万要做好保密防范工作，不要因为工作疏忽造成品牌泄漏并被抢注的情况。另外，也要提前做好业内竞品和龙头企业的尽职调查工作，梳理出共性可参考的案例，用案例说服各级领导和兄弟部门加入整体品牌构建工作中来。

俗话说，"一个篱笆三个桩"，虽然要把所有品牌相关部门都调动起来，实际操作起来会比较困难，但通常来讲公司内的三个核心部门必须要一起加入，包括市场部（负责品牌宣传）、产品部/销售部（使用品牌）、法务/知识产权部（品牌合规）。具体开展工作时，由产品部（或管理层）提出需求，市场部负责品牌和宣传评估，再由法务或知识产权部进行查询、整理及反馈品牌保护策略，其工作思路如图1所示。

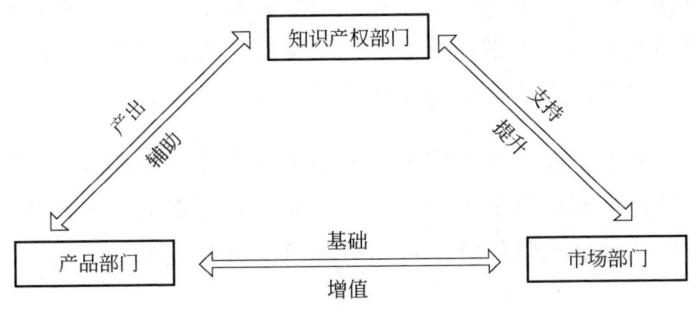

图1　企业品牌相关部门工作联动示意

总结而言，对于法务/知识产权部门来说，在开展工作时既要调动市场部门的积极性，也要调动产品部门的工作热情，通过大家协同工作构建攻守联盟，一起克服各种压力和困难。

三、抽丝剥茧，尽最大可能争取确权及维权

仅仅是布局和协同还是不够的，我们要做到抽丝剥茧，穷尽一切手段让商标、商号、域名保持它的显著性和法律赋予的唯一性。

为了更好地进行品牌估值和宣传，建议优先建立商标商号域名的一体化保护策略，也就是说，企业把自己的商号作为商标注册，或将已有商标登记为商号，再将商标对应的字母作为域名，以此来有效保护自己的无形资产（图2）。

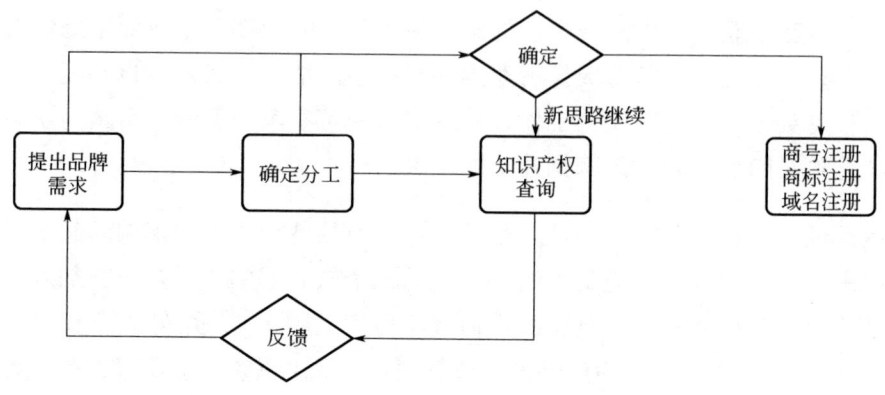

图 2 企业品牌保护工作分工思路

然而，商标、商号、域名的一体化保护操作起来却非常困难，特别是随着国内商标注册量越来越大，已被注册的在先商标资源囤积越来越多的情况下，寻求一个好用且能成功注册保护的品牌需要反复尝试和选择。

但无论如何必须确立知识产权部的核心确权地位，由其进行全面查询，尽可能节省法律资源，在商标可注册情况下，让品牌设计更加从容且节省成本，其他的官方注册渠道才能够风险最低，可用性及价值大大提高。

当然，很多时候商标、商号和域名很难达成一体化，如商标、商号和域名三个要素中，其中一者已经为他人所占有或者某一要素使用过程中没有整体品牌意识，变得格外凸显和知名，那么这三个要素就会产生很多矛盾，难以做到统一化。针对不同的矛盾形式，我们要多条腿走路，让自己的品牌尽可能获得统一的独占权利。

典型的商标、商号和域名冲突包括以下几种。

（一）商标与商号的善意冲突

在 1999 年颁布的《国家工商行政管理局关于解决商标与企业名称中若干问题的意见》中，第六条曾经明确写明：处理商标与企业名称的混淆，应当适用维护公平竞争和保护在先合法权利人利益的原则。

虽然该文件已经失效，但其制定的处理精神得到了沿袭。如果他人不存在突出使用字号、随便简化使用企业名称等不正当使用行为，一般不构成侵权行为。

换句话说，商标权人对于善意注册的商号无权禁止使用。

然而，如果我们已经提前知晓了一些风险，就一定要加强监控，最好做到定期检索、核查，避免他人起初善意注册，最后却逐渐转化为恶意傍品牌的行为。

（二）恶意将他人商标注册为商号

将他人商标注册为商号的情况目前是比较多的，而且商标保护的不是商标符号，而是这种符号在该类业务领域的商业性使用行为，并非使用该符号就构成商标侵权或不正当竞争。应当考虑商号的使用是否引起混淆、误认或者该商号是否随便简化、突出使用字号。如果商号的使用仅仅限于识别企业身份，企业在其注册营业范围内全称使用，将不构成商标性使用，自然也无商标侵权之说。

根据《中华人民共和国商标法》第五十八条规定："将他人注册商标、未注册的驰名商标作为企业名称中的字号使用，误导公众，构成不正当竞争行为的，依照《中华人民共和国反不正当竞争法》处理。"有法可依，遇到商号不规范使用及造成品牌混淆的情况，我们要坚决采用维权措施，一般我们建议采用以下几种方式。

第一种：启动民事诉讼，依据商标侵权或者不正当竞争案由起诉。

第二种：启动行政投诉，在当地市场监督管理局进行侵权投诉。

第三种：诉讼和行政投诉同时进行。

不管采用哪种方式，我们的目的是第一时间遏制对商标独占性的冲击和减少品牌名誉损失等风险。

（三）恶意将他人商号注册为商标

商号被他人注册为商标，也需要根据具体情况做不同的判断，因为商号权对抗商标权，在一定程度上难度很大，其根本原因在于商号的取得方式是有典型的地域和行政级别区分的，例如，北京XXX科技有限公司和南京XXX科技有限公司，是完全有可能并存的。而商标是由商标法统一规定的法律概念，在一定业务领域内，有唯一性。

这样就需要根据不同的阶段采用以下两种不同的应对方案。

（1）如果该商标还在申请过程中，商号所有人可以在初步公告期间向商标局提出异议申请。

（2）如果该商标已经获得注册，在五年内可以向国家知识产权局提出商标争议或者无效。

当然除了商标程序内的一些方案以外，我们依然可以采取诉讼或者行政投诉的方式来应对。

（四）将商标注册为域名行为

域名抢注是一种比较多见的侵权方式，特别是以不正当手段抢先注册他人已经使用并有一定影响的商标，且进行网络宣传，使消费者误认为域名注册人和商标权人存在某种联系，并借此谋取利益。

域名与商标冲突的解决，一般有三种常规的解决方案：协商购买（转让）、机构裁决、仲裁或者诉讼。

1. 协商购买

经过双方沟通，如果域名所有人提出的域名转让费用不高，协商解决是最便捷的一种解决方案。这种解决方案时间短、成本低、隐蔽、对外界的影响不明显，不会破坏品牌形象。

2. 域名争议解决机构进行裁决

一般各国都有域名管理机构，如我国 CNNIC（中国互联网络信息中心）与美国 ICANN（互联网名称与数字地址分配机构）。在一般情况下，我国涉及的域名纠纷，如顶级域名纠纷在 WIPO 或者亚洲域名解决中心都能争议裁决，而中文域名和 .cn 域名可以在中国国际贸易促进委员会争议解决中心提域名争议进行解决。

但中立的域名争议解决机构仅负责解决域名争议，其裁决只涉及争议域名持有者信息的变更，裁决的法律效力远远低于人民法院或者仲裁机构发生法律效力的裁判。

3. 仲裁和诉讼解决

在各种解决方案无果的情况下，我们可以选择仲裁或者诉讼来解决。这两种都属于比较常见的司法途径。但提起仲裁解决的前提是争议双方之间必须有仲裁协议，而诉讼是当事人最有利和最后的选择，诉讼的程序各国情况不一样，准备材料和程序也不相同，需要谨慎选择诉讼地和诉讼理由。

（五）将域名注册为商标的行为

将域名注册为商标的行为，属于抢注中的一种形式，在商标法中有明确的处理规则。《中华人民共和国商标法》第三十二条规定：申请商标注册不得损害他人现有的在先权利，也不得以不正当手段抢先注册他人已经使用并有一定影响的商标。

总之，涉及商标问题，我们要关注到商标的注册程序，采用商标传统救济形式，例如异议、无效、争议等对品牌进行监测和维护。如果都不能获得成功，我们在证据充足的情况下，可选择进行诉讼，因为诉讼给予的质证空间较大，能够在一定程度上充分展示其他在先权利的内容。

四、动静结合、适度宣传

工作必须要有静、有动，分不同的阶段既要低调处理，也要高调宣传。做好策略和市场宣传相结合。我们建议品牌的维护工作，要时刻注意与 PR 相结合，让品牌在日常维护过程中，不断地渗透到消费者的耳朵里，产生更多直观的认识。在品牌的不同阶段，要采用不同的宣传策略，让品牌的价值最大化。

例如，在商标申请阶段，我们要做好商标储备，同时注意保存商标原创的资料，该阶段可以适度宣传。一旦商标授权或者商标遭遇阻碍因素，需要证明其显著性及区别度的时候，我们就要适度增加宣传力度，树立品牌价值，给市场扩张和产品销售提供一定的品牌支持，让品牌力量反哺商业活动。

商标、商号、域名的争议和解决方案，其实从根本上是市场独占性的需要与法律资源越来越紧缺的矛盾，必须从品牌布局角度出发，协调各个部门，建立合理的确权和维权方式。在树立品牌价值的过程中，不断地反哺公司和产品的市场扩张，用商标、域名、商号不同角度的独占性，给公司发展以最大的正向支持，让其成为公司最有影响力的名片。随着公司业务不断发展，品牌的知名度和显著性越来越高，把商标、域名、商号充分地展示给消费者，才能产生耳熟能详的驰名商标和国际大品牌。

互联网商标维权如何从"步步惊心"到"步步为营"？

吴贵玲 马上消费金融股份有限公司法律事务专家，知识产权团队负责人，具有律师资格和专利代理师资格，有专利无效、专利诉讼、版权诉讼及商标诉讼的丰富经验。

> 在互联网这个看得见又看不见的广阔市场上，互联网商标维权看似"步步惊心"，只要做好权利主张、侵权主体确认、诉讼管辖法院确定、侵权证据收集、行为保全、生效判决执行等方面工作，维权亦可"步步为营"。

近些年，互联网金融蓬勃发展。互联网金融并非互联网和金融的简单结合，而是利用互联网，在保证信息安全、风险可控、身份验证等一系列基础上开展的金融服务，从而使大数据、人工智能、区块链和金融云技术在互联网金融领域得到大规模应用。在互联网这个看得见又看不见的广阔市场上，通常普通消费者难以准确识别金融服务的来源。有鉴于此，互联网金融企业应当维护好企业品牌商誉，避免被不法分子违法使用，给企业商誉造成损害，其中，打击力度较大的方式是通过商标维权打击假冒侵权行为，以维护市场秩序。

由于互联网商标侵权存在隐蔽性，在侵权取证方面存在很大的难度。尤其是针对金融服务领域，通常侵权方通过自己提供的平台从事广告营销或导流等来获取收益，自己不开展实际的借贷服务，导致权利人在维权过程中，对侵权人侵权所得方面举证难度大。接下来，本文将从权利主张、侵权主体确认、诉讼管辖法院确定、侵权证据收集、行为保全、生效判决执行等方面介绍互联网金融商标维权的实践和思考。

一、权利主张

通常金融导流平台方是通过 App 向公众提供金融信息服务,那么在此种通过 App 名称使用与第三方注册商标相同或类似的情况下,App 名称是否构成商标性使用。笔者认为,根据商标法及其相关规定,App 名称是否构成商标性使用,重点在于是否能够识别商品或服务的来源,尤其是《北京市高级人民法院关于审理商标民事纠纷案件若干问题的解答》的第 5 条明确解答了如何界定计算机软件商品商标的使用"除本解答第 2 条所述商标使用方式外,在安装、运行计算机软件时,显示器显示出的对话框、标题栏、图标及版权页等界面上出现注册商标,表明其所标示的商品区别于其他同类商品的来源的,亦为商标的使用方式"。由此可见,具有显著性的 App 名称构成商标性使用。那么针对相同或类似的 App 名称的商标侵权行为是否必定需要权利人拥有第 9 类注册商标才可主张权利?笔者认为,App 名称具体构成是商品商标还是对应所提供服务的商标,具体判断方法如下[(2018)京 0105 民初 89371 号案件判决中归纳,(2018)京 73 民终 1001 号、(2016)粤 0305 民初 6388 号、(2016)浙 0108 民初 5704 号等多个案件判决体现]:

一类情况是 App 本身即为提供者向用户提供的商品,用户下载并运行该 App 后,即能满足特定需求,该类 App 属于商品区分表中的第 9 类商品;

另一类情况是 App 属于提供者提供某种商品或服务的工具或手段,App 本身并非提供者欲向用户提供的商品,该类 App 属于何种商品或服务应结合其功能和目的来确定。

具体到金融服务场景,例如在线投保、在线借贷等在线金融服务 App 平台,涉及的是第 36 类的服务,如果该 App 平台还入驻有第三方商户,则还涉及第 35 类的服务。维权方可以通过具体分析侵权场景,来选择合适的商标主张权利。

二、侵权主体确认

互联网商标侵权行为,通常具有一定的隐秘性。尤其是恶意侵权主体,通常会利用空壳公司在各大应用商店市场上架侵权 App,或者是通过短信营销(即在营销短信中通过链接来跳转提供侵权 App 的下载地址），以达到隐藏真正侵权主体的目的。因此，对于权利人来说，如何找到侵权主体将面临非常大的挑战。笔者的经验是，针对各大应用市场上架侵权 App 的情况，可以通过查找开发者账号信息、开发者网站信息、App 支持信息、隐私协议和用户注册协议的链接域名、隐私协议和用户注册协议的主体信息来初步确定侵权主体，然而，这还不够，还需要进一步通过安装 App 后，通过 Charles、fiddler 等抓包工具获取 App 真正的域名信息，再通过工业和信息化部 ICP 域名备案网站查询网站的备案主体。当然还可以考虑通过域名权利人、营销短信运营主体、服务器主体等信息确定侵权主体，但是实务中，相应的域名注册服务机构也会以没有获得授权或者个人信息需要得到保护等为由而拒绝提供。

三、管辖法院确定

商标侵权案件作为一般的侵权案件，通常由侵权行为地或者被告住所地的基层人民法院管辖。互联网商标侵权情景中，潜在被告的侵权行为系通过信息网络实施，其侵权行为地难以确定，故通常以被告住所为连接点建立管辖法院。考虑到部分被告住所地法院处理互联网商标侵权案件的经验差异，我们还可以进一步地分析 App 平台内的借贷主体、协助 App 运营者进行第三方支付的主体的住所地，以便进一步选择管辖法院。除此之外，考虑到互联网商标侵权涉及信息网络侵权，根据《最高人民法院关于适用〈中华人民共和国民事诉讼法〉的解释》第二十五条的规定，原告住所地亦可视为侵权结果发生地，故亦可选择在原告所在地人民法院提起诉讼，但实践中，该条的适用可能存在较大争议。

另外，在选择管辖法院的时候，如果将 App 平台内的金融服务方或者是为 App 平台方提供第三方支付服务的服务方一并作为被告，并选择 App 平台内的金融服务方或者该第三方支付服务方住所地所在法院为管辖法院是否存在主体不适格的问题？对此，通过在先多个裁定可知，主体是否适格和主体是否明确是两个不同的概念，在主体明确的前提下，且同时符合民事诉讼立案的其他条件即可立案，至于平台内的金融服务方或者是与平台存在合作的第三方支付服务方实质上是否构成共同侵权，需要通过实体审理，不是立案阶段需要审理的问题。例如，（2015）一中民终字第 06220 号案例已明确"严格依据《中华人民共和国民事诉讼法》（以下简称《民事诉讼法》）第一百一十九条来审查当事人的起诉要件，被告只存在是否'明确'问题,不存在是否'适格'问题。换言之,只要被告是明确的,足以与他人相区别的,就应当认定为有明确的被告,并因此认定起诉人的起诉符合起诉条件,案件应当进入实体审理"。

另外,在(2020)最高法知民辖终 533 号案件中也明确指出:"当案件中的部分被告是否适格不影响受诉人民法院对案件的管辖权时,有关被告是否适格问题可以待进入实体审理阶段一并审查;当部分被告成为确定管辖的联结点,其是否适格直接影响到受诉人民法院对案件的管辖权时,则应当在管辖权异议审查阶段对被告是否适格的问题先行审查。在对被告是否适格进行审查时,原则上偏重形式审查,一般情况下只需有初步证据证明被告与涉案事实存在形式上的关联性,达到可争辩的程度即可,无须对被告是否构成侵权或违约、是否需要承担法律责任等实体内容进行审查。"此外,在(2013)民提字第 42 号民事裁定书中也明确指出:"但民事诉讼法对于被告的主体资格问题规定与之不同,仅要求起诉时'有明确的被告',即原告能够提供被告住所地或住址、联系方式等信息,证明被告真实存在。至于被告是否为争议的法律关系主体、是否应当承担民事责任,并非人民法院审查受理时应当解决的问题。"

四、商标侵权证据收集

通过信息网络进行的商标侵权,为尽快地固化侵权证据,我们可以采用一些电子存证工具,如可以用保全网等对动态页面进行过程保全,利用可信时间戳进行静态页面保全,但是涉及利用第三方工具来检测侵权 App 的时候,可以考虑公证保全。这些证据保全方式可以灵活组合使用。为了进一步证明侵权持续时间长、侵权影响大,可以通过如七麦数据网等第三方统计工具,查看侵权 App 的上下架时间、下载数量等,还可以结合 App 内各个金融服务方在该平台的下载量来进一步举证其侵权影响和侵权力度。虽然这些证据都不是侵权人侵权所得的证据,但是在侵权时间长或者侵权影响大的情况下,笔者认为对判决赔偿额还是会有很大的帮助。

五、行为保全

行为保全是指在民事诉讼中,为保证法院生效的判决、裁定能够顺利执行,或者避免当事人、利害关系人的利益受到不应有的损害或进一步的损害，法院根据当事人的申请责令相对人作出一定行为或者禁止其作出一定行为。

如果是诉中行为保全的，由受诉法院受理；若是诉前行为保全的，根据《民事诉讼法》第一百零一条规定，由被申请人住所地或对案件有管辖权的人民法院管辖。此外，《最高人民法院关于审查知识产权纠纷行为保全案件适用法律若干问题的规定》中，也对诉前和诉中行为保全的管辖有明确的规定。诉前行为保全《民事诉讼法》强制要求必须提供担保，诉中行为保全虽然《民事诉讼法》并未强制要求提供担保，但实务经验是基本都需要提供担保。具体地，申请人可以提供保险公司保函、银行存款、不动产等作为担保。

关于未组织听证是否程序违法，根据《最高人民法院关于审查知识产权纠纷行为保全案件适用法律若干问题的规定》（以下简称《行为保全司法解释》）第五条的规定"人民法院裁定采取行为保全措施前，应当询问申请人和被申请人，但因情况紧急或者询问可能影响保全措施执行等情形除外"，从目前公开的案例来看，基本都履行了听证程序，在被申请人联系不上或者其恶意隐藏拒不提供联系地址的情况下，法院在穷尽送达方式并公告送达后，也会作出行为保全决定。例如，在（2019）粤0304民初3587号之一裁定中也明确指出："一般情况下，决定是否采取行为保全措施前，应充分听取被申请人的意见。但行为保全往往具有一定的紧迫性，在无法联系到被申请人或被申请人故意拖延的情况下，如机械地以听证为前置程序，必将延误时效，使行为保全失去及时制止、预防损失的意义。"由此可知，被申请人不要心存侥幸，陷入必须经过听证程序，询问了被申请人的意见法院才可作出行为保全的误区。

根据《行为保全司法解释》的第七条，法院通常会从以下角度进行审查：

（1）申请人的请求是否具有事实基础和法律依据，包括请求保护的知产权效力是否稳定；

（2）不采取行为保全措施是否会使申请人的合法权益受到难以弥补的损害或者造成案件裁决难以执行等损害；

（3）不采取行为保全措施对申请人造成的损害是否超过采取行为保全措施对被申请人造成的损害；

（4）采取行为保全措施是否损害社会公共利益。

概括来说，某一具体案件中事实基础和法律依据越可靠、不采取行为保全措施对申请人可能造成的损害越难以弥补，且不采取行为保全措施对申请人造成的损害超过采取行为保全措施对被申请人造成的损害，且采取行为保全措施不会损害社会公共利益，法院就更有可能支持行为保全申请；而采取行为保全若对被申请人可能造成的损害越难以弥补、对公共利益损害越大，法院就越可能不支持行为保全申请。对于申请人来说，应当从这四个方面都进行阐述论证。

笔者经初步检索，检索到（2015）榕民保字第596号、（2020）粤03民初20号、（2018）粤03民初3317号、3318号之二、（2017）沪0115民初85356号之二等商标侵权纠纷，支持了申请人的诉中行为保全申请。虽然在实务中，获取诉讼禁令有一定的难度，但是笔者认为还是可以尝试。尤其是在互联网金融领域，侵权主体采用隐秘方式实施侵权行为，不排除有可能会利用互联网实施诈骗或者是非法集资等犯罪行为，其更有进行行为保全的紧迫性和必要性。

六、生效判决的执行

当我们拿到生效判决的时候，确实是一件值得高兴的事情，但是此时作为专业法务或者律师还不能放松警惕，生效判决并不一定能够履行到位或者是得到有效履行。笔者所经历的案件中，便有被告在明知终审会败诉的情况下，悄无声息地办理公司注销手续，根据经验，这种被执行人通常法院也查询不到任何财产。那么面对这种情况，我们是不是拿着生效判决就无可奈何了呢？

《最高人民法院关于适用〈中华人民共和国公司法〉若干问题的规定（二）》（以下简称《公司法解释二》）第二十二条："公司解散时，股东尚未缴纳的出资均应作为清算财产。股东尚未缴纳的出资，包括到期应缴未缴的出资，以及依照公司法第二十六条和第八十一条的规定分期缴纳尚未届满缴纳期限的出资。公司财产不足以清偿债务时，债权人主张未缴出资股东，以及公司设立时的其他股东或者发起人在未缴出资范围内对公司债务承担连带清偿责任的，人民法院应依法予以支持。"《最高人民法院关于民事执行中变更、追加当事人若干问题的规定》（以下简称《变更追加规定》）第十七条："作为被执行人的企业法人，财产不足以清偿生效法律文书确定的债务，申请执行人申请变更、追加未缴纳或未足额缴纳出资的股东、出资人或依公司法规定对该出资承担连带责任的发起人为被执行人,在尚未缴纳出资的范围内依法承担责任的,人民法院应予支持。"由以上规定可知,我们可以将未实缴出资的被执行人的股东追加为被执行人,在未缴出资范围内承担责任。

因此,在被执行人申请注销但还未注销生效的过程中及即便被执行人未进入注销程序,都应当查询其工商档案,以核实其股东是否都有到期的未履行的出资义务,对于即便未届出资期限的被执行人股东,如果被执行人已经进入注销程序,那么根据《公司法解释二》第二十二条第一款的规定也加速到期,从而将相关的未缴纳或未足额缴纳出资的股东追加为被执行人,保证生效判决得到有效履行。例如,(2019)鄂01执异308号、(2019)辽0191执异52号裁定就是依据《公司法解释二》第二十二条和《变更追加规定变更追加规定》第十七条的规定裁定追加相关股东为被执行人。

如果被执行人已经注销,是否还有可救济方案?根据《变更追加规定》第二十一条"作为被执行人的公司,未经清算即办理注销登记,导致公司无法进行清算,申请执行人申请变更、追加有限责任公司的股东、股份有限公司的董事和控股股东为被执行人,对公司债务承担连带清偿责任的,人民法院应予支持"及《变更追加规定》第二十三条"作为被执行人的法人或其他组织,未经依法清算即办理注销登记,在登记机关办理注销登记时,第三人书面承诺对被执行人的债务承担清偿责任,申请执行人申请变更、追加该第三人为被执行人,在承诺范围内承担清偿责任的,人民法院应予支持"的规定可知,即便被执行人已经注销,在被执行人未经清算或者未经依法清算的情况下,可以追加被执行人股东为被执行人。此处的清算并非仅仅履行清算程序即可,而是应当依照《中华人民共和国公司法》的相关规定,依法进行的清算。实践中,这种明知有生效判决需要履行的被执行人,仍然在偷偷摸摸地走注销程序,通常走的是简易注销程序,而简易注销程序通常要求相关股东承诺对未清偿的债务承担赔偿责任。例如,(2021)鲁09民终30号判决中被申请人未依法清算,且被申请人的注销登记材料中显示,公司债权债务已清理完毕,公司注销后的未尽事宜由全体股东承担,因此最终法院据此判决追加相关人员为被执行人。

以上是笔者在互联网金融商标维权领域的一点浅显的实践和思考。互联网金融领域的商标侵权,在互联网的其他领域也有可能存在类似的问题。互联网新兴事物的不断涌现,给这个领域的法律人也不断地带来新的挑战,在维权打假的路上仍然任重道远。

第Ⅴ部分

知识产权风控合规

IPO、投资、并购,IP风控掌握成功密码!
数据为王,拥抱开源。

IPO 不能忽视 IP——知识产权尽职调查的要点、思路与逻辑

王晓丹 取得北京大学法律硕士和美国波士顿学院法学博士（J.D）学位，持有美、中两国执业律师资格。王晓丹在美国飞翰（Finnegan）律师事务所华盛顿办公室工作四年后，出任深圳市大疆创新科技有限公司知识产权负责人、北京比特大陆科技有限公司知识产权部负责人，现就职于观韬中茂律师事务所。

> 对于拟上市企业而言，开展充分的知识产权尽职调查是 IPO 尽职调查不可或缺的必要环节，可以及时发现问题并采取积极的应对措施。

一、IPO 知识产权尽职调查的必要性

尽职调查又称审慎调查，广泛用于投资并购、IPO、基金管理中，但侧重点不同。IPO 尽职调查是针对发行人即拟上市公司的调查，通过了解公司的基本情况、历史沿革、所处行业、生产经营、财务、资产等方面的情况，核查是否符合监管机构的 IPO 审核要求，提前做好整改或应对方案，为 IPO 保驾护航。

知识产权尽职调查是 IPO 尽职调查中关键的一环，是指对该知识产权的法律状况、价值和风险所进行的调查。对于拟上市企业而言，IPO 前的尽职调查是必不可少的。知识产权尽职调查具有专业性和技术性，应当予以重点关注。

第一，企业 IPO 过程中，频频遭遇竞争对手提起知识产权诉讼，阻止或延缓上市进程，特别是科创板 IPO 过程中专利诉讼频发。因此，充分的知识产权尽职调查是 IPO 尽职调查不可或缺的必要环节，可以及时发现问题并采取积极的应对措施。

第二，监管机构也在进一步加强对知识产权相关问题的审核。例如，最为直接的是《首次公开发行股票并上市管理办法》第三十条规定："发行人不得有下列影响持续盈利能力的情形：……发行人在用的商标、专利、专有技术以及特许经营权等重要资产或技术的取得或者使用存在重大不利变化的风险。"《科创板首次公开发行股票注册管理办法（试行）》第十二条规定："发行人业务完整，具有直接面向市场独立持续经营的能力：……（三）发行人不存在主要资产、核心技术、商标等的重大权属纠纷，重大偿债风险，重大担保、诉讼、仲裁等或有事项，经营环境已经或者将要发生重大变化等对持续经营有重大不利影响的事项。"

本章中，我们首先对 IPO 法律法规中与知识产权相关的要求予以归纳，并基于此总结出 IPO 知识产权尽职调查的要点，最后我们会对拟上市公司的知识产权工作提出建议。

二、IPO 关于知识产权的主要规定

（一）一般性规定

（1）《中华人民共和国证券法》(2019 修订)；

（2）《首次公开发行股票并上市管理办法》(2020 修正)；

（3）《首发业务若干问题解答》(2020 年 6 月修订)；

（4）《保荐人尽职调查工作准则》(证监发行字〔2006〕15 号)；

（5）《公开发行证券的公司信息披露内容与格式准则第 1 号——招股说明书》(2015 年修订)。

（二）科创板相关规定

（1）《科创板首次公开发行股票注册管理办法（试行）》(2020 修正)；

（2）《上海证券交易所科创板企业发行上市申报及推荐暂行规定》(上证发〔2020〕21 号)；

（3）《公开发行证券的公司信息披露内容与格式准则第 41 号——科创板公司

招股说明书》(中国证券监督管理委员会公告〔2019〕6号)。

三、IPO知识产权尽职调查的主要内容

(一) IPO审核对于企业知识产权的主要关注点

通过上述IPO法律法规中与知识产权有关的规定可知,监管部门主要关注知识产权的以下几方面问题,IPO知识产权尽职调查也应当围绕以下内容展开。

(1) 权利来源合法性和独立性:要求发行人具有完整的资产,合法拥有专利、商标、著作权等知识产权的所有权或使用权,具有独立性,不依赖于其他主体。因此要进行发行人拥有的知识产权无形资产调查、权利有效性调查、权利归属调查、权利限制调查、知识产权协议调查。

例如,早在2007年,江西天施康有限公司就因其"康恩贝"商标的使用依赖于关联方而导致上市失败。该公司的第二大主导产品是肠炎宁产品,也是发行人报告期内主要收入增长的来源,而该产品使用的"康恩贝"商标所有权却属于公司股东康恩贝集团间接控股的康恩贝医药销售公司,后因公司主要产品商标使用权与股东存在关联和依赖关系,最终导致公司IPO被否。在2009年,乐普(北京)医疗器械公司申请上市。中国证券监督管理委员会发行审核委员会(以下简称"发审委")提出,乐普公司的股东之一美国WP公司将两项于1998年获得的专利权出资,但2004年才办理变更手续,构成股东出资瑕疵,虽然最终乐普公司于当年成功上市,但也值得我们警示。因此,发行人在知识产权方面也应确保独立性和资产完整,保证权利不受制于他人,不存在权利不确定的情形。

(2) 权利的稳定有效性:要求发行人知识产权的权利稳定有效。因此需要进行核心技术及研发情况调查、核心技术人员的稳定性调查、权利稳定性调查等工作。

例如,成都极米公司在2020年5月8日科创板上市受理后,科创板首批上市公司光峰科技就在6月2日晚,公告称其控股子公司峰米科技就与成都极米的专利侵权纠纷向法院提起诉讼,认为极米科技旗下两款明星智能投影产品Z6和Z6X所采用的相关技术方案涉及侵权峰米科技所拥有的"高亮度激发方法及基于光波长转换的发光装置"技术专利,索赔经济损失4600万元。随后,极米科技

火速提起反诉。光峰科技其后再对极米科技招股书中全部 16 项发明专利均提出无效宣告请求。最终，成都极米积极与光峰科技展开友好协商，促成和解。2020 年 9 月 2 日晚上光峰科技公告称，同意授权成都极米实施指定专利，成都极米分五年向其支付专利许可使用费合计 2500 万元；此外，双方展开战略合作，战略合作期为 5.5 年，成都极米一次性支付 NRE 费用 500 万元。这消除了证监会的疑虑，成都极米于 2021 年 1 月 26 日成功过会。可见，对于上市公司而言，知识产权是其重要资产，也是公司的持续经营的保障。如果知识产权的稳定性出现问题，被大量无效，显然会对公司上市产生重大影响。

（3）不存在重大风险，具备持续经营能力：发行人的知识产权的取得或使用存在重大不利变化的风险，或存在重大侵权风险，将实质性影响发行人的持续盈利能力。因此，应进行知识产权侵权风险分析（或称为 FTO 分析）、保密制度的完善性调查，确定发行人是否建立了知识产权保护与管理制度。其中重点内容为 FTO 调查。FTO 尽职调查报告是一种法律意见书，是指技术实施人在不侵犯他人专利权的情况下自由实施，其具有一定的法律效力。

知识产权问题看似轻微，实则重大，一场知识产权诉讼可能会影响监管机构对企业在资产独立性、关联交易公允性、持续经营能力等方面的认定，从而构成重大上市障碍。例如，2011 年，乔丹体育申请在主板上市，在招股说明书中披露了"乔丹""QIAODAN"商标情况，并原定 2012 年 3 月挂牌上市。美国篮球明星迈克尔乔丹于 2012 年 2 月 23 日起诉该公司商标侵权，申请撤销商标。最终最高人民法院判定中文"乔丹"商标侵权，应予撤销。乔丹体育公司为此 IPO 进程受到严重影响，公司错过了较好的上公时机，导致至今未上市。

（4）满足信息披露要求：要求上市企业在其招股说明书中披露商标、专利、非专利技术等主要无形资产的数量、取得方式和时间、使用情况、使用期限或保护期及其对发行人生产经营的重要程度等。因此，应该核实发行人信息披露应该与实际情况是否一致，进行完整一致的信息披露。

例如，2010 年，苏州恒久光电被终止上市的原因之一就是招股说明书和申报文件中披露的全部 5 项专利及 2 项正在申请专利的法律状态与事实不符。同年，福建星网锐捷在 IPO 过程中，自查发现部分外观设计和实用新型专利因未缴纳年费而终止，导致法律状态与招股说明书中披露信息不一致，紧急发布暂缓上市公告，并主动更新专利情况以及招股说明书，最终成功上市。

(二) 各类知识产权的调查重点

针对不同类型的知识产权,尽职调查的关注点有所不同。

专利方面的调查重点应当是权利来源、权利稳定性和侵权风险,并注意满足信息披露的要求。第一,全面获取企业知识产权相关方面的信息,确保信息披露内容完整覆盖证监会反馈意见以及《公开发行证券的公司信息披露内容与格式准则第 41 号——科创板公司招股说明书》中所做出的明确规定。第二,进行 FTO 调查,未雨绸缪地尽早防范专利侵权诉讼,一方面针对核心产品或主营业务进行全面的专利侵权分析,并采取相应的措施避免风险发生;另一方面对知识产权布局中发现的薄弱点,进行补强。此外,科创板拟上市企业还应格外注意重点专利的稳定性和与主营业务相关性的分析,与企业主营业务相关的核心专利若存在稳定性不足的问题,将有被提起无效的风险,并带来影响企业持续经营的风险。

商标方面的调查重点应当是商标的权属、许可情况和法律状态。首先,通过国家知识产权局的官方网站可以获取初步的权利归属、异议情况等法律状况信息,还需要关注是否存在商标的权属争议等纠纷。其次,还需要调查商标的许可情况、续展情况,因为企业商标的使用情况也在证监会的审查范围内,并可以借此考察企业商标的价值。

著作权的调查重点是权属和许可情况。我国法律规定著作权自创作完成之日起自动产生,企业不一定具有明确的权属证明。首先,需要核实著作权登记证书,可以向中国版权保护中心等登记部门申请调取登记原始材料,同时需要拟上市企业提供版权的原始材料,包括书面载体、底稿、原件、合法出版物、著作权登记证书、认证机构出具的证明以及取得权利的合同等证据。其次,需要对许可协议等合同进行调查,确保权利的稳定性。

其他知识产权包括但不限于商业秘密、集成电路的布图设计权、地理标志、植物新品种的新品种权、商品特有包装、装潢、产品名称及商誉等。应当结合其特点进行调查,从知识产权权属、法律状态、权利许可及质押情况、竞争力、影响力等对企业 IPO 可能带来影响的各个因素进行考察。

(三) IPO 知识产权的调查流程和调查清单

IPO 知识产权尽职调查可以与其他 IPO 尽职调查一并进行,一般采用如下的流程：

第一，初步了解项目情况，例如，与拟上市公司初步沟通项目情况，包括：公司行业、主要产品、经营状况、核心技术、主要知识产权、主要竞争对手等。

第二，进行基本信息查询，例如，通过国家知识产权局网站、中国版权中心网站等核实知识产权的基本信息，通过中国裁判文书网、无讼案例等网站查询公司主体、股东的涉诉信息，通过全国法院被执行人信息查询、失信被执行人网页查询公司主体的执行情况。

第三，准备尽职调查清单。

第四，进行现场尽职调查。例如，前往公司现场对接取得公司资料，包括法律、财务、合同等，并核查原件，与公司实际控制人、股东、董监高进行访谈。

第五，出具补充尽职调查资料清单。

第六，起草法律尽职调查报告。结合资料收集和分析情况，发现和分析目标公司存在的知识产权法律问题和风险，提出解决方案。

结合上述法律法规的规定和调查要点，IPO 知识产权的调查清单可以包括知识产权基本状况、独立性、重大诉讼或权属纠纷、信息披露、科创板 5 个方面。

1. 知识产权基本状况

（1）核查专利证书，专利是否按时缴纳专利年费以维持其专利权的有效性，并通过查询专利登记簿来确定尽职调查时的法律状态，审查其是否被无效，或因其他原因失去专有权，是否存在专利纠纷；

（2）核查商标证书，公司核心字号、品牌是否已取得商标，商标是否在有效期及其是否在期限届满前申请续展并获批准，市场上是否存在近似知名品牌，是否存在侵犯名人肖像权等；

（3）核查著作权登记证书，并结合国家版权登记中心网站进行核实；

（4）知识产权权属关系的实际情况，是否存在共有人，否涉及职务作品/发明、委托作品/发明、合作作品/发明等；

（5）发行人知识产权的应用情况，知识产权的来源和取得过程，是否存在权利提前终止、宣布无效等异常情况。例如购买取得的知识产权是否签订合法有效的相关协议保障发行人权益，取得价格是否公允，发行人是否为保持拥有知识产权足额缴纳相关的审批、登记或者注册费用；

（6）发行人的知识产权是否存在质押、优先权等第三方权利限制情形，是否存在被查封、冻结等权利限制以及权属纠纷情形；

2. 独立性

（7）该知识产权是否与第三方共有，共有是否影响发行人对知识产权的运营管理；

（8）是否存在涉及职务发明或者职务作品的情形，是否按照相关规定进行了合规的登记注册；

（9）控股股东和实际控制人控制的企业、发行人实际控制人及其关系密切的近亲属等关联方是否拥有、使用与发行人业务相关的商标或专利，是否影响发行人商标等资产的独立性；与发行人业务相关的商标、专利等知识产权是否均已实际纳入发行人；

（10）是否与第三方签订过相应的许可使用合同，许可或被许可使用合同的具体细节，定价是否公允性，转让时是否存在权利上的限制或约束，是否办理备案登记手续，是否依约履行，是否影响发行人对该知识产权的使用，转让方与发行人及其控股股东、实际控制人、董监高、其他核心人员以及本次发行中介机构及签字人员，是否存在关联关系或其他利益关系；

（11）发行人生产经营对各项知识产权的依赖程度，核心技术的稳定性和先进性；

（12）确定发行人是否建立了知识产权保护与管理制度；

（13）衍生技术的归属和收益调查；

3. 重大诉讼或权属纠纷

（14）发行人核心技术是否存在侵权的情形；发行人是否存在知识产权方面

的尚未了结的诉讼与潜在诉讼情况，如有，应进一步披露该等诉讼与潜在诉讼对于发行人持续经营能力的影响，包括但不限于涉及专利和诉讼专利的产品及其销售收入、净利润金额及其占比情况；是否存在其他第三方侵犯发行人知识产权的情形及应对措施；

4. 信息披露

（15）科创版信息披露内容是否合规、恰当。例如市场占有率是否足够高，研发人员、研发费用投入是否足够多，有无权威学术杂志、机构给技术认定或评比等；

5. 科创板

（16）发行人是否主要依靠核心技术开展生产经营，包括：①报告期内通过核心技术开发产品（服务）的情况，报告期内核心技术产品（服务）的生产和销售数量，核心技术产品（服务）在细分行业的市场占有率；②报告期内营业收入中，发行人依靠核心技术开展生产经营所产生收入的构成、占比、变动情况及原因等；

（17）发行人的核心商标、专利、主要技术等无形资产是否由控股股东、实际控制人授权使用；

（18）重要专利是否系继受取得或与他人共有，包括：继受取得或与他人共有专利的重要性，与所提供产品或服务的内在联系；继受取得或与他人共有专利的背景、过程，是否存在瑕疵、纠纷和潜在纠纷；原权利人、共有人的基本信息，共有人使用或许可专利的具体情况；

（19）技术先进性是否具有客观依据，对招股说明书中是否有"国际领先""国内先进""行业领先""业内首家"及类似表述，核查是否有充分的依据，相关表述是否客观、准确；

（20）核心技术人员是否签署劳动合同，是否签署保密协议、竞业禁止协议等，发行人是否存在对核心技术人员的依赖，是否与其他机构或研发人员存在纠纷及潜在纠纷；

（21）核实无形资产认定与客户关系，包括：对于无形资产的确认，是否符合《企业会计准则第 6 号——无形资产》的相关规定；是否存在虚构无形资产情形，是否存在估值风险和减值风险；

（22）知识产权重大诉讼或仲裁，涉及主要产品、核心商标、专利、技术等方面的诉讼或仲裁可能对发行人生产经营造成重大影响，或者诉讼、仲裁有可能导致发行人实际控制人变更，或者其他可能导致发行人不符合发行条件的情形，应在提出明确依据的基础上，充分论证该等诉讼、仲裁事项是否构成本次发行的法律障碍并审慎发表意见。

四、对拟 IPO 企业的知识产权工作建议

（一）构建完善的知识产权战略和管理制度

制定全面的知识产权战略规划，构建足以支撑公司 IPO 的有效知识产权管理流程和制度。例如，良好的专利布局可以帮助企业提升竞争力，降低被诉的风险；加强商标管理与监控，及时续展、对被许可商标定期监控原始权属的变化；加强对企业著作权的产生、使用、许可与被许可的管理。

（二）开展知识产权侵权预警分析

通过知识产权信息分析，了解本领域的技术发展趋势，并对可能出现的知识产权风险进行预警并准备预案，合理规避。为避免竞争对手在 IPO 前恶意提起知识产权侵权诉讼，给发行人造成难以承受的损失，全面的知识产权侵权预警分析是十分重要的，这可以帮助企业提前识别并化解知识产权诉讼风险。

（三）厘清知识产权的权利归属

技术合作开发或委托开发、知识产权出资、职务发明等会导致知识产权权属产生纠纷，成为企业 IPO 中的一颗定时炸弹，企业要事先注意这方面的问题，厘清知识产权的权利归属。特别是非专利技术以及自动生效的著作权，要注意保留权属证明。尽管著作权取得制度实行的是自动取得，但是登记的证明文件可以为著作权纠纷提供初步的证明，以防范今后可能发生的权属纠纷。此外就是全面加强商标注册。企业应建立完善的商标注册与布局体系，对相关类别或未来可能涉及的业务领域提前进行商标申请布局。

（四）加强各类知识产权合同的管理

对各类知识产权合同进行有效的管理，有利于企业的 IPO 进程，能够更快更准确地掌握企业知识产权合法性、稳定性、有效性。各类不完善、不完备的知识产权合同以及履约情况，会在无形中增加企业 IPO 中的知识产权问题与风险。首先是知识产权的取得，应当注意审查知识产权的转让方、转让时间、转让价格及定价公允性，转让时是否存在权利上的限制或约束。其次是许可协议的完善工作，企业应严格规范许可协议、严格审查相关文件，特别是许可范围、许可期限、到期后续展许可等重要条款严格把控，并积极进行许可备案，以便将风险降到最低。

（五）坚持企业的创新工作

知识产权是企业重要的无形资产，更是企业的核心竞争力与持续经营能力的重要体现。企业应当积极创新，不断加强知识产权。只有与企业主营业务对应的知识产权足够强大，企业才能成功进行 IPO，并一直立于不败之地。

并购高科技企业过程中的 IP 工作指南

高 为 菜鸟网络集团高级法务专家。曾任职于中芯国际、哈曼国际和中国专利代理（香港）有限公司。

> 在以获取核心技术为主要目标的并购活动中，应重点考察与技术紧密相关的知识产权问题，不仅要在并购过程中做好分析调查、决策支持和对 IP 的整合运用，还必须设法提升相关合作伙伴的知识产权认识。

并购是企业发展壮大的重要途径之一，许多知名大公司的发展史就是并购史。在商业世界，并购每天都在发生，其目的一般包括获得目标公司的市场、客户、团队或资质等。而在 21 世纪的当下，技术成为推动商业发展的主要动力引擎，因而对高科技公司的并购，包括以获取关键技术为主要目标的收购也时常出现。

不仅许多国内外的科技巨头为了扩展业务和市场对其他高科技企业进行并购，传统企业也不时参与到对高科技企业的并购中来。例如，劳动密集型企业受困于快速增长的人力资源成本，希望通过获取有效提高效率的高科技技术，提升其自身的市场竞争力，因而不时有这类并购活动。例如，UPS（联合包裹速递服务公司）在 2019 年收购了自动驾驶初创公司图森（TuSimple）的部分股权。亚马逊也在 2012 年以 7.75 亿美元现金，收购美国仓库配送中心自动化技术供应商 Kiva Systems。当时，这场并购成为亚马逊历史上第二大的并购案。这类并购被外界普遍解读为以获取并购对象核心技术为主要目的的并购。

从并购案的整体范围来看，特别是当前中国的并购案，绝大部分并购的目的是出于市场的考虑，因此在并购项目中法务主要关心的是有形资产、债权债务、垄断、合规风险等问题，而不是知识产权。但在以获取核心技术为主要目标的并购活动中，则需要重点考察与技术紧密相关的知识产权问题，包括并购对象的专利、技术秘密、know-how，等等。高科技企业的商标也常常拥有较高价值，例如，2020福布斯全球品牌价值排行榜的前五名分别是苹果、谷歌、微软、亚马逊、脸书，这些都是清一色的科技公司，因而IP法务应当积极参与到对高科技企业并购项目中，做好知识产权相关工作。

一、并购案例中的IP故事

故事一：1998年大众与宝马均计划收购劳斯莱斯汽车公司，经过艰苦的并购谈判以后，最终大众以15亿马克的价格与劳斯莱斯控股公司维克斯集团达成收购协议。但据说直到协议签订后大众才发现其投入巨额成本买下的只是劳斯莱斯工厂，劳斯莱斯商标权其实是另属于劳斯莱斯飞机发动机公司，不在协议范围内，而劳斯莱斯飞机发动机公司的实际控制权掌控在宝马公司手中。因此劳斯莱斯品牌谁有权使用还是宝马说了算，所以大众使用劳斯莱斯工厂生产出的汽车却不能使用劳斯莱斯的商标。这次商标乌龙事件被外界普遍认为是大众疏于进行商标权属的调查，抑或是由于商标权属尽职调查不彻底造成的。

故事二：自2006年起，语音识别技术逐渐成熟，并且该技术在智能手机上展现出巨大的应用前景。有一家名叫Vlingo的美国公司在这方面表现出色，与Siri、三星、黑莓、诺基亚等公司达成合作关系，向他们提供语音识别产品。此外还有多家公司看好Vlingo的技术，有意对其收购。2008年，另一家语音技术公司Nuance对Vlingo发起了专利诉讼，由于Vlingo自身专利储备不足，不得已只能临时从外部采购相关语音专利，试图通过向Nuance发起专利反诉来对抗Nuance的专利进攻。专利诉讼持续了3年，虽然最终Vlingo胜诉，法院判定其不侵犯Nuance专利权，但由于Vlingo前期专利布局的缺失，导致其在陷入专利诉讼后不得不临时采取紧急挽救措施，将大量公司资源转投到诉讼之中，从而丧失了长达3年的发展机遇，尤其是与Siri等重要伙伴的合作也被迫中断，错过了语音识别技术在智能手机市场上跨越式发展的历史契机。2008年之前，如果有收购方没有进行充分的尽职调查，没有发现Vlingo的专利问题情况下就完成了对Vlingo的收购，那么收购方就极有可能陷入专利纠纷，从而遭受损失。

从上面两个并购故事不难看出,企业并购是有可能踩到 IP 的"地雷"的,而且一旦踩中,后果可能非常严重。IP 法务应该运用自己的专业所长,发现和解决并购中的 IP 问题,进而运用好 IP,帮助企业实现并购目的。

二、并购过程中的知识产权工作

下面以并购高科技公司为例,谈一谈并购方的 IP 法务在分析调查、决策支持和对 IP 的整合运用中可以重点关注并且需要开展的一些工作。

(一)并购前期

IP 法务应该争取在并购交易初期的顶层设计阶段就介入到项目之中。假设并购的目的是获得某一项或多项关键技术,需要一开始就判断是需要收购股权,还是收购资产(如知识产权转让,甚至许可)即可;是收购现有的主体,还是和目标公司合资建立新公司。针对这些问题,IP 法务可以通过初步的 IP 尽职调查,包括对目标公司以及行业内竞争对手的专利技术检索来提供一定的支持。

虽然各个企业对其核心技术的保护方式不一,很多技术是以技术秘密或者 know-how 的形式存在于企业之中。但是大部分的成熟企业会对其部分技术成果以专利的方式进行保护。而且绝大部分专利申请会以专利公开的形式向公众披露,从而使专业的 IP 法务可以通过公开渠道,在完全不接触并购对象的条件下,从外围了解并购对象的技术实力,并向并购项目组输出基于专利侧的目标对象技术实力分析报告。当同一项目存在多个潜在并购对象时,可以逐一调查,给出潜在并购对象之间的对比分析报告。此外,IP 法务也应当对并购对象开展一些专利风险调查,例如,查询其是否在国内外发生过专利诉讼纠纷,相关技术是否处于专利诉讼高发的领域。

在明确了并购对象,并与其达成初步意向后,目标公司会允许并购方接触一些企业的保密信息。此时是进一步了解目标公司当前技术发展的好时机。就专利调查而言,专利申请在提交后的 18 个月内多数是处于保密状态的,除非企业主动提前公开,外人从公开渠道不能获知。因而,前面说的外围专利调查大多只能获取 1 年半之前的信息,而要想获悉企业最新研发活动对应的专利申请,只有向目标公司索要这类信息。此外，这个阶段可以要求并购对象企业提供 IP 政策文件，了解其如何确定专利申请策略，明确其哪些技术申请了专利，哪些技术是以技术秘密的形式被保护，进而从 IP 的角度获取该企业的核心技术信息大图，并且研究判断其核心技术 IP 的保护状态以及流失的可能性。

对于非常领先的重研发型企业，需要考虑技术的商业化前景。比如，波士顿动力，一家机器人公司，其技术非常先进，甚至是过于领先，导致在相当长的时间内看不到商业化的可能性。正因如此，谷歌收购了波士顿动力仅仅几年之后就出售了，显然这不是一次非常成功的收购。在判断目标企业是否有这类问题时，通常需要业务和技术的专家来共同评估。但如果从专利的角度，分析整体专利的前后向引用指标则是一项非常有力的手段。一般的观点是，如果专利中引用现有技术数量较少，则说明技术先进性和超前程度较高，相应地，商业化难度可能较大。这也从另一个侧面带来对技术的商业化前景相对客观的评价。

（二）中期工作

在进入谈判和协议拟定阶段时，交易双方会就投资协议中的重要条款，包括交易价格或定价机制，价格支付方式和条件，过渡期安排，陈述与保证，投后公司治理结构，投资方权利，违约条款等进行磋商和确定。

虽然确定并购的交易价格并不是法务的职责或所长。但是，当交易价格中涉及较大的知识产权估值时，IP 法务可以为己方的估价主张提供支持。另外，相比于有形资产，无形资产具有更大的不确定性。以专利申请为例，从申请到授权，期间可能跨越数年，专利申请可能被驳回，也有可能被修改以至于大大缩小保护范围，从而导致专利资产价值缩水。此外，即便是拿到审批授权的 IP 权利，不管是专利还是商标，都可能遭到挑战而被宣告无效。IP 法务可以相应地参与到陈述与保证条款、违约条款的设计中，尽可能考虑到这些问题，从而降低交易风险。

另外，对于并购项目中的重要 IP 资产，例如关键的专利和高价值的商标（如前述大众并购案中的劳斯莱斯商标），需要精心设计条款来保障权利的转移和获取。如果权利转移发生任何障碍，需要保障并购方获得相应的补偿甚至赔偿。

除了保障自有知识产权能够帮助实现技术排他的目的（专利），以及发挥沉淀品牌价值的目的（商标），IP 法务还应当考虑目标技术的安全性。这里的安全性主要指的是并购对象公司的技术方案没有侵犯第三方的知识产权，不存在被诉侵权的风险。客观地讲，在技术发展日新月异，产品复杂度、集成度不断提高的今天，想要确保不侵犯第三方知识产权是极其困难的。但是作为技术的拥有者在出售时，向买方做出承诺，并承担违约的风险，也是完全合理的安排。需要指出的是，同样的产品技术掌握在体量较小的公司手中时，其被诉风险可能较小。一旦被并购，新的所有者有更大的可能性暴露在知识产权的纠纷当中。大型企业天生容易成为专利攻击的目标，并购企业也需要有所准备，并在合同中进行相应的条款设计和安排。

（三）并购后期管理

并购后期，包括交割之后，企业可能会进行一系列的整合。并购对象的原知识产权管理人员可能会有岗位调整的情况，此时，并购方 IP 法务需要尽快做好 IP 的接管工作。

首先，IP 法务需要尽量在原管理人员在岗的情况下，获取知识产权的清单。这里的清单至少包括知识产权的识别号、状态信息、内部联系人信息（如专利的发明人）、外部联系人信息（如专利代理机构和专利代理师）。其次，附加在知识产权上的各种权益和责任也需要尽快搞清楚。例如，IP 是否被许可给第三方，和第三方是否有不提起 IP 诉讼的承诺，是否有共有的 IP，共有各方的权利义务是怎样的，是否有 IP 作为某些项目（如政府项目）的验收成果？最后，IP 法务可以对新引入的 IP 进行分级管理。例如，保护核心技术的专利、支持主要业务（并且业务方决定继续使用）的商标需要全力维护好；负有义务的 IP。例如，将作为政府项目验收条件的专利申请，不仅需要维持，可能还需要促进其审查进程；有一定绝对价值但对当前公司不存在直接业务价值的 IP，可以考虑将其打包出售（转让或者许可）。然后在此基础上，预估出短期（如一年内）和中长期的 IP 预算，与公司管理层讨论追加知识产权部门的预算。

三、并购中知识产权共同意识的建立

以笔者曾经参与的一个并购项目涉及开源软件项目为例，项目组中许多人都认为既然是开源的，那么这个软件就是免费的，因而这个软件不具有商业价值。事实上，开源并不代表免费，开源软件仍然可以用 IP 许可来获取收益。2018 年 IBM 以 249 亿美元收购开源公司 Red Hat 就很清楚地说明了开源也是可以具有巨大的商业价值。

很多业务和技术人员对IP还有着各种各样不太正确的理解。例如,认为自己持有专利就不会侵犯他人专利权;认为自己申请了专利(还没有获得授权)他人就无权使用等。如果己方并购项目组或对方项目组的成员持有这些错误的理念,在谈到重要的IP资产时,双方就不能清楚地认清客观情况,从而很难实现双方的交易目的。

因此,IP法务不仅需要做好具体的专业的工作,还必须设法提升相关合作伙伴的知识产权认识。只有大家对知识产权都形成较为正确和客观的认识,才能够推动知识产权相关并购项目的发展,达到预期的商业目的。

总而言之,企业并购是一项系统工程,需要有精准的战略、充分的调查及精心的运营才可能成功。知识产权是这个系统工程中众多需要关注事项的一个方面。和其他事项一样,知识产权工作也需要有专业人士的全力投入才能做好,高科技企业的并购项目尤其如此。

高颜值产品外观设计专利攻防之道

曹雪娇 硕士，2009年加入知识产权行业，深圳绿米联创科技有限公司高级知识产权经理，负责企业知识产权管理制度构建，知识产权保护与风险防控，专利无效、知识产权诉讼，合规等事务。主理的专利诉讼案件曾获得"深圳法院十大知识产权典型案例"。

> 对于外观设计专利保护与风险防控，不仅需要将专利申请工作嵌入到企业研发经营活动的环节中，也需要从检索、产品设计的发展趋势等处着手，从与各种风险的较量中一点一点进行积累。

外观设计专利作为全球通行的专利保护类型之一，对科技发展的促进作用一直积极而显著。苹果公司与三星公司关于外观设计专利的侵权纠纷案件中，美国法院判决的赔偿金达到了数亿美元。对主营To C业务的互联网公司而言，外观设计专利保护的商业价值则更为突出。

外观设计专利保护最大的特点是"直接"：商业价值体现直接、保护直接、侵权认定直接。这一特点与主营To C业务的互联网公司的商业模式正相匹配。基于主营业务为To C商业模式的互联网公司，其产品直接面对消费用户，也就意味着：

（1）产品不仅仅直接面对消费用户，也直接面对竞争者；

（2）产品可直接低成本取得；

（3）针对产品的工业设计进行保护的外观设计专利，几乎人人皆可直接抄袭或者初步判断侵权。

俗话说，"酒香也怕巷子深"。意思是，不管酒多香，巷子太深的话，巷子外边的人也是很难循着酒的香味来找到酒的。翻译成专利行业的术语就是说，专利保护的力度还要看是否便于侵权取证，如果一项发明专利技术的实施行为很难被他人发现，那么这件专利的保护价值就很难实现。基于主营业务为 To C 商业模式的互联网公司，其产品尤其需要避免"巷子深"的情况。

To C 业务的线上开展，大多需要利用电商平台。《中华人民共和国电子商务法》规定了电商平台的"通知—删除"义务。2020 年 9 月，最高人民法院先后公布了《关于审理涉电子商务平台知识产权民事案件的指导意见》和《关于涉网络知识产权侵权纠纷几个法律适用问题的批复》，对电子商务平台知识产权纠纷的处理进行了进一步细化规范。基于相关法律法规的规定，电商平台在涉及其平台销售产品的专利纠纷中，部分地充当了裁判员的角色。电商平台为了避免承担专利侵权的连带责任，对存在专利侵权风险的被投诉产品，轻则下架被投诉产品，重则删除产品链接。一个明星产品的产品链接的运营成本，往往达百万甚至数百万之巨，哪怕后续被投诉人赢得专利诉讼的最终胜利，也无法挽回删除产品链接带来的损失。就此而言，删除产品链接的惩罚力度在一定程度上甚至比诉讼更大。对于"裁判员"来说，相对发明专利，对外观设计专利做出侵权判断要容易得多，当然也就更容易做出删除链接的决定。

因此，作为市场竞争的手段之一，外观设计专利保护在市场竞争活动中的应用频率越来越频繁，外观设计专利保护与风险防控在企业 IP 工作的位置越来越重要。如何有效地保护工业设计成果，以及如何有效地进行外观设计的风险防控已经成为企业 IP 工作中的一个重要课题。

一、企业外观设计专利的保护

狭义的外观设计专利保护是指通过外观设计专利申请程序获得专利授权，从而对外观设计成果进行保护的过程。就狭义的外观设计专利保护来说，提供符合外观设计专利申请要求的视图，由 IPR 或者外部代理机构形成专利申请文件，提交申请即可，无明显的形式问题就等着收专利证书。且跟一些其他国家复杂的制图要求相比，中国外观设计专利申请文件视图要求比较简单，一般工业设计师便可做出符合要求的外观设计专利视图。

而在广义的外观设计专利保护中，外观设计专利申请其实只是权利取得的最后一环，企业 IPR 的职责不仅仅是简单的专利申请，其价值更加体现在将专利申请工作嵌入到企业研发经营活动的环节中。因此，制定可落地的操作流程，全面保障企业的知识产权利益显得尤为重要。

如果 IPR 所在企业是独立完成产品设计，且是独立开模、独立进行生产组装的一体化企业，那么恭喜该企业的 IPR，其所面临的情况要简单很多。对于大多数互联网企业来说，ODM、OEM 甚至两者同时兼具都是非常常见的商业模式。在产业链一体化的当下，设计在 A 公司，模具在 B 公司，外壳在 C 公司，组装在 D 公司都是常见的产品模式。A、B、C、D 公司也可能不仅是合作伙伴关系，在某些领域还可能会存在市场竞争；甚至在同一产品下，既是合作伙伴，又是竞争对手。在此情况下，若 IPR 所在企业为委托方，那么保密措施、适当的 IP 权属约定，以及外观设计专利适合的申请节点，都是 IPR 需要仔细考虑的事项。

（一）关于保密措施

常见的方式是签订保密协议，签订了保密协议就真的一劳永逸了吗？试想，如果工程师通过即时通信工具直接将产品设计图稿发送给下游的模具厂商，当双方发生纠纷时，即时通信工具记录足以证明该设计图稿的设计者为委托方吗？此时 IPR 就应该就企业内部产品设计图稿的外发问题进行规范，避免后续产生纠纷时举证不利的情况发生，比如可以采取如下措施：

基于企业商业秘密保护三大特性中保密性的要求，可以采用以下措施：①将所有相关文档，包括六视图、尺寸、加工工艺等，添加"保密"标志后再发送出去；②在邮件中添加双方签字盖章的保密协议作为附件；③在邮件正文中写明保密要求。

基于民诉证据中电子证据的证明力和关联性问题，可以采用以下措施：①采用网页版邮箱进行邮件发送；②收件人应包括能够辨认对方公司的公用邮箱，以及保密协议中对方签字代表人的个人邮箱。

（二）关于 IP 权属约定

随着社会分工的不断细化，委托开发情况越来越普遍。对于委托开发活动中所形成发明创造的权利归属，根据《中华人民共和国民法典》合同编第八百五十九条关于"委托开发合同的技术成果归属"规定：委托开发完成的发明创造，除法律另有规定或者当事人另有约定外，申请专利的权利属于研究开发人。研究开发人取得专利权的，委托人可以依法实施该专利。

若企业委托第三方进行委托开发，而在委托协议中对知识产权权属没有约定，那么该企业将可能会处于不利的地位，哪怕"研究开发人取得专利权的，委托人可以免费实施该专利"，针对外观设计专利所涉及的产品ID而言，委托人免费实施外观设计专利，并不能够保证产品外观在市场上的独特性，具有专利权的被委托方可以自行实施或者许可他人实施该外观设计专利，这会导致市场上出现多家多款同样外观的产品，消费者无法根据该外观实现对产品甚至品牌的聚焦，反而会造成原有市场的稀释。当类似情况发生的时候，面对业务部门的市场清理需求时，IPR会发现没有办法阻止此类事情的发生，而此问题的根源，在于最初IP权属约定上的瑕疵，因此委托方在相关的合同协议中明确有利于己方的IP归属约定是非常重要的。

（三）关于外观设计的申请节点

在产品ID初稿完成、外发开模、小规模试产、大批量生产和产品上市前，均可以进行外观设计专利的申请，那么，如何选择合适的申请节点呢？

就专利的稳定性而言，最为稳妥的方式是在大批量生产或者产品上市前进行外观设计专利的申请。但就实际操作而言，项目推进时间越长，产品泄密风险就越大，对企业的运营能力的要求就越高，往往在进行到大批量生产或者上市阶段时，企业的密切合作伙伴、供应商、甚至竞争对手都有可能获取到产品的研发情况，而产品ID一定是众多研发信息中最先被获知的一项。若跟ID相关的外观设计专利被抢先申请，企业就会陷入权属纠纷的被动局面，甚至面临着产品是否如期上市的艰难抉择。

就降低泄密风险而言，在ID初稿完成、外发开模和小规模试产时进行外观设计专利的申请，会是合适的选择，但是申请节点过早，也会导致外观设计专利因产品ID的调整而陷入被动，即外观设计申请的产品ID与实际产品不符合，若重新申请与实际产品相符合的外观设计专利，其专利稳定性将受在先申请外观设计专利的影响。

因此，不管在哪个节点申请外观设计专利，都将面临艰难的抉择。有没有最好的解决方案呢？

有，但需要具体问题具体分析。企业 IPR 所具有的最大优势，是专注于为一家企业服务，因此可以在某一领域获取到除知识产权专业知识之外更多的信息，包括企业的实际情况，项目的研发情况，合作伙伴的风格等。不爱多管"闲事"的 IPR 不是好 IPR，不想了解专业领域之外信息的 IPR 不是好 IPR。对于不同的研发项目，其 ID 修改的概率有多大？可能针对哪些进行修改？合作伙伴的风格如何？均是可以多方面进行信息搜集和判断的。根据实际情况判断外观设计申请的节点，一定是根据多方因素进行平衡的对于企业的最优抉择。

（四）关于外观设计申请策略与技巧

常用的外观设计专利申请策略与技巧包括：

（1）根据同一产品的近似外观需要考虑是否合案申请：不要仅仅依赖于工程师提供的书面材料，多问问该产品设计的"来龙去脉"，往往会发现其他相似设计并未存在于工程师提供的材料中。

（2）设计要点的主张需谨慎：应与外观设计是否实质相同判断过程中的"整体观察综合判断"原则相适应，不可过多也可不过少。

（3）合理平衡套件申请与组件申请：套件申请优于组件申请，套件申请的各个套件之间，保护范围"类似于"相似设计，而组件申请的保护范围由多个组件共同确定。

（4）注意视图命名：正确区分变化状态图和使用状态参考图，一般变化状态图会被认为对外观设计专利的保护范围有限定作用，而使用状态参考图则不会。

（5）注意色彩保护是否为必要的：一旦请求保护色彩，他人可能仅需改变产品颜色就能规避专利。

另外，IPR 还应关注外观设计保护制度的演变趋势，以便紧随政策发展变化调整外观设计申请保护策略。其中最为重要的变化趋势，在近几年当属局部外观设计保护制度的引入和海牙协定的推行。

（五）关于局部外观设计保护制度

中国专利法对于产品的局部设计创新还不能提供有效的知识产权保护。在这种情况下，产品局部设计只能通过其所应用的产品达到整体保护的目的。

由于外观设计对比遵循"整体观察，综合判断"的原则，因此，当创新的局部在整体产品中不能占有显著地位时，往往在整体观察时被认为对整体视觉效果不具有显著影响，由此导致模仿产品局部设计创新的侵权风险比较小，创新主体不能全面保护自己的智力劳动成果。

1976年，美国在Zahn案中确立了局部外观设计保护制度，随后日本、韩国等国家先后在本国的外观设计制度中引入了该制度。

于2021年6月1日实施的最新的《专利法》第二条第四款规定"外观设计，是指对产品的整体或者局部的形状、图案或者其结合以及色彩与形状、图案的结合做出的富有美感并适于工业应用的新设计"。第二十九条第二款规定"申请人自发明或者实用新型在中国第一次提出专利申请之日起十二个月内，或者自外观设计在中国第一次提出专利申请之日起六个月内，又向国务院专利行政部门就相同主题提出专利申请的，可以享有优先权"。其都明确产品局部的设计属于局部外观设计的保护对象及外观设计的国内优先权。根据局部外观设计保护制度，零部件或产品的一个部分的设计，也属于外观设计的保护客体。

例如，在没有局部外观设计制度的情况下，只能对摄像头整体的外观设计进行保护，所以只有在被控侵权产品在摄像头整体构成相同或者相近似，才能被认定为外观设计专利侵权。引入局部外观设计专利保护制度之后，企业可就摄像头的一部分进行保护，如摄像头底座等可单独获得外观设计专利权，当被控侵权产品在上述部分与涉案外观设计相同或者近似，仍将构成外观设计专利侵权。局部外观设计的引入代表我国专利制度进一步厘清了外观设计的本质（在于保护设计而非保护产品整体外观），这对市场上东拼西凑式的产品设计乱象将是沉重的打击。

（六）关于海牙协定

《专利法》第四次修改中关于局部外观设计制度的确立，与我国正积极推进加入的《工业品外观设计国际注册海牙协定》是相一致的，在法律层面为加入《海牙协定》奠定基础，扫除了法律障碍。《海牙协定》是巴黎公约成员国缔结的主要针对外观设计的协议，与商标领域的马德里协定和发明专利领域的专利合作条约（PCT），共同构成了知识产权国际化征程中的三驾马车。类似于PCT和马德里协定，海牙协定也是为了方便申请人进行海外申请和注册而设置的一种跨国申请注册通道。

通过海牙协定来申请海外外观设计，简单来说，就是使用一种语言，进行一次申请，产生一批权利。申请人唯一需要做的就是，"向 WIPO 国际局提交正式的申请表格或通过 WIPO 海牙电子申请界面提交申请，采用一种货币，即瑞士法郎，用一种语言（英语、法语或西班牙语）"，以及解答 WIPO 在形式审查过程所指出的问题。注意，国际局会对外观设计申请进行形式审查。审查合格后，WIPO 即进行登记注册及公布公告。

如果申请人手里有多项设计，可以考虑进行合案申请。海牙协定的合案申请的要求比中国专利法下合案申请的要求宽松得多。只要这些设计属于《工业品外观设计国际分类表》所规定的同一类设计类别即可，不需要是相似设计或者是套件设计，一件申请里面可以最多包含 100 个设计。至于每个设计需要包括多少视图，则并无数量上的限制。

一旦 WIPO 注册公告之后，各个指定国如果在一定时间内没有下发审查意见通知书或者没有提出任何质疑，则视为该国对该外观设计没有异议，期满之后这个注册就会变成指定国的授权外观设计。

IPR 需要密切关注局部外观设计专利制度和海牙协定等政策的推行情况，以便在政策落实后及时相应调整外观设计申请策略。

二、企业如何进行外观设计侵权风险防控？

一般企业比较重视发明和实用新型专利的侵权风险防控，而对外观设计侵权风险容易忽视。这是由于，一般从事技术开发的工程师认为自己采用的技术方案要么是绝无仅有，要么是现有技术，发明和实用新型的判断标准对他们来讲比外观设计更为客观和明确；从事产品设计的工业设计师对产品 ID 设计有不同于一般消费者的独特视角，如一般消费者不会注意到一个工业设计品倒角的改变，而工业设计师很容易"刁钻"地发现产品的细微改变，并且认为细微的变化会对整个产品的视觉效果有巨大的影响。《最高人民法院关于审理侵犯专利权纠纷案件应用法律若干问题的解释》第十条规定，人民法院应当以外观设计专利产品的一般消费者的知识水平和认知能力，判断外观设计是否相同或者近似。工业设计师和企业 IPR 对同一件事务的认知水平不同，导致见解分歧较大。且在实务中，外观设计相同或近似的判定具有很强的主观性，难度较大，更加加大了 IPR 推行外观设计侵权风险防控的工作难度。

此外，外观设计申请文件的主题和简要说明在申请时一般力求简要，因此外观设计专利的检索，相对发明和实用新型专利而言，可供检索的检索要素更少。虽然部分网站提供了智能检索和图片检索，但同样的检索图片，在不同的检索网站检索结果差异巨大，在 IPR 无法准确获知其底层识别算法的基础上，无法完全信任其结果的准确性，仅能对结果进行参考。因此，外观设计专利的检索，相对而言更加依赖于人工。值得注意的是，在进行产品外观设计专利检索的过程中，应该对被检索对象具有显著视觉效果的部分有初步判断。当然，初步的判断一定是建立在对现有设计情况及外观设计侵权判断的思路和步骤有基本了解的基础上，这需要在检索过程中不断修正和调整。

关于外观设计侵权风险判断，可以依据以下步骤进行。

（1）判断产品与授权外观设计专利产品种类是否相同或相近。

常见的判断外观设计专利产品种类是否相同或相近是根据 LOC 分类号进行判断，但是仅仅基于 LOC 分类号进行判断还是不够的，应当根据产品的用途，参考外观设计的简要说明、国际外观设计分类表、产品的功能以及产品销售、实际使用的情况等因素，综合判断外观设计专利产品种类是否相同或相近。

（2）确定整体产品设计和授权外观设计设计特征的相同点和不同点。

根据专利授权文本的六视图，结合简要说明，识别出设计要部、适当地划分设计特征。在适当划分设计特征的基础上，确定整体产品设计和授权外观设计设计特征的相同点和不同点。

（3）根据"整体观察、综合判断"的原则，根据其对整体视觉效果的影响对相同点和不同点进行对比分析，得出结论。

评价相同点和不同点对整体视觉效果的影响时，需要关注：

第一，该设计特征是否属于惯常设计？惯常设计，是指现有设计中一般消费者所熟知的、只要提到产品名称就能想到的相应设计。若该设计特征属于惯常设计，那么该设计特性在近似性判定中对整体视觉效果的影响相对较小。

第二，该设计特征是否属于授权外观设计的授权设计特征？一般认为授权外观设计区别于现有设计的设计特征相对于授权外观设计的其他设计特征，通常对外观设计的整体视觉效果更具有影响。

第三，该设计特征在产品使用状态时，是否属于容易观察到的位置？产品正常使用时容易被一般消费者直接观察或者使用到的部位相对于其他部位，通常对外观设计的整体视觉效果更具有影响。

第四，设计空间的大小？设计空间是指设计者在创作特定产品外观设计时的自由度。设计空间大小的认定可以从产品的功能、用途，现有设计的整体状况，惯常设计，法律、行政法规的强制性规定以及国家、行业技术标准等方面予以考虑。设计空间较大的，一般消费者通常不容易注意到不同设计特征之间的较小区别；设计空间较小的，一般消费者通常更容易注意到不同设计特征之间的较小区别。即设计空间大小的判断，影响到了不同设计特征是否具有显著的视觉效果的判断。

第五，是否属于功能性设计特征？功能性设计特征是指"由产品的功能唯一限定的特定形状"。纯功能性设计特征在判断外观设计是否相同或相近似时可以不予以考虑，但是，并非由功能性唯一决定的外观设计特征，应当在判断外观设计是否相同或相近似时予以考虑。

若上诉判断要点全部有利于被评估产品设计，则可认为被评估产品设计与授权外观设计专利不相同或者不相似：

若相同点均为惯常设计、功能性设计特征或者属于容易观察到的位置的设计特征，则可认为被评估产品设计与授权外观设计专利不相同或者不相似；

若不同点中存在至少一个与授权外观设计专利显著不同的授权设计特征，则可认为被评估产品设计与授权外观设计专利不相同或者不相似。

对于比较难以直接判定得出结论的情形，若仍处在产品设计初期，IPR 可以跟工程师进行充分沟通，给予规避设计建议，比如在授权外观设计专利的授权设计特征选择一点或者几点予以规避，使得产品设计的相应特征与授权外观设计的授权设计特征中一点或者几点存在明显差异，达到更好的产品设计规避，实现明显降低产品设计风险的目的。

企业 IPR 面临的优势在于其所服务的企业通常来说产品类型比较固定，IPR 在熟悉了相同品类的产品之后，会对产品设计的发展趋势有所了解。这时不妨尝试构建不同品类甚至同一品类不同产品系列的高相似度专利库（笔者建议不要只关注有效专利，也需要关注失效专利。毕竟失效专利会影响有效专利的稳定性，并能够确定设计要点，以及可以用于进行诉讼程序中的现有设计抗辩），经过一段时间的积累，相信 IPR 对于外观设计专利检索和风险评估的效率会显著提升。

总之，不积跬步，无以至千里；不积小流，无以成江海。外观设计的专利保护与风险防控亦是如此，从小处着手，从与各种风险的较量中一点一点地积累起来。

从供应链 IP 与合规角度看企业如何拥抱开源生态

孙振华 字节跳动高级专利法务，金融行业开源技术应用社区委员会技术专家，曾任职于上海市方达（北京）律师事务所知识产权部门。

在 ABC 时代，知识产权法务应该深入认识开源软件，帮助公司识别风险，做好相关的开源合规工作，推广开源文化，让公司更好地融入开源贡献开源、和外部企业共同创新。

一、引言

近年来，开源软件开始变得越来越受欢迎；尤其是在基础软件和 AI 领域，开源软件的使用量逐年攀升。有报告显示，2019 年对开源软件的使用量，互联网和软件基础架构领域占比高达 82%，大数据、AI、BI 和机器学习行业的开源软件使用量占比也达到了 64%。随着云原生❶时代的来临，这一比例可能还会升高。

开源软件就像路和桥一样，是信息时代公司软件栈的基础设施。开源本身作为一种重要的协作方式，为每个公司软件栈的建立提供了强大的技术支撑。对于如此重要的生产工具和生产方式，知识产权法务不能因其具有免费获取的特性而视而不见，而是应该深入认识开源软件，帮助公司识别风险，做好相关的开源合

---

❶ 云原生技术有利于各组织在公有云、私有云和混合云等新型动态环境中，构建和运行可弹性扩展的应用。云原生的代表技术包括容器、服务网格、微服务、不可变基础设施和声明式 API。

规工作，推广开源文化，让公司更好地融入开源、贡献开源、与外部企业共同创新，为开发者和用户带来更多的开源红利。

二、开源软件管理的重要性

法律代表着传统，但同时驱动着创新。从传统角度来看，商业软件一般是围绕代码的控制权；从创新角度看，开源软件是围绕代码的发布权发展起来的，其主要目的在于释放代码的控制权，通过让更多的用户去使用，最终建立良好的软件生态。下面在传统和创新之间，逐步揭开开源软件的风险并从软件供应链上下游的角度审视合规的重要性。

（一）知识产权的风险

首先，是商标风险。 开源软件为了对抗闭源软件，并吸引更多的用户去使用，对代码的著作权和专利采用了一种较弱的保护方式，如知名的 Apache-2.0 协议就软件的著作权和对应的版权给予用户广泛的许可，让用户更加安心地去使用 Apache-2.0 协议许可的开源软件而不必过多担心额外的风险。但同时，开源软件又都对商标的保护青睐有加。例如，Apache、Eclipse、TensorFlow 等知名的开源项目，都在众多国家或地区申请了商标。从某种角度来说，开源软件默认并未放开对商标的授权，这也是开源软件和传统知识产权链接最为紧密的地方。

其次，是专利风险。 专利风险分为两类。第一类，在开源软件完成之前，可能相关的软件实现方法已经被软件作者之外的第三方申请为专利，这个时候对开源软件的使用往往需要担心专利诉讼的问题。例如，Linux 系统早期一直面临着诉讼风险。为了对抗此类专利风险，拥抱开源的公司巨头往往会成立各种联盟，通过联盟持有的专利来反制潜在的诉讼发起人。知名的开放式发明网络联盟（OIN）就是成功的范例。第二类，是开源软件本身的协议并没有专利授权条款，如 MIT 协议，仅仅对著作权中使用权、修改权等进行了授权，采用此种协议许可的开源软件理论上可能存在一定的专利风险。不过这种风险在现实中一般比较低，因为开源组织和个人即使采用 MIT 协议许可相关软件，通常也不会发起专利诉讼。其背后的原因可能来自开源社区施加的压力，因为一旦 MIT 开源软件发起人或者贡献者发起诉讼，整个开源社区就会丧失对他们的信任。除了面对巨大的道义压力外，相应开源项目也将难以获得其他开发者的支持和改进。

再次，是著作权风险。在开源项目中，贡献者数不胜数，有可能出现直接把第三方代码写进开源软件中的情况。消除该种风险的做法就是把可能侵权的代码进行重构，写一套全新的实现代码，避免侵权指控的发生。

最后，是开源许可证的风险。开源许可证，和商业许可证一样，规定了使用者或者发布者的权利和义务。违反的后果除了违约责任外，还有可能造成公司或个人在开源社区信誉的丧失，因此违反的后果得不偿失。所以，使用开源最好的方式就是进行完善的合规工作。一般来说，分析开源软件的许可证，需要查看其是否给予公司足够的权限对软件进行使用、修改和分发，同时需要分析该许可证规定的义务是否比较容易得到满足。如果这些许可证属于商业友好型的，如 Apache、MIT 等许可证，从知识产权角度出发，公司一般将其视为可接受的许可证。如果有些许可证要求在一定使用场景下需要将公司内部的一些源代码进行开源，则需要审视是否可以接受这些内部代码的开源，或者是否限制该开源代码的使用场景。

（二）软件供应链上下游在合规、安全和维护方面的要求

首先，从软件供应链来看，目前海外厂商和国内大型厂商对开源合规的要求越来越高。具体表现为，海外厂商在引入开源软件的时候会有比较严格的审查。众所周知，目前商业软件中几乎都会有开源软件的存在，有些开源软件的义务会从上游厂商传递给下游厂商。此时，每个链条上的厂商都会对开源合规义务有所要求，否则将会在软件预装、软件交付上遇到较大的阻碍，很可能需要耗费大量的时间去重新构建软件的部分模块，造成软件工程上的风险。

其次，目前开源软件的风险不止体现在知识产权和软件供应链方面，也体现在软件安全以及维护成本等方面。对开源软件的选用，不能仅仅考虑知识产权的合规，也需要考虑软件的安全、开源软件本身是否能够及时修复漏洞、开源社区是否足够成熟等。如果开源社区能够及时地对问题进行反馈，对软件进行持续地维护，可以在一定程度上说明该开源软件的成熟度比较好。只有同时考虑开源软件的知识产权风险、安全性问题和成熟度问题，才能更好地分享开源的红利。

三、建立良好的开源合规流程

一般而言，检视几十甚至上百个开源软件的许可证合规容易，但是如果有

数十万乃至更多数量级开源软件，合规难度就会大大增加。人工审查几乎是不可能完成的任务，这个时候不仅需要工具进行辅助，也需要对全员进行培训来提高员工的支持度。同时，还需要从软件工程角度、软件安全角度看如何形成一套完善的合规流程。此外有一点需要补充的是，由于公司往往也会主动发布自己的开源项目，因此在主动开源同时也要做好开源合规以及对知识产权保护工作。

第一，开源合规需要有良好的管理工具。公司往往会有数万甚至更多代码仓，如果靠人工去追踪版本、记录迭代，会事倍功半。比如，手机应用软件往往在一两周内就会更新，此时如果人工梳理开源软件清单，可能需要数天的时间，但如果使用工具生成清单后再进行人工审阅，可能就只需要一两个小时的花费。市面上开源软件管理工具除了提供许可证的管理功能，还可以显示漏洞查询、开源软件的成熟度等功能，对安全团队和工程团队都可以提供比较多的帮助。据了解，大型公司一般都有采购第三方专业的工具软件对开源软件进行管理。

第二，要和工程团队、安全团队协作构建完善的管理流程。公司内部的团队职能有分工，对开源软件的审视角度也多有不同。如果公司内不同团队通过分工协作构建一个统一的流程，采用统一的多功能开源软件管理工具，对于降低成本、提高效率将大有帮助。如果不同的团队各自为战，可能会造成工具的重复采购、集成工具的冗余开发及维护人员的增加。理想的状态是，公司存在一个平台进行集中的开源软件管理，在软件的生命周期中有一套统一的流程进行跟踪，由不同的专业团队来审查开源软件不同的合规需求。例如，识产权团队查看许可证信息、安全团队查看安全信息、构架和研发团队审视软件成熟度等信息，审查之后，信息又可以在平台上进行汇总、反馈以及修正，这样将有效提高开源管理的效率。

四、ABC 时代拥抱开源的几个角度

当前处于 ABC 时代（人工智能、大数据和云的时代），开源软件将被更多地视为基础设施，公司能为客户提供的是基于应用场景的定制服务等特性化设计。在这个阶段，不管是公司法务部门，还是研发、商务部门，都应当意识到公司应当拥抱开源，并深入了解开源带来的软件行业商业模式的改变。

（一）开源有助于公司更好地提供服务

近年来，越来越多的软件销售场景，不管是云服务还是私有部署，如果仅从软件的角度看，很多是基于开源软件的二次开发，并将其拓展到更多的应用场景。这个时候软件本身的功能更多来自公司提供的储存能力、计算能力及人工智能模型的落地。这种场景与其说是在出售软件，不如说是提供了对应某个场景的服务。此时软件代码本身的价值性可能没有这么强，而背后的服务才是公司的竞争力。如果公司鼓励员工向已有的基础软件上游进行贡献，不仅不会降低公司的竞争力，反而可能提升公司在开源社区的影响力，进而更好地降低开发成本并融入开源生态。

（二）开源提高公司的透明度和可信度

在当下数据驱动的时代，公众对于个人数据和隐私的注重日益提升。对于数据处理和交换方面的软件进行开源，成为不少公司尝试的方向。对这些软件进行开源，既可以提升公众对公司的信任度，也可以打破公司之间的数据孤岛，更好地使用数据，从而造福大众。当下非常火热的联邦学习（联邦学习是一种面向用户隐私保护、数据安全合规的机器学习算法）就成为众多公司追捧的开源方向之一。

（三）开源有助于和众多厂商共建生态

2020年以来，国际形势充满了挑战，但机遇也随之而来。随着国内第一个开源基金会的设立，相信在不远的将来，国内公司将更加科学地理解开源的价值，更加深入地拥抱开源，共同增进彼此之间的合作，为国内的基础软件行业做出贡献，也为大众带来更多的创新体验。

（特别声明：本文仅为个人对行业经验和趋势的认知，并不代表公司观点。）

IP 贸易壁垒下一站——数据合规与隐私保护应对之道

胡海斌 深信服集团知识产权及法务总监,广东省知识产权副研究员,深圳市中级人民法院知识产权技术咨询委员会专家,深圳市南山区商业秘密保护中心专家库首批专家,曾在腾讯、小米和一加手机负责知识产权相关业务。

> 数据正式成为关税、知识产权之外的第三大贸易壁垒,收集、使用、共享、出境数据将受到严格限制,数据成为各个国家或地区的战略性资源。

一、数据是知识产权之后的下一个贸易壁垒

数据已经取代石油,成为驱动经济发展的最大动力,也是(还有劳动力、资本)企业竞争力的决定性因素。数据很大程度上决定了企业未来发展和想象空间。不同于其他资产,数据具有流动性、可复制性、可成长性等特点,如血液一样贯穿于技术、产品、人力资源、财务等企业经营各个方面。

数据既有人格属性,也有财产属性。数据既能体现数据主体的社会形象,也能直接影响企业/个人财富,这是数据不同于其他资产的又一个显著特点。

经济全球化的时代,关税和知识产权是最主要的贸易壁垒。1985 年,《专利法》施行以来,"中国创新"有了质的飞跃,我们在互联网、高铁、无人机、支付、

第V部分
知识产权风控合规

航天等领域取得了巨大的成就。2018年，欧盟正式施行《通用数据保护条例》❶（也称为 GDPR）。之后短短数年多个国家紧急制定相类似的数据保护法案。2017年6月1日，我国正式施行《中华人民共和国网络安全法》，拉开了数据相关法律体系的立法序幕，数据成为关税、知识产权之外的第三大贸易壁垒。收集、使用、共享、出境数据将受到严格限制，数据成为各个国家或地区的战略性资源。

二、数据的分类及保护

数据保护和救济的前提是数据分类，分类既要满足产品发展的需要，也要与现有法律体系有关权益的规定保持一致。我们可以从产业、技术、法律多个角度对数据进行分类，但从数据权属的角度进行数据分类最有利于的数据保护及救济，以及相关政策的制定及落地。

（一）数据分类

从数据主体进行划分，数据权属可以分为国家属性、社会属性、企业属性和个人属性，分别对应到国家秘密、重要数据、组织专有数据❷和个人信息。国家秘密是指关系国家的安全和利益，依照法定程序确定，在一定时间内只限一定范围的人员知悉的事项。❸《中华人民共和国网络安全法》虽多次提及重要数据，但并未给出明确的界定。2017年国家互联网信息办公室发布的《个人信息和重要数据出境安全评估办法（征求意见稿）》提到重要数据是指与国家安全、经济发展，以及社会公共利益密切相关的数据。企业专有数据主要包括知识产权（专利、商标、著作权）、域名和商业秘密。个人信息是指以电子或者其他方式记录的能够单独或者与其他信息结合识别特定自然人的各种信息，包括自然人的姓名、出生日期、身份证件号码、生物识别信息、住址、电话号码、电子邮箱、健康信息、行踪信息等。❹不同权属的数据类型，其保护内容和主要承载

---

❶《通用数据保护条例》又称 GDPR（General Data Protection Regulation），欧盟于2018年5月25日正式实施。
❷ 组织主要包括法人组织和非法人组织，其中以企业最为常见。
❸《中华人民共和国保守国家秘密法》第二条。
❹《中华人民共和国民法典》第一千零三十四条。

对象归纳见表1。

表1　数据类型与保护内容及主要承载对象

数据类型	保护内容	主要承载对象
国家秘密	国家主权、安全、利益	党政机关、涉密单位
重要数据	社会公共利益	关键信息基础设施
企业专有数据	组织安全和利益	组织
个人信息	个人安全	个人

（二）数据合规应该关注数据生命周期

数据是流动的，在整个数据生命周期中会不断"生长与繁殖"。同一数据主体在不同时期承载的数据是不同的，同样的数据对不同数据主体可产生的价值、造成的损害也不同。医疗机构可以利用个人基因序列治病救人，极端或非法组织也可能利用个人基因序列制造生化武器。

数据的合规要嵌入到整个数据生命周期，尤其是利用网络开展数据的收集、使用、存储、共享、出境和删除等数据活动。在国家层面，还需要关注来源于境外的数据安全风险和威胁，也要针对性地开展监测、防御和处置。

本文仅站在企业的角度探讨数据与个人信息的保护，不涉及来源于境外的数据安全风险和威胁。数据合规要符合法律法规的要求，同时兼顾企业自身对数据管控的要求，通过合规管控、技术措施、流程管控、协议约束等方式确保或控制数据的收集、使用、存储、共享、出境及删除，最大限度地减少数据被滥用的风险。

（三）主要法律法规及相关政策

主要法律法规及相关政策见表2。

表2　主要法律法规及相关政策

主要法律法规	主要内容
《中华人民共和国宪法》	尊重和保障人权
《中华人民共和国民法典》	自然人的个人信息受法律保护。任何组织和个人需要获取他人个人信息的，应当依法获得授权并确保信息安全，不得非法收集、使用、加工、传输他人个人信息，不得非法买卖、提供或者公开他人个人信息
《中华人民共和国反不正当竞争法》	对商业秘密进行明确界定

续表

主要法律法规	主要内容
《中华人民共和国刑法》	侵犯商业秘密罪、非法泄露国家秘密罪、侵犯公民个人信息罪、非法获取计算机信息系统数据罪、拒不履行网络安全管理义务罪、非法利用信息网络罪、假冒注册商标罪、假冒专利罪、侵犯著作权罪
《最高人民法院 最高人民检察院关于办理侵犯知识产权刑事案件具体应用法律若干问题的解释（三）》	将侵犯商业秘密的入罪数额调整至"30万元以上"
《最高人民检察院 公安部关于修改侵犯商业秘密刑事案件立案追诉标准的决定》	将侵犯商业秘密案件的立案标准调整至"30万元以上"
《最高人民法院、最高人民检察院关于办理侵犯公民个人信息刑事案件适用法律若干问题的解释》	对各种涉及个人信息的犯罪行为进行了明确的界定
《中华人民共和国民典法》（侵权责任编）	侵害民事权益，包括侵害隐私权
《中华人民共和国保守国家秘密法》	除特殊机关和单位之外，任何组织和个人未经批准，不得获取、持有、买卖、转送、邮寄国家秘密的载体，也不得携带国家秘密载体出境
《全国人大常委会关于加强网络信息保护的决定》	任何组织和个人不得窃取或者以其他非法方式获取公民个人电子信息，不得出售或者非法向他人提供公民个人电子信息
《中华人民共和国消费者权益保护法》	经营者收集、使用消费者个人信息，应当遵循合法、正当、必要的原则，明示收集、使用信息的目的、方式和范围，并经消费者同意
《中华人民共和国网络安全法》	对重要数据和个人信息作出原则性规定
《中华人民共和国数据安全法》	对各种数据活动的数据安全、数据开发利用作了全面的界定
《中华人民共和国个人信息保护法》	对个人信息保护做了全面的界定

　　《中华人民共和国网络安全法》对重要数据和个人信息的监管作了原则性、概括性的规定。重要数据和个人信息有关细则要求须结合社会发展、企业现状、国外环境等因素逐步设计、构建和完善。为了快速推进立法，且确保政策符合社会实践的需要，保障政策快速落地，我国采用了先标准后立法的立法路线。标准在数据合规领域承担了非常重要的角色，尤其是全国信息安全标准化技术委员会（以下简称"信安标委"）制定的诸多标准。网络安全标准体系框架如图1所示。

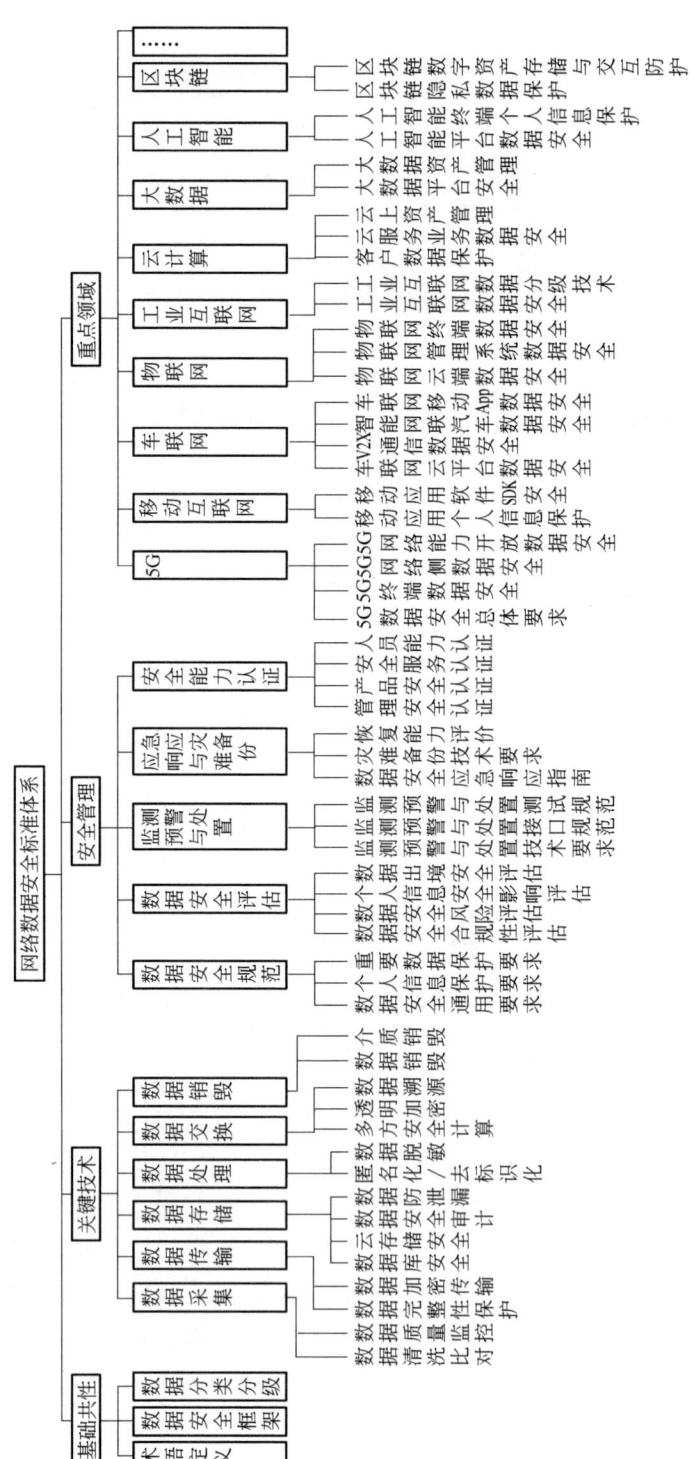

图 1 网络安全标准体系框架

国家秘密的合规要求非常明确，除非有明确的授权，否则不得在无授权或授权范围之外访问、收集、使用、共享、携带任何涉及国家秘密的信息。知识产权属于排他权，且采用"公开换保护"的立法思路，与数据保护的差异很大。本文将重点介绍商业秘密、重要数据以及个人信息保护的保护与合规。

三、商业秘密的保护与合规

《反不正当竞争法》❶规定商业秘密是指不为公众所知悉、具有商业价值并经权利人采取相应保密措施的技术信息、经营信息等商业信息。不为公众所知悉、采取保密措施（商业秘密采取了保密措施，人也要负有保密义务）、具备商业价值（能带来竞争优势）的经营信息和技术信息才能够构成商业秘密。《国家工商行政管理局关于禁止侵犯商业秘密行为的若干规定》❷对商业秘密作为更加细致的规定。

仅从商业秘密三要素出发构建企业内部商业秘密合规制度，无法满足法律救济的证据要求，无法实现商业秘密的保护。企业商业秘密合规应该以数据活动来构建内部合规机制，将商业秘密三要素嵌入其中。

（1）数据（信息）分级：锁定重点保护的数据（信息）；

（2）商业价值：重点保护数据（信息）要有连续的文档信息（比如：交易信息、开发文档、分析材料、设计图纸等）。尚未有实质性交易的，需配套保存市场调研报告、需求报告等可以证明其具有商业价值的材料。

（3）保密措施：重点保护数据（信息）须添加保密标识，并构建技术防护措施，记录重点保护数据的访问日志，可溯源。

（4）保密人群：围绕重点保护数据（信息）构建信息安全制度，圈定接触人

---

❶《反不正当竞争法》第九条。
❷ 1998年12月3日施行，对商业秘密给出了更加详细的规定：不为公众所知悉是指信息不能在公开渠道直接获取；商业价值是指能为权利人带来现实的或潜在的经济利益或竞争优势；采取保密措施是指对商业秘密采取合理的保密措施，且建立保密制度，与相关人签订了保密协议；技术信息和经营信息，包括设计、程序、产品配方、制作工艺、制作方法、管理诀窍、客户名单、货源情报、产销策略、招投标中的标底及标书内容等信息。

群，签署保密协议，设置访问权限。

（5）保密人群：明确特定岗位的职责范围和权限，并发布内部任命书。

（6）数据监控：对重点保护数据（信息）的访问、下载、共享设置事前审批、事中标记、事后审计的技术监督机制。

（7）数据审计：相关接触人群离职前须开展离职审计，核实有无异常的数据活动，并进行证据固化。

（8）根据行为审计结果签署不同程度的离职承诺书。

80%的商业秘密案件涉及内部员工泄密，而内部员工中有80%属于离职员工。虽然商业秘密刑事救济非常困难，但依然是各企业首选的维权方式（商业秘密民事救济案件的败诉比例约为80%），因为商业秘密的证据要求及证据可获得的难度非常高：

（1）商业秘密刑事立案门槛高，尤其是司法鉴定和损失评估难度大；

（2）商业秘密案件调查取证难，尤其是泄密渠道的调查；

（3）违反保密协议导致泄漏商业秘密只能通过合同违约进行救济；

（4）商业秘密案件的损失计算难，侵权人获利、权利人损失、市场收益或重置成本法的适用都存在很大问题。

2019年4月，《反不正当竞争法》进行了修订，2020年6月最高人民法院发布的《关于审理侵犯商业秘密纠纷民事案件应用法律若干问题的解释（征求意见稿）》、2020年9月《最高人民法院关于审理侵犯商业秘密民事案件适用法律若干问题的规定》、2020年9月发布的《最高人民检察院、公安部关于修改侵犯商业秘密刑事案件立案追诉标准的决定》、2020年9月国家市场监督管理总局发布《关于商业秘密保护规定（征求意见稿）》作了如下重要规定：

（1）扩充侵权主体，经营者以外的其他自然人、法人和非法组织也可以是侵权主体；

（2）商业秘密包括合同缔约、签订、履行过程中所知悉的商业秘密或承诺负有保密义务的信息；

（3）保密措施与商业秘密的商业价值、重要程度等相适应，且列举了若干保密措施；

（4）在权利人提交初步证据后，侵权人须提交未侵犯权利人商业秘密和侵犯商业秘密行为相关的账簿、资料等证据，实现部分举证责任倒置；

（5）规定了权利人满足提交初步证据条件下的若干情形和要求；

（6）人民法院可以针对商业秘密侵权案件裁定采取行为保全措施；

（7）降低了商业秘密刑事案件的立案标准及入罪要求；

（8）市场监督管理部门可以对侵犯商业秘密的行为给予行政处罚。

上述政策的发布有效缓解刑事立案门槛高、调查取证及损失认定难的问题。商业秘密民事救济和行政救济的案件数量将大幅度提升。

四、重要数据与个人信息的保护与合规

数据的生命周期包括数据收集、数据使用、数据存储、数据共享、数据出境、数据删除等数据活动。业务链条大致如图2所示。

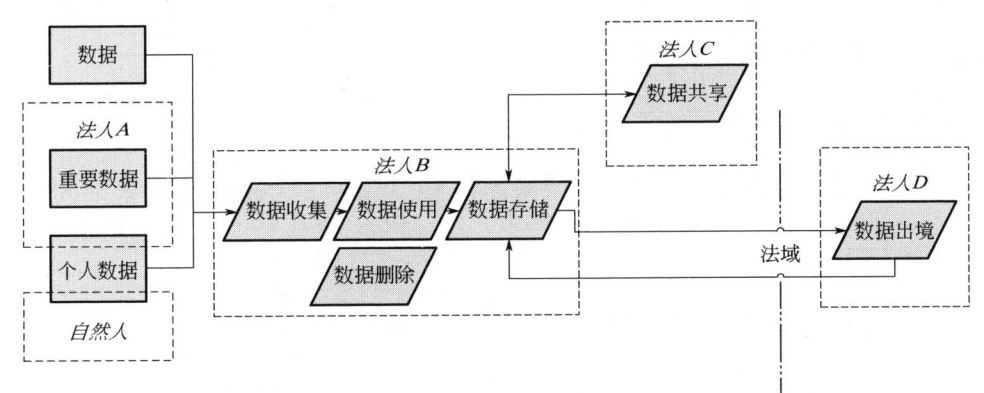

图2 数据活动业务链条

不同的数据活动其合规重点不同。

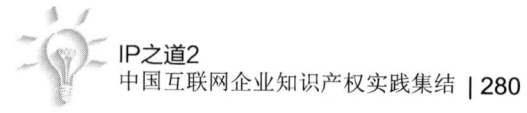

（一）数据的收集

数据的收集以明确许可为前提。

（1）不得收集涉及国家秘密的信息；

（2）如果收集个人信息，在征得个人明示同意的前提下，遵循最小化原则。隐私政策是合规的关键要素，特别要关注收集数据的目的、范围、使用方式、存储地、联系人等信息；

（3）如果收集组织的重要数据，必须有明确的授权；

（4）如果使用爬虫方式获取数据，还需要遵从"三重授权"原则。

（二）数据的使用、存储

数据的使用、存储不得超出隐私政策中被授权的范围和目的。

（1）不得超出用户授权的范围和目的；

（2）建立数据日志，保证用户对个人数据的删除的权利；

（3）数据使用、存储要有必要的技术保护措施，且符合最短保存时间；

（4）来源于中国大陆的数据须存储在中国大陆，使用、存储来源于境外的数据须同时遵从境外数据合规要求。

（三）数据共享

数据共享不得超出隐私政策被授权的范围（共享目的、范围、对象及时间等）。

（四）数据出境

先履行安全自评，然后提交网信部门进行评估，评估通过后可以出境。

（1）关键信息基础设施的重要数据经网信部门评估后才能出境；

（2）非关键信息基础设施重要数据出境前先履行安全自评的义务，剔除影响国家安全、社会公共利益、个人合法利益的数据后才能出境；

（3）个人信息出境须满足以下流程：

① 须与境外接收者签订书面合同,并向网信部门申报;

② 合同须约定清楚数据出境的明确场景(目的、类型、保存时限);

③ 合同中约定个人数据主体是个人信息权益条款的受益人;

④ 数据出境须告知个人数据主体,最好事先获得明示同意。

(五)数据删除

须提供信息删除的入口,确保在 30 天内完成个人信息的删除并答复个人信息所有者。存在共享个人信息的情形时,须及时通知第三方删除相关个人信息。

五、数据合规和隐私保护的困境

我国正在逐步完善数据合规和隐私保护相关立法,在兼顾政府监管和市场发展的前提下,建立法律、法规、部门规章及国家标准的立体政策框架,快速推动相关政策的制定,以便数据合规的快速落地。当前数据合规和隐私保护取得了很大的成就,但还存在诸多困境,需要持续研究与解答。

(一)数据属于财产权还是人格权

数据是一种财产权还是人格权?

企业收集个人信息后产生的新的信息的所有权如何归属?企业利用大数据及人工智能技术对个人信息进行分析和模拟后形成的用户画像、用户圈层、群体行为的数据的所有权如何归属?单个企业经过收集、汇总、分析后形成对社会、国家安全有影响的数据集合,其数据集合的所有权该如何归属?

只有界定了数据的所有权,才能通过法律形式明确数据使用、编辑、删除、收益等相关权利,才能实现数据保护之目的。

(二)数据保护的边界:公共利益与私权的平衡

《中华人民共和国民法典》规定个人信息是以电子或其他方式记录的能够单独或与其他信息结合识别特定自然人的各种信息,包括自然人姓名、出生日期、身份证件号码、生物识别信息、住址、电话号码、电子邮箱、健康信息、行踪信息等。其中"与其他信息结合识别特定自然人的各种信息"的界定非常广泛。企业收集诸如系统账号、内网 IP 地址、硬件序列号❶等信息时无法直接识别特定自然人,也无法结合特定的其他信息识别到特定自然人。针对此种情况,企业对收集的个人信息采取了足够的合理注意义务(采取足够的技术措施),且只有在结合特殊主体掌握的特定信息时才能识别到特定自然人的情形应作为特殊情形,在履行一定合规承诺后进行免责,从而无须获取个人的明示同意。

数据已经成为新的生产力,各类组织正在不遗余力收集更多的数据与个人信息。随着收集的数据和个人信息的增加,基于数据分析产生的衍生数据越来越精准、越来越复杂。衍生数据一旦触及公共利益,企业需要被认定为关键信息基础设施,则该企业需要让渡一部分权利给社会,其数据活动也要受到更强的监管。

（三）数据立法相比技术发展的滞后性

数据在不断积累,数据的分析技术、应用场景、需求也在不断变化。数据管控除了保证国家、社会、个人等数据主体的安全和权益外,还要积极促进数据作为生产力的推动作用。相较于其他部门法,数据相关的法律法规相对技术发展的滞后性更加明显。2019 年,数据每年翻一倍(未来增速更快),数据技术 2~3 年会迭代一次,每年都会产生新的数据应用场景。面对快速的技术更迭和多变的外部环境,数据立法的滞后性是需要重点考虑的问题。

---

❶ 《信息安全技术 个人信息安全规范》(GB/T 35273—2020)明确规定系统账号、内网 IP 地址、硬件序列号属于个人信息。

互联网新业态下如何适用一般性条款进行反不正当竞争规制？

王宗鹏　北京大学法律硕士，广东信达律师事务所合伙人，知识产权专业委员会主任，同时获得律师执照及专利代理师资格证，目前兼任深圳市版权协会调解员。
苏凌青　广东信达律师事务所律师助理，毕业于华东政法大学，获得美国范德堡大学法学硕士。

> 在新时代下的竞争分析应采取更多元的分析模式，不拘泥于传统侵权判断模式，从价值本源、行业发展、公众利益等角度，根据我国的经济法体系构建符合中国司法实践的一般条款适用方法。

如霍姆斯所言，历史和现实的状况对法的内容和发展变化起着决定性作用[1]，那些能决定法律属性结构的要素是历史的、动态的[2]。一般条款在反不正当竞争法中居于核心地位，犹如"皇冠上的明珠"，原因也在于市场秩序是动态的、耦合的秩序[3]，竞争规则并非理性构建主义所能精心设计的，一般条款的适用模式更需适应移动互联时代下崭新的市场形态。

---

[1] O.W.霍姆斯. 普通法 [M]. 冉昊，姚中秋，译. 北京：中国政法大学出版社，2006：1.
[2] 弗里茨·里特纳，迈因哈德·德雷埃尔. 欧洲与德国经济法 [M]. 张学哲，译. 北京：法律出版社，2016：23.
[3] 谢晓尧. 一般条款的裁判思维与方法——以广告过滤行为的正当性判断为例 [J]. 知识产权，2018（4）：42.

一、《反不正当竞争法》一般条款的历史沿革

在 1993 年通过的《反不正当竞争法》中探索了一般条款的适用，随后最高人民法院在"海带配额"案中越发强调一般条款的行为法属性、竞争法属性。2017年《反不正当竞争法》修订后，最终形成了一般条款中公共利益、消费者权益、经营者权益三元叠加考量的保护模式。

1993 年《反不正当竞争法》第二条第二款规定"本法所称的不正当竞争，是指经营者违反本法规定，损害其他经营者的合法权益，扰乱社会经济秩序的行为"。该条款本被定位为《反不正当竞争法》的总则条款而非一般条款，裁判者无权利用其进行兜底保护。全国人大法工委曾指出第二条第二款"违反本法规定"是指"经营者有反不正当竞争法第二章规定的不正当竞争行为"❶。但随着市场经济改革逐步深入，超出 1993 年《反不正当竞争法》第二章的十一类法定不正当竞争的新型不正当竞争案件层出不穷，法院才开始在裁判中赋予第二条第二款一般条款的功能。1993 年《反不正当竞争法》第二条第二款强调保护经营者合法权益，消费者利益和社会经济秩序仅能作为反射利益保护。司法实践中，法院也通常会采取"权利侵害"式的判断模式，将"竞争优势"作为经营者所有的、不受他人侵害的"财产权利"来保护。

2017 年修订的《反不正当竞争法》重构了一般条款的基本范式。第二条中不仅将违反法律与违反诚信原则、商业道德并列为不当性的判断标准，还将竞争秩序（公共利益）作为不当竞争损害的重要考量因素与经营者合法权益和消费者合法权益并列。❷修订后的《反不正当竞争法》具有更强的竞争法、经济法特质，将维护市场竞争秩序放在首位，也更加强调公共利益、消费者权益、经营者权益的利益平衡。但如何理解"竞争秩序""公共利益""商业道德""竞争自由""保护创新"等不正当竞争案件中的常见概念，仍有待司法实践进一步讨论和实践。

---

❶ 全国人大常委会法制工作委员会民法室.《中华人民共和国反不正当竞争法》讲话[M]. 北京：法律出版社，1994：40.
❷ 孔祥俊. 反不正当竞争法新原理 原论[M]. 北京：法律出版社，2019：35.

二、一般条款的行为法与竞争法特性

我国习惯上将不正当竞争行为作为侵权行为的一种特殊类型，并采取类似侵权法的"权利侵害式"判断思路。❶在司法实践中，法院时有将基于经营者投资形成的商业模式、商业机会、数据权益、转播权益等经营权益，作为经营者的合法权益直接进行保护。❷在相关案件中，法院在确认原告竞争优势可保护性后，仅根据被告的主观状态及原告利益受损就将涉案行为认定为不正当竞争，实际上使经营权益获得了如专有权般的排他保护。在相关权利已明确超出知识产权及其他民事权利的保护范围时，贸然通过一般条款扩充绝对权的保护范围，既与其他部门法建立的权利体系不协调，也不符合经济法作为市场秩序维护者应具有的谦抑性。

因此，2017年新修订的《反不正当竞争法》更加强调一般条款的行为法与竞争法特性。对于行为法特性而言，应脱离先归纳一种权益再论证其合法性❸的"权利侵害式"判断思路，转变为通过侵害方式、商业道德、诚信原则、法律规定、主观意图等正当性考量因素判断行为本身的正当性，进而以行为的正当性判断规则塑造市场竞争的底线，而非通过设立类绝对权的方式过度干扰市场竞争。对于竞争法特性而言，竞争秩序和公共利益是一般条款的首要考量因素。竞争法作为公法，应着重考量公共利益、消费者权益、经营者权益的利益平衡，以及个案对市场结构、资源配置效率、竞争秩序、行业业态发展方向甚至涉及对社会对行业对社会价值取向取舍可能带来的长期影响。

三、一般条款的适用方法与考量因素

（一）一般条款作为法律原则的适用方法

《反不正当竞争法》第二条作为一般条款，在条文位阶中属于法律原则。法律

---

❶ 孔祥俊. 反不正当竞争法新原理 原论 [M]. 北京：法律出版社，2019：77.
❷ 张占江. 反不正当竞争法属性的新定位——一个结构性的视角 [J]. 中外法学，2020（1）：190.
❸ 孔祥俊. 论反不正当竞争法的竞争法取向 [J]. 法学评论，2017（5）：27.

原则在适用时与第二章中的其他规则条款有较大的不同。法律规则已预设了具体的假定条件、行为模式和法律后果，属于闭合性规范。适用法律规则时通常基于三段论推理，符合假定条件的规则全部适用，否则全部不适用。而上位阶的法律原则系开放性规范，具有高度的抽象性和价值性，并且往往与其他法律原则存在冲突。法律原则与法律事实和最终对诉请的裁决有较大的距离，很难被直接适用。因此，适用法律原则时往往需要进行利益权衡，并最终确立更为具体的"次级原则"。

（二）一般条款中竞争行为不当性的考量因素

不同于法律规则的"全有全无"式适用，法律原则侧重多元考量和利益均衡。法院在考虑竞争行为不当性时，需分别梳理概念边界交错重叠的六个考量因素：法律规定、诚实信用原则和商业道德、市场竞争秩序和公共利益、消费者权益、经营者权益、主观意图，确立次级原则后，再进行综合考量。

1. 法律规定

新修订的《反不正当竞争法》将"遵守法律"与"遵循诚实信用原则""遵守商业道德"并列，可见遵守法律已成为判断行为正当性的重要标准。袁嘉教授认为一般条款中的"法律"指的应是包括以保护竞争为目的的规制市场行为的法律。❶我国竞争法的重要蓝本——德国《反不正当竞争法》的 3a 条将违法侵权定义为"违反为了保护市场参与者利益而规范市场行为的法律之行为也是不正当的商业行为，如果这种违反确实会可感知地损害消费者、其他市场主体或者竞争者的利益"❷。因此，违法侵权必须是违反与竞争、市场规制相关的法律。在"二氧化碳排放量"案中，德国联邦最高法院认定，虽然被告通过违反环境保护法的行为，降低生产成本获取了竞争优势，但该行为是在实际竞争行为之前发生的，不属于一般条款的管辖范围。❸

在我国的法律体系中，招投标法、消费者保护法、证券法、广告法等部门法，在保护其本身指向的法益之外，亦具有规范市场竞争之目的，可以成为一般条款

---

❶ 袁嘉. 新修订《反不正当竞争法》"遵守法律原则"的限缩解释——以德国法为参照[J]. 南京大学学报，2018（3）：20-55.
❷ Art. 31，UWG 2015。
❸ BGH GRUR 2000，1076-Abgasemsssionen。

援引的法律依据。例如,《中华人民共和国著作权法》将规避技术措施列为侵权行为之一,但技术措施并非著作权保护的客体,将技术措施作为绝对权进行保护与著作权的权利体系存在不协调。但经营者规避技术措施、提供规避技术措施工具的行为必然会对竞争秩序、消费者权益等造成影响。因此,完全可以通过一般条款对规避技术措施的行为进行评价。对于备受争议的"广告屏蔽"系列案件,也完全可以借由《中华人民共和国著作权法》对技术措施的规定,考量"广告屏蔽"是否构成违法侵权。❶

在杭州广汇企业管理咨询有限公司与杭州近湖物业管理有限公司不正当竞争纠纷案中❷,在论述不当性时,法院认定近湖公司的竞争行为违反《浙江省消防条例》和《杭州市城市绿化管理条例》的相关规定,扰乱了公平竞争秩序。如果在该案中运用 2017 年《反不正当竞争法》一般条款的适用模式,因《浙江省消防条例》和《杭州市城市绿化管理条例》并非规制市场的法律规范,近湖公司违反《浙江省消防条例》和《杭州市城市绿化管理条例》设置停车位的行为本身也并非竞争行为,所以该行为很可能不构成违法侵权,而只能根据一般条款的其他元素认定其不当性。但近湖公司违反《浙江省消防条例》和《杭州市城市绿化管理条例》的规定,所带来的消防隐患、绿地减少等负外部性损害了消费者权益,并且会破坏竞争秩序,因此具有不当性。另外,对于其他违法行为,若行为人的某种行为会间接或直接致使其他经营者的正常经营管理活动陷入违反法律法规强制性规定境地,或者破坏其他竞争者合规运营,增加运营成本,这类行为也可认定具有违法性,从而对此做出负面评价。

2. 诚实信用原则和商业道德

最高人民法院发布的《关于充分发挥知识产权审判职能作用推动社会主义文化大发展大繁荣和促进经济自主协调发展若干问题的意见》中指出:"正确把握诚实信用原则和公认的商业道德的评判标准,以特定商业领域普遍认同和接受的经纪人伦理标准为尺度,避免把诚实信用原则和公认的商业道德简单等同于个人道德或者社会公德。"笔者认为,在竞争法视野中诚信原则与商业道德中具有高度相似性,彼此牵连、统一,难以想象只违反诚信原则不违反商业道德,或只违反商

---

❶ 王迁. 论规制视频广告屏蔽行为的正当性——与"接触控制措施"的版权法保护相类比[J]. 华东政法大学学报,2020(3):13.

❷ (2013)浙知终字第 387 号判决书。

业道德而不违反诚信原则的情形。在"大众点评诉百度案"中,法院同样指出:"在反不正当竞争法意义上,诚实信用原则更多地体现为公认的商业道德。"

因道德视角的多元性和"经济人伦理"本身的语义模糊性,在很多新型不正当竞争案件中,原被告双方给出的理由不过是假道德之名而"各取所需的礼貌说法而已",而裁判的结论也不过是令人难捉摸的"执拗的道德直觉"。❶因此,对于商业道德和诚信原则的判断需要更具体的判断方法。在司法实践中,法院也对如何描绘商业道德做出了诸多尝试。例如,北京市高级人民法院《关于涉及网络知识产权案件的审理指南》第 33 条规定,公认的商业道德是指特定行业的经营者普遍认同的、符合消费者利益和社会公共利益的经营规范和道德准则。第 34 条规定,对公认的商业道德进行认定时,可以综合参考下列内容:①信息网络行业的特定行业惯例;②行业协会或者自律组织根据行业特点、竞争需求所制定的从业规范或者自律公约;③信息网络行业内的技术规范;④对公认的商业道德进行认定时可以参考的其他内容。

一般条款的行为法特性也要求法院在裁决时起到对商业道德的创设❷、固定作用。在"世界之窗广告案"❸二审中,法院明确指出在市场经营中,经营者的合法经营行为不受他人干涉,他人不得直接插手经营者的合法经营行为"为最为基本且无须论证的商业道德"。在前述"双牛大厦停车案"中,近湖公司在消费者做出选择前即安排保安拦截、引导消费者,就可认定为干涉型不正当竞争。

另外,在特定类型的市场经营主体竞争者之间,也要考量二者之间特殊关系带来的价值。一般认为,在市场经营中,经营者的合法经营行为不应受他人干涉,他人不得直接插手经营者的合法经营行为。有一种特殊的经营竞争关系,就是一方的经营活动完全以另一方的存在为前提,即"寄生经营关系"。而"寄生经营者"通常利用被寄生经营者的经营活动才能生存和发展,并在此过程中必然存在与"被寄生经营者"争夺相关资源的行为,因此或多或少存在负面影响,因为"寄生经营者"不会承担寄生业态建立和维护的成本。相比于其他商业模式,寄生经营者除遵守一般的商业道德和诚信原则外,还应当对于其行为正当性的边界负有更高

---

❶ 谢晓尧. 竞争秩序的道德解读: 反不正当竞争法研究 [M]. 北京: 法律出版社, 2005: 57.
❷ 王艳芳. 商业道德在反不正当竞争法中的价值与标准二重构造 [J]. 知识产权, 2020 (6): 10.
❸ (2018) 京 74 民终 558 号.

的注意义务，即"不得干扰和破坏被寄生者的正常、合法经营"。具体而言，应当综合考量寄生经营行为是否对于被寄生产品特定规则和经营模式进行了恶意规避和破坏；寄生经营者是否干扰、妨碍或破坏被寄生经营者的正常运营，异化或破坏平台的正常运营；是否基于自身的商业利益而造成被寄生经营者交易机会的减少或丧失，是否威胁被寄生者的网络运营安全，威胁被寄生经营者的用户数据安全和隐私安全等问题。此外，对寄生经营行为的评价，除考量其对被寄生者的各方面损害问题外，还得兼顾各方的利益平衡，要考察其对消费者福利和公共利益的损益情况等。即如前文所述，大前提还是寄生经营者要遵守的被寄生经营者设置的相关规则合理性、合法性论证。

此外，商业道德、诚信原则本身具有维护市场秩序的属性，对于一些在道德领域难以判断的行为如"搭便车""损人利己"，则更多从是否损害市场竞争的角度评价其不当性。总之，其多少会受当下司法裁判者对价值的自我判断和推敲，同一行为，在不同语境、不同历史背景、不同发展阶段，的确会存在不同判断结果，这也是法律价值的一种现实体现。

3. 市场竞争秩序与公共利益

《反不正当竞争法》保护市场竞争秩序，并非保护所有的自然竞争或自然竞争耦合成的利益格局，而是符合《反不正当竞争法》追求效率、创新的竞争观❶的竞争秩序。但我国现行法中并未对竞争秩序的概念做出明确界定，理论中也未建立起对竞争秩序清晰的分析框架，因此司法实践中往往无法准确区分竞争秩序与商业道德、诚信原则。在"OPPO 手机刷机案"中❷，法院在评价刷机行为是否干扰竞争秩序时指出"正当的市场竞争不应当是不劳而获，不正当地利用他人已经取得的市场成果为自己谋取商业机会、获取竞争优势的行为，属于不正当行为"，可见法院仍然是以不劳而获的商业伦理判断市场竞争秩序。与之类似，在"率土之滨游戏模拟器案"中❸，法院在考虑竞争行为是否干扰了竞争秩序时，也主要从商业仿冒、商业道德的角度出发进行评述，未对竞争行为对竞争秩序造成的损害做出更多分析。

---

❶ 孔祥俊. 反不正当竞争法新原理 原论 [M]. 北京：法律出版社，2019：112.
❷（2019）浙 8601 民初 1079 号.
❸（2019）浙 0192 民初 8128 号.

丁文联律师认为，竞争秩序由市场机制中最重要的运行机制组成，具体包括：①准入机制，指经营者进入到特定市场参与市场竞争的难度，准入机制影响市场中竞争者的数量与品质，串通投标、商业贿赂属于破坏市场准入机制的行为；②供求机制，指市场对商品价格、数量动态均衡，实现供求平衡的机制，有奖销售、恶意不兼容、强制跳转等属于破坏供求机制的行为；③价格机制，指价格作为市场最重要最敏感的调节信号的生成机制与传导机制，包括价格是否由自由、公平的市场竞争所形成，价格信号是否准确地反映市场供需信息，倾销、补贴、大数据杀熟等属于破坏价格机制的行为；④信息机制，包括商品质量、供给者、需求者、供求关系各方面的信息，虚假宣传、商业诋毁、仿冒商业标识等属于破坏信息机制的行为；⑤信用机制，指市场交易过程中经营者通过经市场长期发展而建立起来的信用体系，商业诋毁、仿冒商业标识等属于破坏信息机制的行为；⑥创新机制，指经营者能够通过产品创新、技术创新、市场创新、组织创新、资源创新来进行各种要素创新和要素组合创新的机制，侵犯商业秘密、垄断商业模式属于破坏创新机制的行为。❶

除了市场机制的分析方法，哥伦比亚大学莉娜·可汗（Lina Khan）教授认为现行的芝加哥学派分析框架仅聚焦于产量和价格，将"消费者福利"局限于短期的价格效应，却忽略了互联网公司竞争中，竞争行为对于市场结构的影响，以及其对产品多样性、产品质量、创新活跃性产生的潜在影响。❷可见，对于竞争秩序的分析模式应采取更多元化的考量角度，不能仅关注竞争行为是否会带来短期的价格波动。

4. 消费者权益

现代反不正当竞争法立法中将更多的仅侵害消费者权益但不侵害经营者权益的竞争行为也纳入了规制的范畴。例如，德国《反不正当竞争法》将经营者为商业目的，以电话、传真、电子邮件、公共场合攀谈、上门推销等行为界定为"不可合理期待的烦扰"式不正当竞争。❸我国的司法实践中也出现更多考量消费者权益的倾向。但仍应注意，侵害消费者自由选择权、知情权、隐私权、个人信息

---

❶ 丁文联. 市场机制与竞争秩序——反不正当竞争新范式下的分析进路［EB］. 中国上海司法智库公众号，2021年4月26日.

❷ Lina Khan. Amazon's Antitrust Paradox［J］. The Yale Law Journal，2017（126）：710.

❸ 董维. 不可合理期待烦扰行为的竞争法分析［J］. 天津滨海法学，2016（5）.

权等，构成对消费者权的损害，而消费者福利损失则更接近于纯粹经济损失。消费者的纯粹经济损失究竟应纳入消费者合法权益要素，还是归入社会福祉、公共利益要素进行评价，还需司法实践中进一步厘清。

5. 经营者权益

在移动互联时代，竞争形式愈发丰富，竞争不再局限于经营同样产品、服务的同业者之间。但竞争关系要件的淡化，并不意味着不正当竞争诉讼中不需要考量经营者权益受损。为避免不正当竞争纠纷彻底公益诉讼化，经营者的权益可证受损仍是考量一部分。

6. 主观意图

基于《反不正当竞争法》的行为法属性，在考虑行为可责性时也需要考虑行为人的主观恶意。[1]在德国反不正当竞争法的背俗侵权中也同样需要考量，行为人的主观状态与善良风俗的平衡。在广告屏蔽系列案件中，法院根据广告屏蔽软件是否针对具体网站、是否默认开启等进行考量。陆金所案中，法院认为"陆智投"抢购服务刻意规避两原告的监管机制，反映了被告对该行为所持的主观故意。两原告平台为遏制违规抢购、维系既定的抢购规则，专门设置了相应的监管机制，对成交时长过短的非正常交易行为进行管控。由此可见，被告熟知两原告平台的抢购与监管规则，也能够较为准确地预见"陆智投"抢购服务可能导致的不良后果，但其对该种后果的发生持积极期待的态度。因此，在众多相关案例中，认定构成不正当竞争行为，也均会谈及行为人主观估计、明知或应知其行为会导致不良后果的产生。

（三）利益权衡

从"权利侵害"式的特殊侵权法一元保护体系迈入公共利益、消费者权益、经营者权益三元叠加的保护模式后，法院不可避免地成了多方利益的协调者。从法律原则的角度看，竞争公平、竞争自由、市场效率等价值属性天然具有矛盾。相比适用法律规则，法院需要更多的进行协商、妥协、变通，对六个不当性考量因素进行综合判断。

---

[1] 陶钧．"反不正当竞争法"修正对知识产权保护的影响[J]．智慧财产权，2019（24）．

兰磊教授提出可以适用行政法中的比例原则分析竞争行为的不当性和可责性。根据比例原则，法院需考量涉案竞争行为是否能实现被告的商业目标（适当性原则），是否有侵害性明显小于涉案竞争行为的方案（必要性原则），以及涉案竞争行为造成的损害是否大于竞争行为带来的利益且利益与损害是否成比例（比例性原则）。❶

四、美国法中的竞争法一般条款

美国法中的竞争法一般条款主要体现于《联邦贸易委员会法》第5条的反垄断式规制与侵权法中的第三人干涉合同两种规制模式。

1914年《联邦贸易委员会法》第5条规定："特此宣布，商业中或影响商业的不正当竞争方式，以及商业中或影响商业的不正当或欺骗性的行为属于非法。"❷学界一直对联邦贸易委员会是否应插手市场竞争，不正当竞争是否适用《谢尔曼法》中对垄断行为的规制路径存有较大争议。2015年，联邦贸易委员会总结了美国就不正当竞争行为的三项执法原则：①美国联邦贸易委员会以反垄断法中的公共政策目标为指导来进行反不正当竞争执法，旨在促进消费者福利；②在考察不正当行为时，美国联邦贸易委员会将评估对竞争和竞争过程的损害，同时考虑效率和合理的商业理由；③美国联邦贸易委员会不太可能单独针对不正当竞争行为进行执法。❸近年来，美国各界达成了基本共识，反垄断法已经可以调整大多数尚未被类型化的不正当竞争行为，反垄断与类型化不当竞争行为协调规制市场将是未来联邦调控竞争领域的主要方针。

美国侵权法上的干涉合同制度与大陆法中的第三人侵害债权类似。干涉合同是指合同当事人以外的第三人没有正当理由故意且不适当地引诱合同当事人毁约、放弃签约，或致使合同履行更加困难，或履行价值减少，或最终使履行成为不可能而导致损害后果，依此而应承担侵权行为法上的损害赔偿责任。

---

❶ 兰磊. 比例原则视角下的《反不正当竞争法的》一般条款解释——以视频网站上广告拦截和快进是否构成不正当竞争为例 [J]. 东方法学，2015（3）：65-70.
❷ 15 U.S.C. §45（a）（2012）。
❸ ROBERT G H. 从经济学视角解读数字平台的反不正当竞争法适用 [J]. 竞争政策研究，2017（5）：89.

美国《第二次侵权法重述》也较为明确地界定了侵害合同债权行为的含义，它认为无论是明示还是默示的商事关系一般都可落实到合同上，缔结合同并从合同的履行中获取利润是受法律保护的一种财产权利，不正当干涉该权利，无论是阻止合同的订立或是干涉合同的履行的行为都应该称为干涉预期经济利益的侵权行为。❶

五、结语

总之，在互联时代中诞生的平台经济、流量经济、数据经济等新型业态，不断打破、超越芝加哥学派对市场、竞争的传统分析模型。在新时代下的竞争分析也应采取更多元的分析模式，不拘泥于传统侵权判断模式，从价值本源、行业发展、公众利益等角度，根据我国的经济法体系构建符合中国司法实践的一般条款适用方法，通过司法价值判断来指引各个经济体走在一条健康、可持续发展的道路上。

---

❶ 刘睿杰．美国侵权法上的干涉合同制度［J］．际商法丛论，2006：421．